津波後を生きる海民モーケンの民族誌

現代の〈漂海民〉

カバン・モーケン（カバンは船の意）を漕ぐモーケン男性。

鈴木佑記

Suzuki Yuki

［上］津波に被災する前のモーケン村落（Paladej Na Pombejra氏撮影）
［下］津波後、杭上家屋の杭のみが残った村落に佇む犬。家船生活を送っていた頃、モーケンは犬と過ごすことが多かった。イノシシを狩猟する際の相棒でもあった。

［上］2004年インド洋津波後に再建された村落。同規模の家屋が整然と並んでいる。
［下］家屋の中の様子。竹板で敷かれた床。

舷側にサクラヤシの葉柄(棕櫚の茎)が用いられた旧型カバン・モーケン。1960年代頃までよく見られた。

カバン・モーケンの舳先部分は、上下がふたまたにわかれた口のような形になっている。

［上］舷側が厚板（単板）の、船外機を搭載した新型カバン・モーケン。
［下］家船の中の様子。陸地定着した現在でも、数日間船で暮らしながら漁に出る家族もいる。

［上］チャパンと呼ばれる丸木舟。海の穏やかなリーフ内での漁撈に用いられる。
［下］タイ南部で一般的に使用されているフアトーン船。2004年インド洋津波に被災したあと、多くの支援団体によってモーケン村落に寄贈された。

［上］沿岸部で岩蟹や貝類を採捕し、船に戻ってきた女性。
［下］海の中で夜光貝を探している男性。昼間は岩陰に棲息していることが多い。

［上］採捕されたナマコ。色、形、大きさが多様であることがわかる。
［下］乾燥させたナマコ（いわゆるイリコ）。世界中の華人市場向けに運ばれる。

祖霊祭。ロボングの柱の前でシャーマンが酒を用いて未来を占う。

［上］ほろ酔いになった男2人が太鼓で音を奏でる。
［下］葬式。演奏隊に囲まれて棺が埋葬場所に運ばれる。

［上］大潮期における干潮時の村落前の風景。
［下］村落再建から数年が経ち、潮間帯に新築された家屋。

潮間帯に建てられた家屋に暮らす親子。潮風が気持ちよい。

［上］観光客がスリン諸島に訪れる北東モンスーン期の間だけ、国立公園事務所に雇われて働くモーケン女性たち。料理の下ごしらえをしている。
［下］スリン諸島のモーケン村落に訪れる観光客に対して、家の前に座り、手工芸品を販売するモーケンの女性たち。

［上］手工芸品を売るモーケンの子どもたち。
［下］国立公園事務所があらかじめ指定するシュノーケリングポイントに船で移動し、観光客が泳いでいる光景を眺めるモーケン男性。国立公園事務所から配布された「MOKEN STAFF IN KO SURIN（スリン島のモーケン・スタッフ）」と背中にプリントされた長袖シャツを着用している。

［上］近年、タイ本土にあるシュノーケリング・ツアー会社で働くモーケン男性が増えている。スピードボートの側面に立っている手前の男性がモーケン。
［下］右奥に見える島はタイ領内、左奥に見える島はビルマ領内にある。将来、彼らの目に国境はどのように映るのだろうか。

現代の〈漂海民〉

津波後を生きる海民モーケンの民族誌

目次

目次／図・表・写真リスト／略語／凡例／主な登場人物
地図：インド洋・アンダマン海域・スリン諸島

● はじめに 13

序論

第1章 ● 災害の人類学 25
第1節 ■ 災害とは何か――自然と文化の複合的現象 25
第2節 ■ 災害をめぐる人類学者 28
第3節 ■ 災害の人類学の課題と本書の目的――長期的、帰納的、実践的視野 31

第2章 ● 漂海民再考 34
第1節 ■ 漂海民とは誰か 35
第2節 ■ 漂海民研究の展開 38
第3節 ■ 海に生きる人びと――海人と海民 43

第1部　モーケンの概況

第3章 ● モーケンが暮らす海域世界 51
第1節 ■ 東南アジア大陸部における海洋性 51
第2節 ■ 海域世界という枠組み 53
第3節 ■ 地域／空間の捉え方 55
第4節 ■ アンダマン海域について 57
　1. 地理的範囲 57／2. 生態的特徴 58／3. 歴史的背景 60／4. 社会文化的特質 64

第4章 ● モーケンと隣接集団――民族名称の変遷に着目して 66
第1節 ■ 海民の「発見」――ビルマ領域 66
　1. イギリスのビルマ領アンダマン海域への進出 66／2. 宣教師と民族学者の進出 69
第2節 ■ 海民の「再発見」――タイ領域 73
　1. 分類されるモーケン 73／2. モーケン、モクレン、ウラク・ラウォイッ 74／3. 民族名をめぐる論争――マレー系モーケンとウラク・ラウォイッ 76
第3節 ■ タイ人による海民研究 78
　1. チャオ・ナーム研究 79／2. 若手研究者によるチャオ・レー研究の展開 80
第4節 ■ 海民名称の設定 83
　1. 先行研究の問題点 83／2. 陸モーケンと島モーケン 84
第5節 ■ モーケンの社会集団の編成 86
◆コラム1　アンダマン海域で結婚について考える 90

第2部　津波被災前の生活世界

第5章 ● 移動小史――1825年から1970年代までを中心として 95
第1節 ■ 植民地期 98
　1. 多民族との接触――マレー人の脅威 98／2. 阿片をめぐる仲買人との関係――華人とマレー人の方便 103
第2節 ■ 第2次世界大戦期――日英軍の戦闘の影響 109
第3節 ■ 戦後期 112
　1. 越境する海民 112／2. 海から陸へ、家船から家屋へ 118

第6章 ● 定住化するモーケン——スリン諸島を事例に　121
- 第1節 ■ タイにおける観光開発　121
- 第2節 ■ アンダマン海域の観光資源化　123
- 第3節 ■ スリン諸島への陸地定着化　126
  - 1. スリン諸島の国立公園化　126／2. 陸地定着化と観光業への従事　128

第7章 ● 国立公園化前後における漁撈状況　135
- 第1節 ■ 漁撈時期の反転　135
- 第2節 ■ 特殊海産物の採捕内容の変化　138
  - 1. 過去における特殊海産物の採捕——1980年以前　138／2. 現在における特殊海産物の採捕——1981年以後から2004年まで　143
- 第3節 ■ 過去と現在の比較検討　146
- ◈コラム2　ゴミとの幸福／不幸な関係性　149

第3部　津波をめぐる出来事

第8章 ●〈災害〉の経験　153
- 第1節 ■ 2004年インド洋津波によるタイの被害　154
- 第2節 ■ 津波と洪水神話ラブーン　158
  - 1. 報道　158／2. 語り　161
- 第3節 ■〈津波〉概念の構築　164
  - 1. 寺院への避難　164／2. 認識の変化　166
- 第4節 ■〈津波〉情報の共有　168
  - 1. ラジオによる津波情報　168／2. ブラジル人予言者の報道　171
- 第5節 ■ 洪水神話から出来事としての〈津波〉へ　174
  - 1. 2つの〈災害〉174／2. 災害情報の越境性　175

第9章 ●「悪い家屋」に住む　178
- 第1節 ■ 家船での暮らし　178
  - 1. 旧型カバンと新型カバン　178／2. 緩やかな集団としての船隊　184
- 第2節 ■ 津波被災以前の家屋　187
  - 1. 家屋の構造　187／2. 建て方・住まい方に関する信仰と禁忌　191
- 第3節 ■ 津波被災後の家屋と村落　193
  - 1. 行政主導によるモーケン村落再建　193／2. 住空間の変容——「悪い家屋〈oomak amon ha〉」197
- 第4節 ■ 人びとの対応　201
  - 1. 建材を選ぶ　201／2. 家を壊す、変える、作る　202

第10章 ● 2004年インド洋津波後の潜水漁　205
- 第1節 ■ モーケンが認識する自然環境　205
  - 1. 風　205／2. 地形　207／3. 海中空間　208
- 第2節 ■ ナマコ漁の実態　210
  - 1. ナマコを捕るということ——社会的評価　210／2. 採捕対象種　211／3. 生産現場　214
- 第3節 ■ フアトーン船　220
- 第4節 ■ 監視の死角と間隙　223
  - 1. 穴場で潜る　223／2. 他領域で潜る　224／3. 目の前で潜る　227
- 第5節 ■ 新しい道具の導入　229
  - 1. ナマコ漁専用の銛　229／2. 近代的潜水用具の使用　231
- ◈コラム3　海と民話と高台と　234

第4部　国家との対峙

第11章　国立公園事務所との緊張関係　239
　第1節　ロボング引き抜き事件　239
　　1. ポタオの権威の失墜　239／2. 祖霊との隔たり　243
　第2節　国立公園事務所との軋轢　247
　　1. 所長に対する不満　248／2. 2010年度の国立公園事務所の方針　252
　第3節　高まる緊張関係　256

第12章　境域で生きる　260
　第1節　タイ-ビルマ間の越境移動　261
　　1. 肯定的な語り　261／2. 否定的な語り　263
　第2節　タイ-インド間の越境移動　265
　　1. 密漁経験者の語り　265／2. 厳しさを増す国境管理　268

第13章　国民化への階梯　272
　第1節　タイ国籍の取得　272
　　1. 高まるモーケンへの関心　272／2. 行政機関の動向　274
　第2節　王女による村落視察　275
　　1. 事前準備と指導　275／2. 視察時の状況　280
　第3節　津波を契機とした国家への接近　285
◇コラム4　覚醒の早晨　アトムと村井先生と　287

結論

第14章　現代を生きる海民——被災社会とのかかわりを考える　291
　第1節　変化の諸相　291
　　1. 認識の変化　291／2. 住まいの変化　295／3. 漁撈活動の変化　300
　第2節　国籍を与えられなかった人びと、与えられた人びと　302
　　1. 非国籍保有者のモーケン　302／2. 国籍保有者のモーケンの対照的な意見　303／3. 広がる「外国」への道　　　／4. グーイの思い　305
　第3節　災害の人類学／地域研究へ向けて——津波から10年が過ぎて　308
　　1. 書くこと、つなぐこと　308／2. 日常生活の中に位置づける　310／3. 人類学者／地域研究者の立ち位置　312

● おわりに　315

初出一覧　321
参考文献　322
索引　340

図・表・写真リスト

*引用元を示していない図表と写真は、すべて筆者が作成・撮影したものである。

▶ 図版目次

- 0-1 ⊙ インド洋地図
- 0-2 ⊙ アンダマン海域地図
- 0-3 ⊙ スリン諸島地図
- 2-1 ⊙ 代表的な漂海民の分布
- 3-1 ⊙ アンダマン海域歴史地図
- 5-1 ⊙ サラマの系譜
- 8-1 ⊙ 2004年インド洋津波の被災地域
- 8-2 ⊙ タイの津波被災地域
- 8-3 ⊙ グーイの系譜
- 9-1 ⊙ 住まいの俯瞰図
- 9-2 ⊙ ゾーニングプラン（2007-2016）地図
- 9-3 ⊙ 村落の鳥瞰図
- 10-1 ⊙ スリン諸島のモーケンが認識する風の名称
- 10-2 ⊙ モーケンが認識する微地形の名称
- 10-3 ⊙ モーケンが認識する岩の名称
- 10-4 ⊙ モーケンが認識する海中空間の名称
- 10-5 ⊙ モーケンのライフサイクルにおける呼称
- 11-1 ⊙ これまでに村落を設けた場所
- 14-1 ⊙ スナイが認識する世界
- 14-2 ⊙ スナイが認識する各土地の大きさ

▶ 表目次

- 1-1 ⊙ 災害発生件数の推移
- 4-1 ⊙ アンダマン海域の海民の民族名称の変遷
- 4-2 ⊙ タイ国内海民村落一覧
- 5-1 ⊙ アンダマン海域の島の名称対照表
- 6-1 ⊙ タイを旅行した人数の詳細
- 6-2 ⊙ プーケット県・パンガー県を旅行した人数の詳細
- 6-3 ⊙ スリン諸島訪問者数の推移
- 7-1 ⊙ 国立公園指定前後におけるモーケンの主な活動
- 7-2 ⊙ 仲買人による夜光貝の買い取り価格の変遷
- 7-3 ⊙ 過去と現在における特殊海産物の採捕内容の比較
- 8-1 ⊙ 津波によるタイの死者・行方不明者数
- 8-2 ⊙ 産業面の被害
- 8-3 ⊙ 2004年インド洋大津波発生後に設けられた各種委員会
- 8-4 ⊙ S寺の組織と活動
- 8-5 ⊙ S寺に訪れた主な支援団体と支援内容
- 9-1 ⊙ カバンの船体に用いられる木の種類
- 9-2 ⊙ カバンの構成部位に用いられる木と植物の種類
- 9-3 ⊙ モーケンが使用する長さの単位
- 9-4 ⊙ 家屋の柱に使用する木の種類
- 10-1 ⊙ スリン諸島のモーケンが採捕するナマコ一覧
- 10-2 ⊙ ナマコ漁・夜光貝漁と潮の干満の関係を示した表
- 11-1 ⊙ スリン諸島国立公園の歴代の所長
- 13-1 ⊙ 王女の行動

▶ 写真目次

- 4-1 ⊙ 高台から望むプーケット・シレー島の海民村落
- 4-2 ⊙ プーケット・シレー島で年に一度開催される船流しの儀礼の様子
- コラム1 ⊙ 左：10代で結婚し、2歳になる男の子を育てる女性
- 右：モーケン社会では比較的遅く結婚したグーイ氏とその娘
- 5-1 ⊙ 高瀬貝を持つモーケンの男の子
- 5-2 ⊙ バケツに入ったフカのヒレ
- 5-3 ⊙ 真珠母貝（宮谷内泰夫氏所蔵）
- 6-1 ⊙ スリン諸島遠景
- 6-2 ⊙ 食器を洗うモーケン女性
- 6-3 ⊙ 一番奥に船を操舵するモーケン男性

6-4	⊙	手前にあるのは木造模型船（大）、奥に見えるのが本物のカバン
6-5	⊙	タコノキの葉でつくられた小物入れ、腕輪、指輪などを売る少女
7-1	⊙	釣りで捕ったユカタハタ
7-2	⊙	夜光貝
7-3	⊙	鼈甲
7-4	⊙	ツバメの巣
コラム2	⊙	左：海岸に打ち上げられた漂流ゴミのペットボトルの山
	⊙	右：ゴミを集める少年
8-1	⊙	S寺の前に立てられた看板
8-2	⊙	ラジオ情報に耳を傾けるモーケン
8-3	⊙	MPが配った新聞記事のコピーの一部
9-1	⊙	船体（刳りぬき材）となる大木
9-2	⊙	船底を成す船体を穿鑿する
9-3	⊙	火入れをしながら、船幅を広げる作業
9-4	⊙	船体と舷側の厚板に肋材が打ちこまれた状態
9-5	⊙	樹脂と石灰を充填している作業
9-6	⊙	完成された船
9-7	⊙	陸地定着初期の家屋
9-8	⊙	海水で満ちる床下（Paladej氏撮影）
9-9	⊙	被災前のボンレック村（Paladej氏撮影）
9-10	⊙	被災後のボンレック村、杭のみが残る
9-11	⊙	本土から運ばれたベニヤ板の合板床
9-12	⊙	家屋と出入り口が向かい合っている二つの家屋
10-1	⊙	潜水前の船上の光景
10-2	⊙	シュノーケル用水中メガネを使用する若いモーケン
10-3	⊙	潜水中の光景
10-4	⊙	海水をたっぷり入れた鍋でナマコを煮る
10-5	⊙	トタンの上に載せられたナマコ
10-6	⊙	天日干しによるナマコの乾燥具合をチェック
10-7	⊙	援助団体による船の寄贈風景
10-8	⊙	フアトーン船
10-9	⊙	竹を選定し伐採している様子
10-10	⊙	竹を火で炙る様子
10-11	⊙	ナマコ専用銛
10-12	⊙	専用銛を用いた潜水漁の風景
コラム3	⊙	ナムケム村に打ち上げられた漁船
11-1	⊙	ロボング
11-2	⊙	祖霊祭の様子
11-3	⊙	引き抜いたロボングを担ぐサラマ
11-4	⊙	ウミガメに代わって供犠される鶏
11-5	⊙	ウミガメに代わって供犠される鶏（拡大写真）
11-6	⊙	スタッフ用とモーケン用に分けられたチップボックス
11-7	⊙	国立公園事務所の土産物屋
12-1	⊙	インドで彫られた入れ墨
13-1	⊙	学校前の国旗抑揚の風景
13-2	⊙	ロボングの柱のまわりに集められた大量の竹と竹板
13-3	⊙	居住許可証（上）と市民証（下）
13-4	⊙	居住許可証を配るポップ氏（左下）
13-5	⊙	見廻りをする警察官
13-6	⊙	モーケンに指示するポップ氏（右上）
13-7	⊙	シリントーン王女の村落来訪
13-8	⊙	モーケンの歌と踊りを観る王女
14-1	⊙	砂に「世界地図」を描くスナイ
14-2	⊙	コンクリート製の支柱
14-3	⊙	コンクリート製の支柱と木柱を組み合わせて建てられたコミュニティ・プライマリー ヘルスセンター
14-4	⊙	椅子の土台
14-5	⊙	屋台の土台
14-6	⊙	ゴミ籠置き
14-7	⊙	水浴び場

略語

APP	Andaman Pilot Project
C村	チャイパッタナー村（パンガー県）
CUSRI	Chulalongkorn University Social Research Institute
DNP	Department of National Parks, Wildlife and Plant Conservation
JSS	*Journal of the Siam Society*
MCOT	MCOT Ranong 100.50FM
MNRE	Ministry of Natural Resources and Environment
MP	Mulanithi Phuying
S寺	サーマッキータム寺院（パンガー県、通称パーサーン寺）
T村	トゥンワー村（パンガー県）
TAT	Tourism Authority of Thailand
TOT	Tourist Organization of Thailand
UNESCO	United Nations Educational, Scientific, and Cultural Organization

凡例

1. 本文中の正体で書かれたローマ字表記は英語およびタイ語を、斜体で書かれたものはモーケン語、あるいは動植物の学名を表す。
2. 人名・地名・民族名などの固有名詞については、言語に関係なくローマ字の正体を用い、先頭を大文字にしてあらわす。ただし、会話文に関してはこの限りではない。
3. タイ語のローマ字表記は、1999年にタイ王立学士院が定めた「音声転写法によるタイ文字のローマ字表記法」に基づいている。(Ratchabanditsathan, 1999 *Lakken Kanthot Akson Thai pen Akson Roman baep Thai Siang*. Bangkok: Ratchabanditsathan. タイ王立学士院事務所のウェブページからダウンロード可能：http://www.royin.go.th/?page_id=619)。ただし著者名に関しては、基本的には本人が使用しているローマ字表記に従う。
4. インタビュー内容の丸括弧内の文章は、筆者による補足説明である。
5. 引用文章中の丸括弧内の語句は、筆者による補足説明である。二重山括弧内の語句は引用文献内における括弧内の文章である。
6. タイの通貨単位バーツ (baht) は、2008年9月1日のレートで日本円に換算すると1バーツは約3円である。本稿ではこの日の換算率を参考にし、調査期間中における換算を1バーツ≒3円で計算することにする。
   なお、調査期間中における換算率は大幅に変動していることも付記しておく。最大の円安バーツ高は2007年7月16日における1バーツが約4円だった時であり、最大の円高バーツ安は2012年1月2日における1バーツが約2.4円だった時である。調査期間以外における換算率は別途記述する。
7. 参照文献の表記における、丸括弧内の年号は、日本語文献の場合は原著書の初版出版年、外国語文献の場合は初版の出版年を指す。タイ語文献については、タイトルの邦訳を丸括弧内に示した。また、著者がタイ人の場合、呼称どおり（本人の名前＋名字）の順に表記する。
8. 本稿の登場人物名は、プライバシー保護の観点から、基本的には仮名を用いているが、既に一般公開された情報や文献に依拠しているものについては、本名を記している場合もある。
9. インフォーマントが使用していた暦はタイ仏暦であったが、本稿では西暦に統一している。

主な登場人物

*年齢は2010年11月現在。

■グーイ（Goei　男性、30歳）
ビルマ・サデッチー島出身。マグアウの夫。私が調査中に最もお世話になった人物。スリン諸島のモーケン村落において、若者の中のリーダー的存在。潜水漁に長けているだけでなく、海に関する知識も豊富であり、周囲から一目置かれている。タイ本土の高校を卒業している。高校卒業後の20歳の頃、スリン諸島へ移り住むようになった。

■ゴック（Gok　男性、27歳）
タイ・プラトーン島出身。グーイの弟。幼少期から、父ジャーウと母ジュリーと共に、スリン諸島とプラトーン島の間を往来しながら暮らしてきた。モーケンの中でも特に筋肉質で大柄な体格の男性。スリン諸島のモーケン村落において存在感が強い。これまでに、サムイ島のビーチリゾートにおける建設労働、旅行会社が運航するスピードボートの操舵手、タイ人旅行客に対するダイビング・インストラクターの補助など、スリン諸島の外でさまざまな仕事に従事してきている。

■ゴン（Gon　男性）
出生地不明。サラマの息子。2004年12月26日の約1ヵ月前に死亡。原因不明の病を患い、次第に身体が弱くなり、自由に身体を動かすことができない状態にまで達した。そして、「もし私が死んだらラブーンがやって来るだろう」という予言を残した。

■サラマ（Salama　男性、65歳）
タイ・シンハイ島出身。スリン諸島のモーケン村落において、長年ポタオ（リーダー）の位置にいる。彼の父であるマーダは、モーケン社会で最も有名なポタオであった。これまでに、マレーシア、タイ、ビルマ、インドにおいて漁撈活動に従事した経験がある。モーケンの中では数字で物事を理解するのが得意であり、抜群の記憶力を持つ。語学は、モーケン語とタイ語の他、少しのビルマ語とマレー語を話すことができる。豊かな経験を持ち、長い間ポタオとして尊敬の念をモーケン社会で集めてきたが、津波後に村人からの信頼を徐々に失ってきている。

■ジペン（Jipen　男性、61歳）
タイ・プーケット島・ラワイ村出身。乾季に観光客相手に販売する小型模型船による稼ぎが主な収入源。手先が器用であり、比較的大きい模型船を作るのが得意。雨季においても、NGO職員、国立公園事務所職員などから注文が入り、模型船を作っている。

■ジャーウ（Jau　男性、推定年齢45歳）
ビルマ領海の船上で出生。ジュリーの夫。グーイとゴックの父。CUSRIがモーケン村落で調査をする際のカウンターパートである。現在は、津波後に建設されたチャイパッタナー村を拠点に、イカかご漁で生計を立てている。ときどき、スリン諸島に暮らすゴックの家に寝泊まりしながら、村人とともに過ごす。

●ジュリー（Julie　女性、43歳）
出生地不明。ジャーウの妻。CUSRIがモーケン村落で調査をする際のカウンターパートである。タイ語を流暢に話せる。頭の回転がはやく、世間の事情にも詳しい。タイに暮らすモーケンを代表して、各種会議に出席する機会が多い。

■ジョーク（Jok　男性、34歳）
タイ・ナムケム村出身。サラマの息子。4歳年下の妻との間に4人（16歳、15歳、7歳、5歳）の子どもを持つ。酒飲みの父とは異なり、ほとんど飲酒しない。普段から口数は少なく、仲間と群れない傾向にある。常に家族と行動している。

■スタット（Stat　男性、30歳）
タイ・プラトーン島出身。スナイの息子。同年代の妻との間に、4人（9歳、8歳、7歳、3歳）の子どもを持つ。グーイと最も仲の良い友人の1人。手先が器用。船外機や発電機などの不具合があると、彼のもとに持ってくる村人が多い。国立公園事務所で水を汲んでいる際、背後から所長に拳銃を突きつけられてから、国立公園事務所に対する不信感を募らせている。

■スナイ（Sunai　男性、推定年齢80歳）
ビルマ・ドン島出身。スタットの父親。30年以上、ドン島を拠点に暮らしていた。子どもの頃に、アンダマン海域における日英軍の戦闘を目撃している。50代の頃にスリン諸島に住むようになるまで、ドン島の他にもバタム島、サデッチー島、プラトーン島、ラ島、チャーン島などの島々を拠点に家船生活を送ってきた。

●チレン（Chileng　女性、推定年齢80歳以上）
ビルマ・ドン島出身。15歳頃に、父の知り合いの、メルギーに住む華人の仲買人の息子と結婚したがすぐに離婚。ドン島に戻り、メルギーから移住してきたモーケン男性と再婚した。当時のドン島には少数民族カレンの世帯が約30世帯、モーケンの世帯が約5世帯暮らしていた。ある時、マーダ（サラマの父）がドン島にやって来た。そこでマーダは「Lakaw Phuka Kamoi To Chunok Bo Kan（直訳すると「俺たちの家へ行こう、いい仕事が待っている」、あるいは意訳で「ここよりもっといい仕事があるよ」）」と伝え、マーダは先に南方の海へ向かった。この言葉で夫と一緒に南方へ行くことに決め、ランピ（ラビ）島にたどり着いた。ランピ島には約2年間住んだ。その後、サデッチー島に移動すると、マーダと再会した。そしてマーダに誘われ、スリン諸島に移動した。そこで10年ほど暮らした後、シミラン諸島やプーケット島、ナムケムなどの鉱山で働いた。最終的にスリン諸島に落ち着いて現在にいたる。

■テープ（Thep　男性、22歳）
スリン諸島出身。ミシャは母方の祖母にあたる。テープの妻の両親（父はモーケンと華人の混血、母はビルマ人）はサデッチー島在住のため、義父母への挨拶を目的として、ビルマへ渡航することがよくある。

■ナーイ（Naai　男性、25歳）
タイ・プラトーン島出身。津波後の村落再建に不満を持ち、村落の中では最も早く海沿いに家を新築した人物。口数は少ないが、行動力のある若者の1人である。

■ニン（Nin　男性、28歳）
タイ・ラ島出身。ジュリーの弟。筋肉質で大柄な人物。長い間、乾季には国立公園事務所が提供する船を操舵する仕事を続けていた。しかし、2010年度の国立公園事務所の方針の、モーケン従業員の雇用削減により、乾季における仕事がなくなってしまい、国立公園事務所に対して不満を抱き始めている。

■ボネン（Bonen　男性、2007年9月1日に36歳で死亡）
出生地不明。ミシャ（マーダの娘）の息子。サラマは叔父にあたる。原因不明の病気で亡くなった。「悪い家屋」に住んでいたことが原因とする噂が広がった。実際には、HIVに感染したことが原因だとみられる。彼の死後、公衆衛生局の役人が村落を訪れ、性交渉に関するパンフレットが村人全員に配布された。

■マーダ（Madha　男性）
出生地不明。サラマの父。かつてサデッチー島グループのモーケンのポタオ（リーダー）であった。アンダマン海域の隅々まで移動し、各地の海民と交流を持っていた人物で、モーケンで知らない者はいない有名な人物。霊力の強いシャーマンとしても名が知れ渡っている。日本軍が残した不発弾を分解し、火薬を取り出して漁で使用するためのダイナマイトをつくった最初の人物と言われている。

●マゲアオ（Mangiao　女性、29歳）
タイ・パヤーム島出身。グーイの妻。グーイとの間に、2人の娘（7歳と3歳）がいる。スリン諸島には3歳の頃から住んでいる。スリン諸島に移動してきたグーイと知り合い、結婚する。結婚の際には、マゲアウの義父であるヘンとその妻マシャム、サラマとミシャが相談した上で、2人の結婚が認められた。

●ミシャ（Misha　女性、63歳）
出生地不明。サラマの妹。かつて、仏人モーケン研究者のジャック・イヴァノフと結婚をして妊娠したが、流産している。ボネンの母。スリン諸島のモーケン村落で最も霊的な力を持つとされるシャーマン女性である。

■ルヌング（Lunung　男性、49歳）
タイ・プラトーン島出身。ヤスを用いた漁を得意とする。スリン諸島のモーケン村落において、最も力のあるシャーマンとして知られている。年に1度ロボングの前で行なわれる祖霊祭（ne en lobong）において、ミシャと共に先導的役割を果たす。

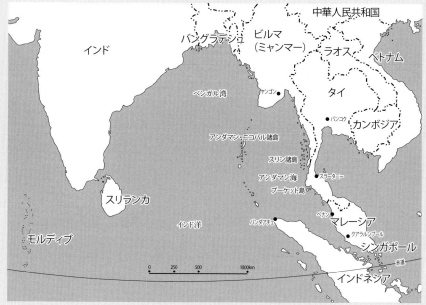

0-1 インド洋地図

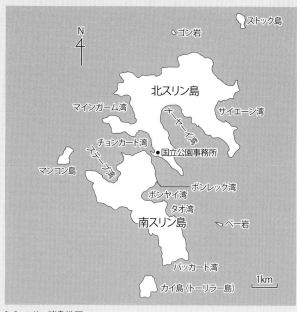

0-3 スリン諸島地図

0-2 アンダマン海域地図

はじめに

　2011年3月11日昼過ぎ、私は、タイ人や西欧系の外国人で混み合うソンテウ（乗合バス）に揺られながら、額から流れ続ける汗をタオルで拭いていた。タイの少数民族モーケンの村落での調査を前日に切り上げた私は、この日の深夜便で日本に帰国するためプーケットにいた。出発までの空いた時間を砂浜で過ごそうと考え、プーケットで最も賑わうパトンビーチに向かっていた。これを越えたらパトン地域に入るという急勾配の坂を上っている最中、ぎゅうぎゅう詰めの車内で私の携帯電話が鳴った。韓国に住む友人からだった。

「日本で地震が起きたらしいけど、大丈夫？」

　テレビのニュース速報で知ったという。私は、「今はタイにいるから問題ないよ、日本ではよく地震が発生するんだ、大丈夫」とだけ答えた。それから約15分後に目的地へ着き、砂浜で貸し出されるリクライニング・チェアに座った。そのすぐ近くには、トップレスで日光を浴びているロシア人とおぼしき女性が寝そべっている。なんとも緊張感のない空気の中で、先ほどの電話の内容を忘れかけていた。そして、近くのスーパーで購入したシンハービールを飲み始めようとした時、再び私の携帯電話が鳴った。私が調査を続けているスリン諸島に暮らすモーケンの友人からだった。

「ラジオで、日本で大地震が起きたと聞いた。津波は発生していないか？」

　その後すぐに、タイ人の友人からも同様の電話が連続してかかってきた。急に不安になった私は、日本の実家へ電話をかけてみるが、何度試みてもつながらない。私はその時、自身が2004年末の津波で大被害を受けたパトンビーチにいることに気付き、テレビや雑誌で繰り返し伝えられた壊滅的なビーチの光景

が突如頭に浮かんできた。急いでソンテウに乗って、先ほど来た道を戻り、荷物を預けていたプーケットタウン（オールドタウン）にある安宿へ向かった。

　部屋に入りすぐにテレビをつける。すると、ドス黒い水の塊が町を飲み込む映像が流れている。車だけでなく大型の船までもが次々と陸地に向かって押し流されている。チャンネルを変えても、同じような光景が視界に飛び込んできた。このような現実味を感じられない映像を見るのは、2001年9月11日以来であった。黒い塊、それは紛れもなく津波だった。そして、その津波に襲われている地域は日本であった。言葉を失った。

＊

　大きな心理的衝撃を受けたと同時に、奇妙な感覚にもとらわれていた。その前日までモーケンから災害に関する聞き取り調査をしていた者が、今日は津波の被害から復興した観光地で寛ごうとして、自分の生まれ育った国が巨大地震と津波に襲われたことを知る。しかもモーケンからの携帯電話による連絡によって、自国の災害情報を得ている。なんだか不思議な気分だった。しばしば漂海民と呼ばれる、かつて海上生活を送っていたモーケンが、韓国人やタイ人の友人と同様の災害知識を有し、同じ電波手段を用いて情報を伝達してくれたのである。スリン諸島のモーケンにはもともと地震や津波といった概念がなく、彼らが暮らす地域に電波塔が建てられ携帯電話が普及したのは、観光客や政府関係者がアンダマン海域に多く訪れるようになった、ここ数年のことである。

　こうした新しい概念と機器の使用は、2004年12月26日のスマトラ沖地震に伴い発生した津波（以下、「2004年インド洋津波」）に被災したことや、昨今の急速な観光開発の進展と政府の被災地に対する介入機会の増大が大きく関係している。上述のモーケンの友人からの電話とその内容は、近年の彼らの生活の変化を如実に表わしているものとして、とても興味深いものであった。

＊

　そもそも、私がモーケンに興味を抱いたのは、彼らが津波に被災したことを

契機とはしていない。もともとは漂海民の海上における暮らしぶりに興味があった。漂海民という名称は、アジアの多島海に暮らす各地の船上居住集団に対して広く用いられてきたが、既にほとんどの人は船での生活を捨てて陸地に定着するようになっていることを、文献資料を読んで知っていた。そんな中、いまだに船を住まいとしながら移動性の高い生活を送っているのがモーケンであると思い込んでいた。なぜなら、他の漂海民に比べるとモーケンに関する文献資料は断片的であり、その多くがモーケンの船上生活のみを描いていたからである。漂海民と呼ばれてきた多くの民族集団が次々と定住を進める中で、なぜモーケンだけ従来のままの暮らしを維持できているのか、モーケン研究に着手した大学院入学当初は、主にそのことに関心を払っていた。

　ところが、そのようなモーケンの社会像が間違いであることは、実際にモーケン社会を訪れた人物に話を聞く機会を得て、すぐに気付かされた。修士課程に進学したばかりの2003年6月4日のことである。寺田勇文先生と村井吉敬先生の紹介で、かつての教え子だったという宮澤京子さんを紹介してもらった。彼女の勤務先である海工房では、海洋に関する映像ドキュメンタリーを制作しており、その数ある作品のうちの1つにモーケンの船上生活を追ったものがある。2001年5月6日にテレビ朝日で放送された「海からみえるアジア——アンダマン海に生きる漂海民」である。この映像作品の演出者は海工房の代表であり、フィリピンの漂海民に関する秀逸なルポルタージュを著した門田修氏であった。日本酒を片手に事務所を訪問し、宮澤さんから撮影時の苦労話や、モーケンが置かれている現況を聞き出した。すると、既にほとんどのモーケンが陸地に定着していることがわかったのである。モーケンが暮らすのはビルマ（ミャンマー）[1]

---

[1]　1885年の第3次英緬戦争後、英領インドに併合されたビルマは、1948年1月4日に独立してビルマ連邦となった。現地の人びとは自国を文語でミャンマー、口語でビルマ（バーマー）と表現することが多く、ミャンマー、ビルマのどちらも同じ意味の言葉として用いてきた。ところが、1989年6月に軍事政権が英語の国称を"Union of Burma"から"Union of Myanmar"へと独断で変更した。軍事政権による国称変更の理由は、ビルマという国称はビルマ族だけを指してしまい、多民族が共生する国家としては、すべての民族を包含するミャンマーという国称のほうがふさわしいとするものであったが、ミャンマーという言葉が、国家内に存在するすべての民族を包括する概念であるとは考えにくい。ミャンマーという名称がもともとビルマ民族を指して用いられてきた言葉であることを考慮すれば、ビルマという国称のままで問題はないはずである。本書では、民主的な手続きを経ていない政権が用いたミャンマーではなく、現在も一般市民が口語で用いるビルマで統一する。ただし、引用文に関してはこの限りではない。

領とタイ領[2]のアンダマン海域であるが、とりわけタイ領において定住化が進んでいる事実を教えられた。それならばビルマ領に入り、今でも船上に暮らすモーケンを調査しようと考えたが、宮澤さんの話ではずいぶんと難しいことであることが分かった。

　後日、大学において寺田先生に相談すると、軍事政権下で調査をするリスクについて触れられ、ビルマのモーケンを研究対象とするのは時期尚早であろうという助言を受けた。こうして私は、ひとまずタイへと視点を移すことになった。修士論文では、モーケンを含むタイに暮らす海民（タイ語でチャオ・レー）に焦点を合わせて、文献資料のみで書き上げることを決意した。そうして執筆に取り掛かり、タイ語資料の解読を進める過程において、2つのことに気付いた。

　1つ目は、タイに暮らす海民が定住化した背景には、どうやら近年のアンダマン海における観光開発の進展が関係しているということであった。そして2つ目は、タイに暮らすほとんどの海民が陸上がりしている中で、スリン諸島のモーケンだけは比較的定住化の度合いが低い生活を送っているということであった。スリン諸島はビルマとの国境に近いタイの領海に浮かんでおり、観光地化が進んでいるにもかかわらず、いまだに船に乗って国境を越える者がいるという、一見すると矛盾した情報を入手したのである。

　スリン諸島のモーケンを観察すれば、生活拠点が海から陸に移行するという従来の単純な図式とは異なる視点で漂海民を捉えることができ、海と陸のはざまを動態的に生きる彼らの姿を描けるのではないか、そのように考えた私は、博士課程進学後に行なう長期調査の対象地をスリン諸島と決めていた。そうこうしているうちに修士論文の執筆も終盤にさしかかり、提出間近となった2004年12月末にインド洋津波は発生した。

　まさに青天の霹靂であった。もはや論文どころではなく、タイのアンダマン海沿岸部に暮らす人びとを心配する日々が続いた。修士論文の内容には盛り込まなかったが、実は2003年9月よりタイ各地の海民村落で簡単な聞き取り調査を行なってきており、既に知り合いのモーケンも数名いたからである。当時、タイで唯一海民研究を推進していたアンダマン・パイロット・プロジェクト（APP）

---

[2] 国名がシャムからタイへと変更されたのは1939年であるが、本書では煩雑さを避けるために、1939年以前、以降にかかわらずタイを用いることにする。

推進チームにメールを送り、海民村落の被災状況についてたずねた。このAPP推進メンバーはチュラーロンコーン大学社会調査研究所（CUSRI）のメンバーを主体として構成されており、モーケン研究の第1人者であるナルモン先生（Dr. Narumon Arunotai [Hinshiranan]）がリーダーを務めていた。そのナルモン先生から詳細なデータをいただくことができた。その中に、スリン諸島のモーケン村落の被害が記されており、津波によって船や家屋を失い、すべての者がタイ本土へ避難したことが書かれてあった。

　その文章を読んだ私は動揺した。なぜなら、当初の研究目的である、海域におけるモーケンの生活を調べる機会を逸したと思ったからである。船を失ったモーケンは、急速に陸地へ定着するに違いない。もはや他地域の村落と同様の定住生活を始めるに決まっている。そのように思い、研究者の利己的な考えであるとわかりつつも、内心がっかりとした。とはいえ、すぐに気持ちを入れ替え、本土に定住するならするで、その過程を追っていこうと、研究課題を「被災後におけるモーケンの生活再建」へと設定しなおしたのである。こうして私は現場に入り、災害を契機としたモーケンの生活の変化を否応なく目にすることになり、「2004年インド洋津波がモーケンに与えた影響」というテーマへと必然的に導かれていった。

　まずは2004年インド洋津波による被害の全体像を把握する必要があった。インド洋沿岸各国に被害をもたらした津波である。調査対象国であるタイ国内における被害の特徴は何にあるのか、またタイ以外の国ではどのような問題が発生したのか、モーケンの被災状況を明確にするためにも、他地域の被災地と比較しながら調べる必要があった。その作業を開始する中、日本における災害人類学の先駆者である林勲男先生と知り合う僥倖に恵まれた。この出会いをきっかけとして、「インド洋地震津波災害被災地における現状と課題」と題し開催された研究フォーラムに参加・発表する機会をいただき、人文社会科学系のみならず自然科学系を専門とする諸先生方の報告を聞く中で、モーケンの被災状況を相対化して見ることが可能となった。それからは林先生を代表とする科研調査にも加わるようになり、工学を専門とする柄谷友香先生と共同調査を実施するなど、自然科学分野の専門家から刺激を受けながら、タイ南部へ足を運ぶようになった。

以上が、私がモーケンを対象とした、2004年インド洋津波に被災したあとの生活を調査するようになった経緯である。

＊

　従来の漂海民に関する人類学的研究では、彼らの船上における生活のあり方に焦点が当てられてきた。あるいは、海上から陸地に定着する過程について論じられることが多かった。その際に人類学者の多くが関心を払っていたのは、漂海民研究に着手した時の私のように、陸地を拠点に暮らすわれわれと生活環境が大きく異なる人びととして、あるいは遠く離れた存在としての少数民族であったように思われる。
　しかし、本書でこれから徐々に明らかにするように、現代社会を生きる漂海民は、陸地に暮らす大規模集団や国家とのかかわりが強くなっており、われわれが生きる場とそう遠くないところで彼らなりの「現在(いま)」を生きている。本書は、「同時代的」な視座を据えた、2004年インド洋津波に被災したモーケンの、生活の変化についての記録と考察である。とはいえ、津波後の「生活の変化」を明らかにするためには、津波に被災する前の生活が把握されなければならない。そのため本書は、「津波後」という言葉がタイトルにつけられているが、「津波前」のモーケンの生活状況についても詳しく論じることになる。その点が、災害に被災した社会を長期的視点で見ようとする、本書の最大の特色となっている。
　なお、本書で用いられる「津波前」と「津波後」という言葉は、ことわりのない限り、モーケン社会が2004年インド洋津波に被災する前と後のことである。「被災前」と「被災後」、「2004年インド洋津波前」と「2004年インド洋津波後」についても同様の意味で使用している。
　本書が依拠するデータは、2005年から2012年にかけて断続的に実施した調査に基づいている。これまでに、スリン諸島のモーケンの人びとは数多の外部者

3　調査期間および主な調査地は以下のとおりである。2005年3月（スリン諸島）、2005年8月〜10月（パンガー県S寺）、2006年1月〜3月（バンコク）、2006年4月（スリン諸島）、2006年5月〜2007年3月（バンコクおよびタイ南部広域調査）、2007年5月（バンコク）、2007年6月〜9月（スリン諸島）、2007年10月（バンコク）、2007年11月〜12月（スリン諸島）、2008年2月〜4月（スリン諸島）、2008年5月〜6月（パンガー県海民村落）、2008年7月〜9月（バンコクおよびスリン諸

と接触し、急激な生活スタイルの変容を経験してきた。ある時は、不均衡な力関係のもとに構造化された制度や秩序に妥協を示し、またある時には、そのような構造下に発現される一方的な圧力に対して交渉や抵抗を試みていた。拘束的な力が働く国民国家の周縁世界において、モーケンがどのように主体的に自らの生活をより良いものにしようとしてきたのか、あるいは被災後の社会を再建してきたのかについて、詳細なデータをもとに論じたい。また本書では、フィールドで得たデータだけでなく文献資料の情報も多く活用することで、海域で暮らしてきたモーケンの船上生活をも具体的に描き、海と対峙する生活で培われてきた彼らの社会文化的な特徴が、観光開発・2004年インド洋津波・国民化という、次々と押し寄せる変化の荒波の中で、どのように形を変えてきたのか、あるいは維持されてきたのかを考察したいと考えている。

本書の構成

　本書の構成は以下の通りである。まず序論第1章で、本書において重要なテーマである「災害」について、人類学的研究の課題を明確にし、本書の方向性を示す。そして第2章で、漂海民に関する先行研究を批判的に検討し、本書の主人公であるモーケンを「海民」としてとらえる意義について説明する。

　本論は第1部から第4部までの4部構成をとっている。各部の表題は「第1部　モーケンの概況」、「第2部　津波被災前の生活世界」、「第3部　津波をめぐる出来事」、「第4部　国家との対峙」である。

　第1部では、モーケンが暮らすアンダマン海域の諸特徴とモーケンを含む隣接集団の基礎情報を整理して紹介する。第3章では、アンダマン海域の生態的特徴と歴史的背景、それに社会文化的特質を明らかにする。第4章では、アンダマン海域の少数民族に関する民族名称の変遷を追うことで、先行研究を時系列的に整理する。

島)、2008年12月〜2009年1月(スリン諸島)、2009年2月(スリン諸島およびプーケット)、2009年4月〜5月(バンコク)、2009年7月〜8月(バンコクおよびパンガー県海民村落)、2009年10月(バンコク)、2009年12月〜2010年3月(バンコクおよびスリン諸島)、2010年8月(パンガー県およびクラビー県海民村落)、2011年2月〜3月(スリン諸島)、2012年2月(スリン諸島)、2012年12月(スリン諸島)。

第2部では、2004年インド洋津波に被災する前のモーケンの生活世界について論じる。第5章では、モーケンが文字資料に登場する1825年から1970年代までの歴史を、史資料と口述資料をもとに再構成することを試みる。第6章では、タイにおける観光開発の歴史を振り返った後、1980年代以降タイ政府によって推進されたアンダマン海域の国立公園化によって、同海域を移動しながら暮らしてきたモーケンがどのようにして陸地に定着し、観光業に従事するようになったのかを考察する。第7章では、アンダマン海域の国立公園化が本格的に進むようになった1981年以降（現在）とそれ以前（過去）におけるモーケンによる特殊海産物の採捕内容を検討し、漁期が雨季のみに限定されるようになったことを指摘する。

　第3部では、2004年インド洋津波に被災した後の、モーケン村落の動態を考察する。第8章では、近代的科学知識がつくりあげた津波概念をモーケンはいかに認識するようになったのかについて、モーケン社会で発生した出来事に注目することで明らかにする。第9章では、海民としての生活を特色付けていた家船暮らしの時代まで遡り、住まいとしての船の特性を説明する。次に、陸地定着後に建てられた家屋の特徴を説明し、2004年インド洋津波後に再建された村落がモーケンにとって居心地の悪い住まいとなっていたことを明らかにし、その住空間を改善するためにモーケンがいかなる対応をとっていたのかを考察する。第10章では、ナマコ漁を事例として取り上げ、津波被災後に支援団体から船が多く寄付されたことによって、モーケン社会内部において漁獲競争が発生していることを論じる。ナマコが短期間で捕り尽くされる傾向にある中で、モーケンが国立公園事務所による監視の目をくぐり抜けながら潜り、ナマコ専用の銛を開発し、潜水用具を導入することでより深い場所でナマコを採捕している様子を描出する。

　第4部では、国家と向き合うモーケン社会の様子を描く。第11章では、モーケンにとって国家を代表する組織であり、また身近な存在でもある国立公園事務所との関係性に注目する。まず、精霊が宿る柱ロボングを1人のモーケンが引き抜いた事件の背景に国立公園事務所の存在があることを確認し、津波後に就任した国立公園所長のモーケンに対する態度と2010年度の国立公園側の方針が、モーケンと国立公園事務所との間に新たな緊張関係を生じさせていることを説

き明かす。第12章では、モーケン男性たちの語りに重点を置きながら、彼らのタイの外側への移動を描いていく。そうすることで、近代国家の境域で生きる彼らのジレンマを示す。第13章では、津波後にタイ国籍を得るモーケンが増えた背景と王女による村落の視察内容を検討し、国民国家にモーケンが取り込まれるようになった経緯を明らかにする。

　結論となる第14章では、現代のモーケンを取り巻く社会状況に目を配りながら、海民の生活にどのような変化が見られるのかについて総合的に考察を加える。その上で、国家に急速に包摂されつつある状況の中で、海民として生きようとするモーケンの思いについて取り上げる。そして最後に、長期的な視野のもと被災社会を描いた本書の意義を示した上で、災害研究における人類学者／地域研究者の立ち位置について考える。

序論

海に浮かぶモーケンの家船

第1章
災害の人類学

　本章ではまず、本書の重要なテーマである「災害」とは何かについて、防災研究機関と人類学分野における定義を取り上げる。そうすることで、自然災害と呼ばれるものでも人間社会が備える文化が密接に関連して被害が発生していることを確認する。その上で、災害は現代に顕著に見られる事象である点を強調する。次に、近年盛んに取り組まれている人類学における災害研究を取り上げ、現地の人びとの視点から物事を捉えることが基本姿勢にある点を確認する。そして、災害の人類学を進めようとする者には、①長期的、②帰納的、③実践的という3つの視野が求められていることを述べ、本書の方向性を簡潔に示す。

第1節　災害とは何か——自然と文化の複合的現象

　ヨーロッパにおいて中核的な防災研究機関の役割を担っている、ベルギー・ブリュッセルにあるルーベン・カトリック大学災害疫学研究センター（CRED）によると、災害とは「国家的・国際的水準の外的な支援の要請を必要とする、地域の耐久度を超える状況ないし事象であり、甚大な被害や破壊、それに人的苦難をもたらす、予測困難な度々突然訪れる出来事である」[Guha-Sapir et al. 2015：7]と定義される。
　また、同センターにはEM-DATという、世界各地で発生した災害に関するデータベースがあり、1900年以降に起きた災害情報がインターネット上で公開されている。このデータベースには、①10人以上の死亡が報告されていること、②100人以上の被災者が報告されていること、③緊急事態宣言が発令されていること、④国際援助の要請が出されていること、という4条件のうち1つ以上に該当するものが災害として登録されている[Guha-Sapir et al. 2015：7]。

表1-1　災害発生件数の推移

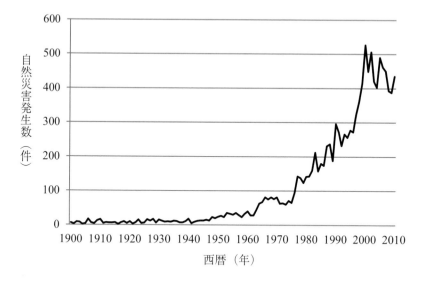

1900年から2010年に至るまでの災害の推移を見ると、自然災害の発生件数が増加傾向にあることがわかる (**表1-1**)。その背景には、情報技術の急速な進歩や通信網の発達等によって、災害情報の収集能力が高まってきていることを指摘できるが、それだけではない。データベース上に登録される災害の条件を満たす被害が、以前にも増して世界各地で見られるようになったことを示している。災害の動因となる地震や火山噴火などの自然界から発せられる外的な力（ハザード）が著しく増大しているわけではないため、以前にも増して現代の人間の生活のあり方が「自然」現象と複雑に絡み合うようになった結果と考えることができる［Blaikie et al. 2003(1994)；林 2010：14］。

　ここで、防災研究機関による災害の定義とは別にもう1つ、人文社会科学の専門領域における定義を取り上げたい。近年災害について盛んに論じられるようになってきた文化／社会人類学 (以下、人類学と略す) の例をあげてみよう。災害人類学の分野における第一人者であるオリヴァー＝スミスとホフマンは、災害を次のように定義している。

　　自然環境あるいは人が手を加えた環境あるいはまったく人工的な環境に

由来し、破壊を起こす可能性のある素因／力と、社会的また経済的に作り出された脆弱性が存在する状況下にいる人間集団とが結びつき、個人また社会の物質的身体的存続や社会秩序や意味に対する欲求の、慣習的・相対的な満足が混乱ないしは中断したと認識されるに至った過程／事象である。
［オリヴァー＝スミス＆ホフマン 2006(2002)：7-8］

　少々わかりにくい文章だが、要点は次の2点にある。つまり、①環境（自然）と人間社会が結びついて発生するものであり、②日常生活が混乱あるいは中断したと捉えられる過程ないし事象である、というものだ。必ずしも自然現象を起因としないが、環境の変化が人間の生活に結びついた結果であるという見方を確認することが、この定義を理解する上では重要である。
　オリヴァー＝スミスとホフマンの定義に従うならば、先に確認した近年における自然災害の発生件数の増加は、人間社会が環境の変化に対する耐久度ないし適応力を弱めた結果であると解釈することができる。ハザードに対する人間社会の脆弱性が高まりつつあることを示唆していると言えよう。自然災害が多発する要因として指摘されてきた「世界規模の気候変動、環境や生態系の不均衡、人口増加とその集中、無秩序な都市化、森林伐採、砂漠化など」［サンカー・塩見編 2008：1］も、そうした文脈で捉える必要がある。
　また、現代という世界は、人間の科学技術が進歩すればするほど災害による被害規模も増大する可能性が高まる、という皮肉な状況にあることも忘れてはならない。たとえば、堅硬な材料を使用することで高層建物の建築が可能になれば、崩壊時に被る人間の死傷リスクが高まることは理解しやすいであろう。今般の東日本を襲った大津波災害でも、おびただしい数の車両や大型船舶、破壊された防波堤が凶器と化し、人間を襲ったことは記憶に新しい。人類が自らの生活を充足させるために発達させてきた文化が、大規模な地震や津波の前では人間社会の脆弱性を高める要素となりうるのである。このように見ると、たとえ自然災害と呼ばれるものであっても、人間社会が作りだしたものと複合的に絡み合って起きた「自然」災害であることがわかる。災害とは、自然と文化が結びついて発生する、現代に顕著に見られる現象だということができる。災害は、現代を生きる人びとなら誰でも——漂海民でも——遭遇する可能性のある身近な

現象であり、そうであるが故に、人類学が研究対象として真剣に取り組む価値があると言えよう。

第2節　災害をめぐる人類学者

　災害の増加に伴い、自然科学分野のみならず人文社会科学分野においても、今日では数多くの研究者が災害に取り組むようになっている。自然科学分野においては、災害に耐えうる構造物の開発であったり、災害発生のメカニズムを明らかにするものであったりする。そのような、工学や物理学といった自然科学分野からの研究は、ハード面における防災に関わるものが多い。一方の社会科学分野においては、心理学を中心として、非常時における人間行動の分析や心的障害を抱える者に対するケアのあり方などのソフト面に関する研究がなされてきた。いずれの研究も、防災や減災、あるいは震災影響の軽減に直接的に結びつく、人間社会に多大な貢献をなすものである。地球上で発生するあらゆる震災の仕組みや、人類に広く共通する問題への対応方法など、一般化・普遍化しうる研究成果を出すことが少なくない。

　他方で、人類学の領域における災害研究は、上述の学問領域と比べると、一般というよりは特殊な、普遍的というよりは個別的な問題に取り組み、それぞれの研究者がフィールドとする地域を事例として、民族誌や論文を著述してきた。[1] そうした研究者の多くは災害を専門とする研究者ではなく、かねてから調査を続けていた人びとが災害に巻き込まれた結果として、否応なく災害の人類学的研究を進めるようになった人たちである。私自身もそのうちの1人であり、人類学を専門としてモーケンの移動／定住生活を調べるために現地へ数回足を運んでいたのだが、本調査を開始する前にモーケン社会が津波に襲われたことをきっかけとして、人類学的な視座から災害研究に着手するようになったことは、「はじめに」でも触れた通りである。

1　災害の人類学的研究の展開については、オリヴァー=スミスによる「ハザードと災害に関する人類学的研究」[Oliver-Smith 1996] や木村周平による「災害の人類学的研究に向けて」[木村 2005]、または彼の著作の序論 [木村 2013: 15-36] を参照のこと。特に木村による論考では、近年に至るまでの先行研究が手際よく整理されている。

前節で引用した災害の定義を記したオリヴァー＝スミスとホフマンもそれぞれ、自らの調査地や居住地において災害が発生したことを契機として、災害研究に取り組むようになった人類学者である。オリヴァー＝スミスは、1970年に起きたペルー地震によって、岩盤崩壊と雪崩による大規模被害を受けた街ユンガイの復興過程を、被災者／被支援者側の視点から描いている［Oliver=Smith 1986］。ホフマンは、1991年にアメリカ・カリフォルニア州のオークランドで起きた大火によって家を含むすべての持ち物を失った後、1人の被災者として生活再建を進める中で、他の被災者による言動を観察することで、災害の象徴表現について考察を加えている［ホフマン 2006(2002)］。

その他にも、1970年代後半からフィリピンのアエタの人びとについて調査を実施してきた清水展は、1991年に発生したピナトゥボ火山の大噴火直後から現地での救援活動に関わり、被災者アエタが苦難を乗り越えながら先住民としての自覚を強めていく過程をつぶさに観察し、厚い記述[2]による民族誌を著した［清水 2003］。

また、日本において災害の人類学的研究を牽引している林勲男は、調査地パプア・ニューギニアで1998年に地震・津波災害が起こったことが転機となり、オセアニアだけでなく日本を含むアジア各地の被災地に精力的に足を運ぶなどして、多岐にわたる論考を残している［eg. Hayashi 2001, 2010, 2012; 林 2004, 2008a, 2008b, 2008c, 2009a, 2009b, 2010, 2011a, 2011b, 2012a, 2012b, 2012c, 2012d, 2014；林・川口 2013；林編 2007, 2008, 2010, 2013］。

インド西部のグジャラート州でムスリムの染色職人の調査を行なっていた金谷美和は、博士論文のための長期調査を終えたあとに、同地が2001年に大地震に見舞われたことをきっかけとし、現地における復興過程について研究を始めている［金谷 2007, 2008］。

上にあげた人類学者はいずれも、偶然にもかねてより自らが関与する地域で災害が発生し、被災社会にコミットするようになった人びとである[3]。ところが

2　ギアーツ［1987(1973)］がギルバート・ライルから借用したthick descriptionの邦訳である。「厚い記述」と訳されることが一般的だが、「厚い」という形容詞が「量的」なものを連想させてしまうため、ギアーツが意図していた「質的」なものを表すために「濃密な記述」と訳されるべきとする意見もある［ギアーツ 1996(1988)：264］。
3　他にも、同様の経緯で災害後の社会に深く関わるようになり、その人類学的成果が単著として出

近年では、主にトルコを対象として活発な研究活動を展開している木村周平のように、意識的に被災後（災間期）の地域を調査地に選ぶ者も出てきており、人類学における災害研究が積極的な意味合いを持って行なわれるようになってきている。特に2011年3月11日に発生した東日本大震災後は、直接・間接問わず何らかのかかわりを持って現地に赴き、調査する人類学者が増えている［cf. 日高 2012；トム・ギルほか 2013；竹沢 2013；辰巳 2013；高倉・滝澤編 2014］。

　彼ら全員に共通している点は、当事者の視点から物事を見るという、人類学において普く共有されている研究者の態度である。それは取りも直さず、現地の人びとの視点から出来事を見つめ、何が問題かを理解しようとする、地域研究者――特に人文社会学系[4]――の基本姿勢と重なるものである［cf. 山本 2014；西 2014］。このように見た場合、地域研究者の立ち位置は、スタートラインにおいて人類学者と同じ線上にあると言ってよい。

　近年の傾向として、他領域の専門家との共同研究を念頭におきつつ個人研究を進める人類学者／地域研究者が増えている。「個人レベル」で研究を進めることの多い人類学者は、災害という複合的かつ多面的な様相を見せる現象をよりよく理解するために、「集団レベル」において研究を進めるようになっているわけである。あるいは、自然科学分野における「集団レベル」での研究において、人類学的知見が求められるようになっていると見ることもできる[5]。かねてからの調査地が災害に巻き込まれた結果として災害に関する研究に着手した人類学者であれ、意識的に被災地を対象とする研究を始めた地域研究者であれ、学際性を求められるのが災害研究の特色の1つであろう[6]。

　　　版されているものに、高桑史子［2008］、小河久志［2013］などによる著作がある。
4　理工系の地域研究者が現地の人びとの視点を無視していると論じたいわけではない。ただ、地層や気象、構造物などから得られる数値データよりは、被災者個々人の声を拾い上げることに重きを置く人文社会学系の地域研究者の方が、より人類学者の立ち位置に近いと述べたいだけである。この立ち位置は、先進国の研究者が、自国語・欧米語圏以外の被災地域で調査をする際に、特に言えることである。本書で述べる地域研究者は、その対象を人文社会学系の研究者に限定する。
5　防災工学を専門とする河田惠昭が代表の、「2004年12月スマトラ島沖地震津波災害の全体像の解明」（科学研究費補助金・特別研究促進費）に、林勲男を含む人類学者が3名、研究分担者あるいは研究協力者として参加したことからもうかがえる。
6　たとえば、林勲男が中心となり組織・実施されてきたものだけでも、「災害に関する人類学的研究」（2004〜2006年度）、「災害対応プロセスに関する人類学的研究」（2004〜2007年度）、「ア

そのような学際性を志向する災害研究の潮流の中において、本書は、主に「個人レベル」で進めた人類学的研究に基づく民族誌である。本書を批判的材料の1つとして、他にどのようなディシプリンを組み合わせることが有効であるのか、また異分野を専門とする研究者とどのようにして共同研究を進めることができるのか、その糸口を探るきっかけとして読まれることが期待される。

第3節　災害の人類学の課題と本書の目的
——長期的、帰納的、実践的視野

　災害の特性の1つとして、災害発生から時間が経つにつれて報道の数が減り、研究者の被災地への関心が薄らいでいくということがある。それには、時の流れとともに被災社会が復旧・復興へと向かい、研究者の視点から見えやすい問題が徐々に少なくなっていくという背景がある。2004年インド洋津波を例に見ても、新聞やテレビで取り上げられることは時間の経過に反比例するように減少してゆき、被災社会の復興支援に尽力したNGOは3年をめどに現場から離れて、立派な恒久住宅が建てられ生活再建を果たしたかに見える地域からは研究者の姿が消えていく。地球上では毎日、次から次へと新しい事件が発生しているため、報道から1つの災害情報が影を潜めていくのは当たり前のことである。また、被災社会が支援を得ながらも、自力で生活を再建できるレベルにまで達することは喜ばしいことであり、研究者がそのような土地から身を引くことは当然であろう。

　しかしながら、いかに被災社会において復旧が達成されようとも、また物質的な充足度が満たされようとも、被害を蒙った地域にはさまざまな形で災害の影響が残り続ける。それは、災害時に負った身体の傷が完治しないといったことや、親族を失い心の傷を一生涯負い続けるなどといったことに限らない。被災前とは異なる新しい環境にゆっくりと適応するといったことや、新たな社会

ジア・太平洋地域における自然災害への社会対応に関する民族誌的研究」(2004〜2007年度)、「大規模災害被災地における環境変化と脆弱性克服に関する研究」(2008〜2012年度)、「災害の人類学：東日本大震災への対応を中心に」(2012〜2016年度)がある。

編成が時間をかけて行なわれるといったことまで、実に多様な残響が被災地域にまとわりつくことが考えられる。前節でも紹介した清水展は、1991年の火山噴火から10年間にわたる先住民アエタの記録を、民族誌という形にして世に問うた。彼は民族誌の主題名に「こだま」という言葉を付したが、それは噴火の影響が一過性のものではなく、それ以後も長期間にわたって続いたことを読者に示すためであった［清水 2003：351］。そのような長期的影響は、噴火だけでなく津波やハリケーンなどの他の災害に被災した地域においても見られる。林勲男は、一過性の問題として捉えられがちな災害という現象について、人類学者／地域研究者が取り組む意義と今後の課題を次のように述べている。

> 災害は、特に大規模災害になるほどマスメディアがセンセーショナルな報道をします。その描かれ方はある意味で非常にステレオタイプ化されていて、時間の経過とともに忘れ去られてしまいます……それに対して地域研究者は、人類学者も含めてですが、災害以後も長期にわたって災害と地域あるいは災害と人々の関わりを見ていくことができます。それが地域に根差した研究だと思うわけですが、そうすると、自分の研究対象地域以外のところでどのような発言力を持つようにしていくのか。研究者個人でもそうですが、他の研究者あるいは他の実務者の人たちとの連携の中でも、どういう発言力を持っていくのか。あるいは、そこに研究者としてのアイデンティティをどう形成していくのか。それがこれからの地域研究に関わってくる重要なところじゃないかと思っています。［林 2011b：37］

この発言は、学術誌『地域研究』の総特集号「災害と地域研究」を発行するにあたり企画された、「災害研究の新しい視座をめざして」と題された座談会におけるものである。林の発言内容は、次のように要約することができよう。それは、①長期的に被災社会と関わりながら災害と地域を見つめること、それが災害の人類学を進める者にとって肝要である、②ただし、単に1つの地域を長い期間見るだけでは不十分であり、個別研究で得た成果をどのように普遍的な問題（研究対象地域以外）へと応用できるかも考えなければならない、③さらには、他の専門家たちと協働する中で、人類学者ができることは何であるのかを明確にして

いく必要がある、という3点である。端的に言うならば、①長期的、②帰納的、③実践的という3つの視野が、災害の人類学を行なう者には求められていると言える。

　ここで、私は林の考える「長期」という概念にさらに付け加えたいことがある。それは、過去に対する視座である。林が過去に対して関心を払っていないと主張するつもりは毛頭ないが、彼が述べる長期という言葉は、災害発生後の期間を特に想定して用いられているように思われる。だが、被災社会の災害による影響をより深く理解するためには、災害が起こってからの長年にわたる参与観察が重要であることと同じくらい、災害が起こる以前の歴史的社会状況を考察することも肝要であろう[7]。

　帰納的な視野については、前節で述べた人類学者の姿勢にも深く関わってくる事柄である。本書を批判的材料の1つとして学際的研究を目指すだけでなく、本書で取り上げる被災地域の問題が、他の被災地域を見る上でどの程度参考になるのかについても吟味していく必要があるだろう。実践的な視点については、人文社会系や理工系という研究者の枠内に留まらず、いかにしてNGO／NPO職員などの実務者と連携することができるのかについても考えていかなくてはならない。

　本書の目的は、2004年インド洋津波に被災した海民モーケンを事例として、被災前の彼らの社会状況も歴史的に詳しく描くことで、被災後の生活がどのように変容していったのか長期的な視点から明らかにすることである。また、アンダマン海域のモーケン社会――特にタイ・スリン諸島モーケン村落――で起きた具体的事実を丁寧に追い、特殊で個別的な事例を深く考察することで、他の被災地域を考える上で有用な知見を提供することを目指している。さらに、本書全体を通して、他の専門分野の研究者や実務者と連携する中で、人類学者／地域研究者はどのような立ち位置を築くことが可能であるのかを考えていきたい。

7　これにかかわる他の視点として、過去に起きた災害と将来起こるであろう災害との間、つまり「災間」に注目する考え方がある［仁科2012］。木村周平による著作［2013］では、トルコにおける過去と未来の震災の「災間期」が取り上げられている。

第2章
漂海民再考

　アジアの島嶼と沿岸には、漁撈を生業とし、船を住まいとする特異な生活形態を持つ人びとが暮らしていた。そうした集団を指すのに、漂海民、船上居住民、海の放浪者などと、さまざまなカテゴリーが生み出されてきた。一般の漁民と区別するために生まれたそれらの用語の中でも、とりわけ漂海民という言葉が研究者の間で広く使用されている。本書が対象とするモーケンも、漂海民を代表する集団の1つに数えられてきた。

　しかし、現在では船を住まいとする漁民は少なくなっており、彼らのほとんどが陸地で定住生活を送るようになっている。もはや漂海民という言葉を用いて、他の漁民と区別して表現することは困難になっている。それにもかかわらず、日本の研究者は漂海民という術語をめぐる議論を真剣に行なうことなく、各々が対象とする個別集団について論じてきた。それは私を含めた、多くの日本人研究者に当てはまることである[2]。生活実態にそぐわない用語が無批判的に学術の場で使用されてきたのには、漂海民に関する先行研究を包括的に整理する作業が十分に行なわれてこなかったという背景がある。

　本章では、アジアの漂海民に関する先行研究を総合的にまとめる作業を通じて、かつての漂海民の定義にあてはまる人びとは既にほとんど存在しないことを明らかにした上で、現代の〈漂海民〉[3]の生活の実態にそぐう便宜的な術語を新

1　通常、小型のものを「舟」、大型のものを「船」と記述し、数詞も前者を「艘」、後者を「隻」と書き区別する。しかし本稿では煩雑さを避けるため、「船」と「隻」に統一して記述する。ただし、文献の中で使用されている「小舟」などの用語は、そのまま引用する。

2　漂海民の「漂」には、あてもなく水に浮かび、流れに身を委ねるといった語感が付きまとう。そのため、海洋資源を追い求めるなどの目的を持って移動する人びとに対して、漂海民という言葉を当てはめて使用することが不適切だと考える研究者は多い。しかしながら、今日の広辞苑にも載せられるようになった漂海民という用語の使用の是非をめぐって、真正面から論じることは避けられてきたように思われる。

3　山括弧のついていない漂海民は、先行研究でそのように言及されてきたことを表し、山括弧のつ

たに示すことを目的とする。

　第1節ではまず、漂海民という言葉が、いつ頃どのような特性を有している人びとに対して用いられるようになったのかを検討する。第2節では、漂海民に関する先行研究を整理することを通じて、研究対象が伝統的な家船居住から陸地定住後の社会へと変化してきたことを明らかにし、もはや旧来のカテゴリーでは〈漂海民〉を語ることは困難になっていることを指摘する。そこで第3節では、漂海民に代わる大まかな範疇として、主に海を生活の舞台とする人びとを表す「海民」という語を用いることを提案する。

第1節　漂海民とは誰か

　管見の限りでは、日本語で「漂海民（族）」という言葉を最初に使用したのは松田銑である。彼は、イギリス人宣教師ホワイト（Walter Grainge White）が著した *The Sea Gypsies of Malaya*（1922年出版）という書名を『漂海民族：マウケン族研究』と邦訳した。この本が日本で刊行されたのは1943年であり、今から約70年前の第2次大戦中のことであった。松田は題名こそ「漂海民族」と訳しているものの、本文においては「海のジプシー」という言葉を用いている。

　その後、1949年に上梓された『日本古代漁業経済史』の第10章「日本蜑族考」において、羽原又吉が「南支漂海民」や「南洋漂海民」という言葉を使用していることを確認できる［羽原 1992（1949）：167-189］。羽原は漂海民という語を用いることで、船に暮らす特殊な漁民を一般の漁民と区別した。おそらくこれが、学者によって漂海民という用語が使用された最初の例である。しかしながら、この文籍は主に研究者向けに書かれたものであり、漂海民という用語は大衆には

　　いた〈漂海民〉は、漂海民に代わる術語を私が提示するまでの便宜的なものとして用いている。現代の彼らの生活の実態を見れば、本来はそう呼ばれるべきではない人びとであるというニュアンスを、山括弧に含ませている。

4　"Sea Gypsies"という用語の初出は、1851年のトムソン（J. T. Thomson）による記述が最初だと考えられている［Thomson 1851：140］。彼はジョホール近くで見かけたオラン・ラウト（Orang Laut、海の人の意）をそのように表現した。またマウケン族は、現在ではモーケン族と記述されることが普通である。

まだ馴染みの薄いものであったと思われる。

　漂海民という言葉が人口に膾炙するきっかけを作ったのは、上述の羽原又吉の筆による、1963年に出版された『漂海民』であろう。一般向けに書かれた新書ということもあり、漂海民という用語は研究者以外の人びとにも広まった。羽原［1963：2-3］によると、漂海民とは元来、次の3条件を備えていた人びとであるという。

①土地・建物を陸上に直接所有しない。
②小舟を住居にして一家族が暮らしている。
③海産物を中心とする各種の採取に従い、それを販売もしくは農作物と物々交換しながら、1ヵ所に長くとどまらず、一定の海域をたえず移動している。[5]

　これを記した1960年代において、上記の3条件を満たす人たちは既にほとんど存在しないと言及してはいるものの［羽原1963：3］、この「土地を持たずに船を住まいとし、漁撈しながら移動し続ける」という定義は、その後も漂海民の特性を規定するものとして定着していった。

　『漂海民の人類学』を著した野口武徳は、漂海民の基本的な概念規定として羽原による上記の定義を取り上げている［野口1987：4］。ただし野口の場合、初期の研究においては漂海民なる用語を使用していなかった。もともとは長崎県の「家船（えぶね）」[6]と沖縄の糸満漁民を調査の対象としており、長い間、「海上移動漁民」や「海上漂泊漁民」などの言葉を好んで使っていた。ところが、1980年から1年間タイやフィリピンなどで船上居住者の陸上がりに関する調査を実施してからは、「家船」と糸満漁民にそれら東南アジアの人びとを合わせて論じる際に、漂海民という言葉を用いるようになった。漂海民という用語は、野口を典型とするよ

5　(1)と(2)の条件は「住」の観点から見ると互いに密接に関連しており、これら2つを「陸地に建てられた家屋ではなく船を住まいとして一家族が暮らす」とまとめることも可能であろう。漂海民の条件として重要視されたのは、家船居住であることと漁撈に従事していることの2点にあった。

6　この用語は、「(1) 陸に家と土地を持たないいわゆる日本の伝統的な船上生活漁民」を指す場合と、「(2) 家屋（建物）として使っている船自体」を指す場合とがある［金2003：4］。本稿では、鉤括弧付きのものを前者、鉤括弧無しのものを後者の意味で使用する。たとえば、「家船」と書く場合は日本の船上生活者を指し、家船居住者と書く場合は後者の意味であり、日本以外の船上生活者をも指す。

うに日本以外の船上居住者を視野に入れた時に、特に使用される傾向がある［藪内1969；門田1997 (1986)；浅川2003］。

　羽原が提示した漂海民の特徴付けが日本社会に広く受け入れられ、定着したことを確認するためには、近年のテレビや雑誌における漂海民の表象のあり方を見れば明らかである。たとえば、2001年5月6日にテレビ朝日で放送された「海からみえるアジア：アンダマン海に生きる漂海民」という番組では［海工房2001］、ナレーターを務める榎木孝明が冒頭で、以下のように語る。

　　東南アジアの大陸棚に広がる、浅いサンゴ礁の海、この海で貝やナマコを捕って生きてきた人びとがいる。船を住まいとし、一生の大半を海の上で過ごす、漂海民と呼ばれる人びと。太古から続いてきた暮らし方である。しかしそれも、年々難しくなってきた。環境を破壊する手荒な漁法が横行するようになったからだ。漂海民の暮らしを支えてきたアジアのサンゴ礁で、今、いったい何が起きているのであろうか。

　下線を引いた部分に注目してほしい。羽原が示した3条件のうち、陸地に土地や建物を持たないという条件については触れていないものの、船に居住しながら漁撈に従事するという特性を有する人びととして、漂海民が捉えられていることを確認できる。

　本節ではここまで、漂海民という用語がいつ頃現れ、どのような意味付けをされて広まったのかを確認してきた。その内容をまとめると、(1) 漂海民という言葉は、シージプシー (Sea Gypsies) の訳語として考案されたこと、(2) 羽原又吉が、船に暮らす特殊な漁民を一般の漁民と区別するために漂海民という語を用いたこと、(3)「土地を持たずに船を住まいとし、漁撈しながら移動し続ける」という特性を有する人びととして漂海民が理解されるようになったこと、以上の3点に要約できる。

　このようにして漂海民というカテゴリーが出来上がったことにより、日本において既に研究蓄積のあった「家船」も漂海民の一集団に取り込まれるようになり、

7　ただし、羽原による著書が刊行された1963年以前における「家船」研究は、1953年の年末から九州の「家船」の調査を開始した野口武徳による研究成果を除き、そのほとんどが「旅行者の聞き

その後は船を住まいとする／していた人びとを1つの研究対象とするような動きが、国外の研究成果と連動する形で出てくるようになる[8]。

第2節　漂海民研究の展開

　羽原が漂海民という語を用いて、日本や中国、それに東南アジアの家船居住者を論じた頃、海外においても同様に、船に暮らしながら漂泊的（nomad fashion）に沿岸部を移動する人びとに注目する研究者がいた。それはソーファー（David E. Sopher）である。彼は1954年に、海の遊動民（sea nomads）を研究対象とする博士論文を、カリフォルニア大学バークレー校へ提出した。この論文は1965年に *Sea Nomads: A Study Based on the Literature of the Maritime Boat People of Southeast Asia* として書籍化され、1977年には *The Sea Nomads: A Study of the Maritime Boat People of Southeast Asia* と若干改題されて再出版された。使用されているデータはすべて二次資料に基づいているが、東南アジア海域に暮らす家船居住者を地理学的観点から包括的に論じた初めての研究として、漂海民研究の古典としての地位を確立している[9]。

　ソーファーは上記の論文において、東南アジアには主な海の遊動民が3集団いると言及しており［Sopher 1977 (1965)：50-51］、それらは今日で言うところの(1)サマ（Sama、あるいはバジャウ〈Bajau〉とも呼ばれる）、(2)オラン・スク・ラウト（Orang Suku Laut）、(3)モーケン（Moken）にあたる（図2-1）。この論文が書かれた頃より、アジアの多島海に暮らす漂海民を対象とする研究が本格的に始動することとなる。

　文献資料のみに依拠したソーファーの論文とは対照的に、1950年代半ば以降

　　書き的レベル」［金 2003：3］であった。1970年代までの「家船」研究の来歴は、野口武徳著『漂海民の人類学』の第1章「研究史」の前半部［野口 1987：21-30］に詳しく書かれている。
8　漂海民と呼ばれる代表的な集団には、日本の瀬戸内海と九州を中心に活動していた「家船」、かつては香港、現在は中国の珠江流域に多く住んでいる水上居民、インドネシアのリアウ・リンガ諸島に集中するオラン・スク・ラウト、フィリピン、マレーシア、インドネシアの3ヵ国に跨る広域に暮らすサマ、そしてビルマとタイのアンダマン海域で生活するモーケンがいる。
9　ここではソーファーの論文を起点にして話を展開しているが、これ以前にも漂海民に関する研究は多く残されている。たとえば、モーケン研究に限ってみても、［Anderson J. 1890; Carrapiett 1909; Bernatzik 1939］などを挙げることができる。

図2-1　代表的な漂海民の分布

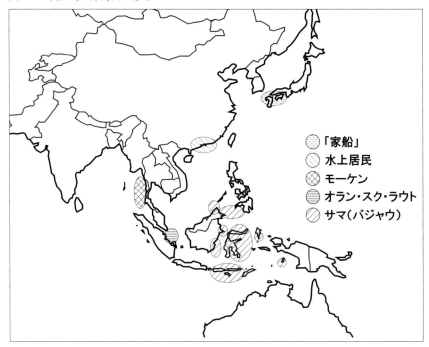

　はフィールド調査で得た一次資料に基づく研究成果が次々と出てくるようになった。たとえば、ウォード(Barbara E. Ward)や可児弘明、それにアンダーソン(Eugene N. Anderson)による香港の水上居民（蛋民）に関する研究［Ward (1985a (1954)), 1985b (1967)；可児 1970；Anderson E. 1972］などをあげることができる。ウォードは1950年代はじめに、可児とアンダーソンは1960年代に、それぞれ香港新界東部、香港島南部、香港青山湾でフィールドワークを行なった。
　1950年から70年代にかけては、他にも現地調査を実施する者が何人かおり、家船居住から陸地居住へ移行したことに触れた、いくつかの記録が残されている［伊藤亜人 1983：河岡ほか 1983］。なかでもセイザー (Clifford Sather) ［Sather 1965, 1966, 1968, 1971a, 1971b, 1975］と、ニモ (H. Arlo Nimmo) ［Nimmo 1965, 1966, 1968a, 1970, 1975；ニモ 2005 (1972)］による精力的なサマ研究の成果は目を見張るものがある。ここに示したニモの業績のうち1972年に刊行の *The Sea People of Sulu* は、1969年にハワイ大学へ提出された博士論文が下地となっており、1960年代半ばに実

施したフィールドワークの集大成と言える民族誌に仕上がっている［ニモ 2005 (1972)］。この著書では、家船居住のサマと陸上がりをした家屋居住のサマという2つの対照的な生活様式が取り上げられ、社会の行動様式が変化する過程について論じられている。彼が調査した時点において既に、漂海民と呼ばれてきたサマの中に陸地で生活を送る者が少なからずいたことがわかる。

　ニモによる民族誌が出版された後も、サマに関する資料や記録はさらに増えていき、東南アジアの漂海民研究はサマを中心として展開していく。歴史資料に基づき、サマがタウスグのスルタン王国下で「海賊」行為を働き、海産物の採捕に従事していたことに言及している著作［Warren 2007 (1981)；早瀬 2003］や[10]、言語学的見地からサマの拡散過程について説明したもの［Pallesen 1985］、詩情薫る1つの民族誌としても読める傑出したルポルタージュ［門田 1997 (1986)］など、豊かな記録が残されている。

　近年の動向で目立つのは、1960年代から現地調査を続けてきた研究者による民族誌が出版されていることと［Bottingnolo 1995；Sather 1997；Nimmo 2001］、90年代からは日本人による研究成果や報告が次々と出るようになったことである［床呂 1992, 1998, 1999, 2002, 2011；松澤 1993；長津 1994, 1997a, 1997b, 2001, 2002, 2004a, 2004b, 2007, 2008, 2009, 2010, 2012a, 2012b, 2013, 2014, 2016；村井 1994；浜元 1995；寺田 1996；Akamine 1997；富沢 1997；赤嶺 1999；青山 2001, 2002a, 2002b, 2004, 2006, 2009, 2010；Nagatsu 2001；上田 2002；山本 2002；小野 2006, 2007a, 2007b, 2009, 2011；Aoyama 2010, 2012］。論じられるトピックは、学校教育による「国民化」［寺田 1996］やイスラーム化の過程［長津 2004a］であったり、国境との関係性［床呂 1999；長津 2001］や開発の過程［青山 2006；長津 2010］に注目したものであったりと、実に多種多様であることがわかる。これら近年の日本人による研究成果が、ニモなどの初期にフィールドへ入った者が残す記録と比べて大きく異なるのは、そのほとんどが既に陸地定着の度合いを高めたサマを対象にしているという点にある。従来のような家船居住生活をするサマは、今日ではほとんど存在していないことを確認できる。

10　東南アジアの漂海民が王国の維持に欠かせない役割を果たしていたことは、サマだけでなくオラン・スク・ラウトにも当てはまることが歴史資料からわかっている［西尾 1995］。他方で、モーケンが地方王国のもとで何かしらの仕事に従事していたという資料は、今のところ見当たらない。

上述のように幅広いテーマが扱われているサマ研究に比して、他海域に暮らす漂海民を対象とする研究はそれほど多くはない。だがそれでも、着実に成果をあげてきていることも確かである。たとえば、これまで論じられることの少なかったオラン・スク・ラウトを対象とした民族誌［Chou 2003, 2010］やモーケンを取り上げた著作［Ivanoff 1997, 1999, 2001, 2004］が近年相次いで出版されるようになっていることからもわかる。徐々にではあるが、フィールドワーカーの努力によって、各地の漂海民研究の空白が埋まりつつある。なかでも特筆に値するフィールドワークの成果が、日本の「家船」と中国の水上居民を対象とする研究として2000年代に入って現れた。金柄徹による『家船の民族誌：現代日本に生きる海の民』（2003）と長沼さやかによる『広東の水上居民：珠江デルタ漢族のエスニシティとその変容』（2010）である。

　金による民族誌は、近代国家の成立とともに各地の漂海民が陸地定着へ向かった動きとは対照的に、近年になってから自らの意思で家船居住生活をするようになった人びとがいることを突き止めた点において、大変意義深いものである。日本の「家船」研究は、1950年から70年代にかけて現地調査が集中的に実施されたが、ほぼすべての「家船」が陸地定着を遂げてからは、以前のように研究対象となることは少なくなっていた。ところが金は、瀬戸内海の豊島において近代（明治末から大正期）になってから生活の場を陸から海へと移行した新たな「近代的家船」の存在を明らかにした。彼は歴史資料を丹念に読み解くことでその事実を掘り起こしただけでなく、実地調査で得た一次資料によって、「近代的家船」が一本釣りや延縄といった伝統的な漁法に、魚群探知機や全地球測位システム（GPS）などの先端技術を活用している様相を検討し、いわば「伝統」と「近

11　モーケンを対象とする本格的な調査が、アンダマン海域で実施されはじめたのは、仏人ピエール・イヴァノフ（Pierre Ivanoff）が1973年から1974年にかけてフィールドワークを行なってからのことである。その息子のジャック・イヴァノフ（Jacques Ivanoff）は1982年に、タイ領のモーケン村落を初訪問した後、1980年代半ばから後半にかけてスリン諸島でフィールドワークを行ない、現在に至るまで断続的に広域調査を続けている。タイ人では、ナルモン（Narumon Arunotai [Hinshiranan]）が1993年に9ヵ月間のフィールドワークを実施し、その成果を博士論文としてまとめており［Narumon 1996］、彼女の教え子であるパラデート（Paladej Na Pombejra）は2002年から2003年にかけて、合計7ヵ月間に及ぶフィールドワークを行ない、その成果を大部の修士論文としてまとめている［Paladej 2003］。モーケンに関する先行研究の詳細は［鈴木 2006］を参照されたい。

12　近年、歴史学的研究の成果も多く見られるようになっている［eg. 藤川 2012；岸 2012］。

代」が併存している状況を克明に描き出している。

　長沼が著した民族誌は、元来船上居住者を指すのに用いられてきた水上居民（蜑民）という言葉が、今日では船ではなく陸の小屋に住み、漁業ではなく農業に従事する者に対しても使用されている実状を究明したものである。同書はまた、これまでの水上居民研究で論じられてきた香港ではなく中国を対象としており、1950年代から今日までの半世紀に及ぶ中国の水上居民研究の空白を埋めた、価値ある著作でもある。長沼は、現地で得られた文献資料や口述資料を用いることで、陸上漢族と知識階層、それに国家という3つの異なる次元に存在する「他者」と水上居民との関係性を考察しており、水上居民というカテゴリーが自他の係わり合いの中で変化するものであることを説得的に論じている。

　以上、漂海民に関する研究史を概観してきたが、ここで1つの大きな疑問が浮かんでくる。それは、羽原が定義した漂海民という言葉をもって、既に陸上がりを遂げた人びとや海産物を獲らない人たちを表現して良いものかという、語彙の妥当性をめぐる問題である。漂海民という言葉は、研究者が一般の漁民と区別するために便宜的に使用してきたものである。しかし、羽原が示した漂海民の3条件すべてに適う者は、近代国家が成立してからかなりの時間が経過した現在においては、もはや存在しないといっても過言ではない。

　金 [2003] が明らかにした「近代的家船」でさえも、羽原が想定した「小舟」とはいい難い「船」を住まいとしており、漂海民と表現することはためらわれてしまう。また長沼 [2010] が示した、今日における水上居民の生活の多様性を見るにつけて、彼らに対して漂海民という語を用いることは不適切であるように思われる。私が調査対象としているモーケンも、かつては〈家船居住〉と〈漁撈従事〉という特性を有する集団であったが、現在では陸地に定着する者が圧倒的多数を占めており、漁撈以外の仕事に従事している者も少なくない。いまだに海域を拠点としており、海と関わりが深い生活を送ってはいるものの、研究上の便宜を図るためとはいえ、漂海民という言葉を使用することはもはやできないであろう。

　そこで次節では、現代の〈漂海民〉の生活世界をより適切に捉えるためにも、漂海民に代わるカテゴリーを探ることにしたい。

第3節　海に生きる人びと——海人と海民

　海と密接な関係を持つ人びとを表す用語には、海部、海人、海民、海洋民など、実にさまざまなものがある。また、同じ用語だとしても、それを使用する者や時代、読み方によって意味内容が異なることもあるので、読み手は注意する必要がある。

　たとえば、主に太平洋の島々に生きる人びとを「海人（かいじん）」と表す場合と［秋道1988］、日本海沿海地域に暮らす人びとを「海人（あま）」と表す場合とでは、それぞれ区別して理解されなければならない。前者は研究者が、海に寄り添って生きる人びと全般に対して便宜的に付けた術語であり、後者は、平安末・鎌倉期の文書にそのように記録されているものだからである［網野1994：141］。後者は『日本書紀』や『万葉集』にも見られる資料用語として、柳田國男［1971］も使用していた。「あま」という読み方が出てきたので付言すると、現在アマと聞けば潜水漁を行なう海女や海士を思い浮かべるが、従来は漁撈や製塩、さらには水上輸送に従事する人びとをも指す言葉であった[13]［田辺1990］。

　このように、海に生きる人びとがどの用語で表現されているのかを理解することは、書き手の意図を読み取る上で重要である。そこで書き手は事前に用語の定義や説明をするわけだ（しない者の方が多い[14]）が、これも人によって違いが見られる。たとえば、柴田勝彦［1975］は潜水漁民を「漂民」と呼んでいるし、秋道智彌［1988、1995、1998］は「海に生きる人」という大まかな括りとして「海人」という言葉を多用している。後藤明［2010］も秋道と同様に「海人」に「かいじん」という仮名をあてて使用しているものの、秋道の海人とは異なるもののよう

13　また、現代では百姓と聞けば農民のみをイメージしがちだが、かつて百姓とは農民だけでなく漁撈者や船大工、それに廻船業に携わる人びとをも包括する用語であったという［網野1994：6-56、2009：10-51］。
14　西村朝日太郎［1974］は「海洋民族」を「海洋文化」と置換可能な用語として扱っている。彼のように、かなり曖昧な範疇として海に生きる人びとを捉えるという方法も、論述する際の1つの戦略であろう。

である。後藤は海人を日本発の概念として捉えており、国際学会の場において、次のように報告したという。

> 私はこの発表の中でkai-jinという日本語の概念を一貫して使った。海人とは漁民を意味するのではなく、海を生活の拠点としながら多様な手段で生きる人びと、漁撈、海上交易、工芸、製塩、水先案内人、海賊、水軍などを組み合わせて生きる人びとであると主張した。また、そのような人びとは海へ自然適応した人びとではなく、農耕社会や文明形成という歴史的な脈絡の中で陸の民とは弁別 (differentiate) されて形成されること。海人は民族を指すのではなく、もともと異なった民族が上記の脈絡で共通の言語やアイデンティティ、もっと端的にはハビトゥスを共有して誕生する集団であること。また海人文化にはコスモポリタン的な側面とローカリズム的な側面があることなどを特徴としてあげた［後藤2010：233］

漁撈だけでなく、海上交易や製塩などに従事している人びとを含めて海人とする考え方は、先述した中世における海人(あま)の考え方と同じであることに気付く。後藤［2010：147］はまた別のところで、「漂海民のように船をねぐらとして海岸部を転々と移動して歩く集団に加え、臨海性の定着村をもっているが一年の大半を集団の一部が家を離れる集団を含め、これらを総称して海人と呼ぶ」と定義している。この定義は上で示した発表内容に比べると、海人の範囲に含まれる人びとがやや限定されている気もするが、これら2つの内容を統合して考えるならば、「海に関する何かしらの仕事に従事する、移動性の高い人びと」が後藤の考える海人であると考えることができよう[15]。

他方で、海人と同様に多く用いられる術語に「海民(かいみん)」がある。「海民という概念」という論考を著した盛本昌広［2009］によると、網野善彦は宮本常一が海民という言葉を最初に使用したと述べたが、『宮本常一著作集』を調べる限りにおいては、宮本が海民と言及している箇所は見当たらないという［盛本2009：140］。宮

15　後藤が「移動性の高さ」を海人の特性の1つとして重視していることは、多島海において移動し続けるポリネシア人を海人と捉える一方で、ハワイやイースター島に住んで移動しなくなった現在のポリネシア人を「海人らしさ」を失いかけた人びとであると認識していることからもわかる［後藤2010：147-148］。

本以外の文献を私が調べたところ、1954年に牧田茂が『海の民俗学』の中で使用しているのを確認できた。牧田は折口信夫と柳田国男の門弟にあたり、民俗学における「常民」に対応するものとして海民という言葉を用いており、海民とは「主として沿海村落に居住し、漁撈や海上交通に従うことによって生活している人たちのことを指す」と定義している［牧田 1954：136］。なお、網野善彦が海民の用語を最初に用いたのは1971年のことである［盛本 2009：138］。網野は初期の著作では、海に関わる人びとを百姓や海人という言葉で表現していたのだが、最終的に海民という語を使用することで落ち着いた。盛本はその背景を次のように推測している。

　　網野は大学卒業後、最初に日本常民文化研究所（渋谷敬三らが創設した当初の名前はアチックミューゼアム）に勤務し、常民という言葉に慣れ親しんでおり、民という言葉に思い入れがあったと考えられる。こうした前提の元で、柳田も使用していた山民に対応する海民を使用するに至ったと考えられる（括弧内は筆者による）。［盛本 2009：141］

　牧田が折口や柳田からの影響を受けていたように、網野は柳田、渋沢、宮本などによる民俗学の影響を強く受けていたことを想像できる。だが網野が海民という語を使用するようになったのは、それだけが理由ではなかった。それは以下の網野自身による文章で明白となる。

　　これまでしばしば「海民」という語を用いてきたが、それは海をおもな舞台として生きる人びとが、漁撈はもとより、岩塩を産しない日本列島では海水からの製塩を行い、船を操るのに巧みで、海・潟・湖・川を通じて広域的な交流、物資の運搬に従事し、早くから商業活動にたずさわるなど、多様な活動を総合的に展開してきた、という事実に理由がある。
　　これは、「漁民」の語ではとうてい表現し難い実態であり、もし「海人」を「平地人」「山人」と同じ用法で用いるならば、これも的確な用語となりうるが、「海人」はしばしば「あま」と読まれることによって、限定された潜水を行う海民のみをさすと理解されやすいため、現在の歴史学界ではなお市民権を

もったとはいい難い「海民」の用語をあえてここでは使用した。また、「潟の民」「湖の民」「川の民」と呼びうる人びとも、もとより存在し、そこには海とはまた異なる問題のあることを十分考慮に入れなくてはならないが、いまは煩を避けるために、あえて「海民」の語でこれらを代表させておきたい
［網野 1994：44-45］

　彼はまた別のところで、海民とは「主として海を舞台とするさまざまな活動を通じてその生活を営む人びとをさしている」［網野 2009：28］と述べているように、海を生活の拠点とする幅広い仕事に従事する人びとを「海民」と呼んでいる。この網野による定義は、今日のアジアの〈海の民〉を考える際にも有用なものとなりうる。なぜなら、島嶼や沿岸で漁業に従事している者以外にも、川の下流や汽水域のマングローブ地帯で海と密接な関わりを持つ人びとをも、この言葉で捉えることが可能となるからである。私が調査を続けているモーケンも、漁撈だけでなくシュノーケリング・ガイドやマリン・リゾート施設の清掃員として賃金労働にも従事する、海を拠点に幅広い仕事に携わる人びとである。[16] 海を主な舞台として活動するという海民の概念は、かつての漂海民という概念よりも、私が抱く今日のアジアの〈海の民〉のイメージにかなり近い。
　海民の他にも海人や海洋民などの用語も存在するが、網野も指摘している通り、海人という言葉は「かいじん」だけでなく「あま」とも読めるので、潜水漁に従事する者という限定したイメージを与えてしまうし、沖縄の「うみんちゅ」を思い起こさせることもある。また、海洋民という用語では、広大な海を舞台に生きる者を、それを読む者の心に浮かべさせてしまう恐れがある。たとえば石川栄吉ら［1978］は、北はハワイから南はニュージーランド、西はパプア・ニューギニアから東はイースター島に至る太平洋上を移動していたポリネシア人に対して「海洋民」という語を用いているが、「海洋」という言葉には、大西洋やインド洋などの広大な海域を喚起させる力があり、特定の島嶼地域を生活圏とするアジアの〈海の民〉を表すのには不適切な用語であろう。

16　もちろん、網野が論じた海民は日本の海域に暮らす人びとであり、他海域で生活する人たちに当てはめて用いることの妥当性は慎重に議論されて然るべき事柄であろう。とはいえ、アンダマン海域に生きる今日のモーケンは、これまでに言及されてきた漂海民や海人などではなく、網野が示した海民のカテゴリーにほぼ重なる人びとである。

以上の理由から、これまで漂海民として一様に言及されてきた人びとを、本書では網野に倣い「海民」という術語をもって表すことにする[17]。とはいえ、網野の概念規定のままでは、対象とする人びとの範囲があまりにも広くなってしまい、かつて家船居住生活を送っていたモーケンを論じるのに、いささか焦点がぼやけてしまう。そこで、アジア各地に分布していた家船居住者の特徴の1つとして、国家の政治経済的中心から見た際の周縁に位置する少数集団であることも定義に加味したい。本書では「海民」を、「海域が暮らしの中心にあり、海に関わるさまざまな仕事に従事している社会的少数派」を指す大まかな概念として規定し[18]、モーケンの海域世界における活動を描写することを試みる。

17　長津一史も、海民という術語を意識的に用いている研究者の1人である。長津［2009：250-251］は、海民を「狭義の海民」と「広義の海民」の2つに分けることができるとする。前者は、専業的に魚介類を採捕する船上居住者、つまるところ典型的な〈漂海民〉を指している。後者は、熱帯多雨林が卓越する多島海で移動を繰り返し、商業的活動に従事するネットワーク性の高い社会を持つ人々を指しており、その典型としてブギス人やサマ人を挙げている。しかしながら、狭義の海民が移動性・商業志向性・ネットワーク性を持たないとは言い難く、広義と狭義を明確に線引きして分類することは難しいと私は考える。

18　羽原が定義した漂海民と同様に、何かのカテゴリーを創り出した途端に、その範疇から零れ落ちる人びとが出てくることは不可避であろう。しかしながら、モーケンを言及するのに長年用いられてきた、今日使用したら誤解を招く恐れのある漂海民に代わる用語を準備し、定義することは研究の戦略上避けて通れない作業であると考える。

第1部

アンダマン海域の生態的特徴を色づけているマングローブ

モーケンの概況

第3章
モーケンが暮らす海域世界

　本章では、海民モーケンが暮らす地域の特徴について述べる。まず、東南アジアを大陸部と島嶼部で分けることによって大陸部における海洋性が見逃される傾向にあった点を指摘する。次に、国民国家という単位を重視した政治的な空間設定である大陸部や島嶼部という区分ではなく、地域研究における海域世界という枠組みを用いて、アンダマン海域を捉えることを提案する。そして、本書で言及するアンダマン海域の空間を明示するために地理的範囲を設定した上で、同海域の生態的特徴と歴史的背景、それに社会文化的特質を整理する。

第1節　東南アジア大陸部における海洋性

　本書が主に対象とするタイ領とビルマ領のアンダマン海域には、800以上の島が散在しており、多くの諸島を形成しているという生態的な特色がある。このような島嶼としての性格が強い地域が存在するにもかかわらず、東南アジア地域においてタイとビルマは大陸部に振り分けられてきた。もちろん、島嶼部と大陸部という枠組みは、東南アジアの国々を大まかに区分するために便利なものである。しかしながら、この島嶼部と大陸部という枠組みは地理的概念として流通しており、これまでの東南アジア地域を対象とする研究において、大陸部に属する国家が有する海洋性については注視されてこなかった（その逆も然りで、島嶼部に属する国家が有する大陸性もまた注目されていないであろう）。多くの研究者は、島嶼部に属する国家を論じる際には海域に関心を払い、大陸部に属する国家を論じる際には陸域に目を向ける傾向にある。

　このことの証左と言えようが、既存のタイ研究では、山間部に住む民族集団が盛んに論じられてきたし、他にも平野部への出稼ぎ者や都市部の貧困コミュ

ニティに暮らす人びとを対象とする研究が主流であった。ビルマに関しても、政治的な制約も関係しているためか、海域に目を向けた研究はほとんど存在しない。

　このように書いたからといって誤解されたくないのは、私がタイとビルマを大陸部ではなく島嶼部に含めるべきだと主張しているわけではないことである。また、東南アジアにおける大陸部と島嶼部という枠組みを全否定するつもりもない。国民国家を分類する際にはむしろ有効な枠組みですらあろう。東南アジアの国々を大陸部か島嶼部のいずれかに振り分けることで、地域的変異や共通性を比較検討しやすくなる側面もあるからである。

　しかし、大陸部と島嶼部という枠組みは、いささか国家偏重主義的な見方を研究者に提供しているようにも思う。それはおそらく、東南アジアという枠組みから起因する問題であろう。なぜなら東南アジアという単位自体、西欧列強による植民地化を経て成立した国民国家を構成要素としており、それを大陸部と島嶼部に分けたところで国家を中心とする政治的な枠組みであることに変わりはないからである。本書が対象とするアンダマン海域の固有性と多様性を捉えるには、東南アジア研究者がよく利用する国民国家を基準とする空間設定だけでは不十分であり、もう1つ別の空間設定が必要である。

1　山地民研究や都市研究を批判しているわけではない。相対的に見て、タイ南部の海域に注目した研究が少ないことを指摘しているだけである。山地民研究の近年のまとまった成果としては、清水［2005］、片岡［2006］、速水［2009］、須永［2012］、久保［2014］による民族誌をあげることができる。また、都市研究の優れた成果の1つに遠藤［2011］や森田［2012］によるものがある。岩城［2008］も新たな視点からバンコクの住宅にアプローチしており、都市研究の発展の可能性を感じさせる。陸域に比べると数は少ないが、海域をフィールドとした主な研究成果には、Ruohomäki［1999］、西井［2001, 2013］、市野澤［2010］、それに小河［2011b］によるものがある。

2　リーチ［1987］による『高地ビルマの政治体系』は民族誌の古典の1つに数えられるが、これは北東部のカチン山地をフィールドとしたものである。つい最近、伊東利勝を編者とする『ミャンマー概説』［2011］という大部の書籍が出版されたが、これも全体として山間部や平野部に重点が置かれており、タニンダーイー管区を中心とする海域世界に関する情報が不十分である。

3　大陸部と島嶼部の枠組みを用いた学術書の成功例として、長津一史を主編者とした『開発の社会史：東南アジアにみるジェンダー・マイノリティ・境域の動態』［2010］をあげられる。フィリピン、マレーシア、インドネシアの島嶼部3ヵ国が対象とされており、1960年代以降に進められた各国の開発過程における相違点と共通点について理解を深めるのに役立つ。

第2節　海域世界という枠組み

　東南アジアを大陸部や島嶼部とは異なる視点で見ようとする際に参考になるのが、地域研究における「海域世界」という空間の捉え方である。立本（前田）成文［1999：190］は、東南アジアの島嶼部だけでなく、大陸部に属する国家の沿岸域をも視野に入れて、海から地域をまとめる枠組みとして海域世界を提唱した。村井吉敬［2004］も同様に、東南アジアを大陸部と島嶼部で二分するような地理的区分ではなく、海や島を立脚点とする空間として海域世界を論じている[4]。村井［2004：38-39］によると、海域とは、単に海だけを指しているのではなく、海とつながる河川やマングローブ林といった陸地をも部分的に含んだ空間である。ただし、海域世界とは単なる生態的な区分ではない。社会文化的にも他と分けうるような社会文化生態空間の集まりであり［cf. 立本 1992：170; 1999：212-213］、歴史的にも特有性を備える空間として把捉しうるものである［村井 2004：38］。

　立本や村井の他にも、『海域から見た歴史：インド洋と地中海を結ぶ交流史』という大著を著した家島彦一［2006］は、陸の領域国家を越えたところに形成され、1つの全体として機能する歴史的世界を海域世界と呼んだ。家島の場合、立本や村井が認識する海域世界に比べると、歴史的側面をやや強調した空間の枠組みではあるが、国境で外縁を形作られた国家を単位としない点では共通している。またいずれの論者も、海域を陸域と対立するものとしては捉えておらず、むしろ陸の世界の重要性を認識した上で海域世界を論じている点にも共通性を見出せる。

　小野林太郎［2011］はこれら先達が用意した視座を用いて、フィリピン、インドネシア、マレーシアという3ヵ国によって分断されているセレベス海域を1つの海域世界として捉えた。彼がセレベス海域を1つの小さな世界単位［高谷 1996］に設定した背景には、東南アジアとオセアニアを2つの異なる海域世界として把

---

[4]　村井は「東南アジア海域世界」という言葉を使用しているが、後述するように、彼が設定する「海域世界」とは必ずしも「東南アジア」に限定されたものではなく、その隣接地域をも視野に収めた空間領域である。

握しがちな、アカデミズムにおける見方に抵抗を感じていたということがある[小野 2011：11]。

　このような感覚は、一部の東南アジア研究者にも共有されている。たとえば先述した村井吉敬をその1人としてあげることができる。村井はインドネシアを専門としてはいるが、パプア・ニューギニアにも足を運び、ナマコを追う中でオーストラリアにまで調査へ出かけている[村井 2009：158]。そのような現場を歩いた者の感覚は、「国境沿いだから行き来があって当然である……トレス海峡のアイランダーズと呼ばれる先住民も、パプア・ニューギニアの海岸部の民も、メラウケ周辺の海辺の民も、もともとは国境線に隔てられて生きてきたわけではないのだ。しかし、インドネシア、オーストラリア、パプア・ニューギニアという近代国家はやはり人為的な壁をつくり、不自然さが生まれている」[1998：183-184]という文章からも読み取ることができる。村井のこの記述は、海沿いに暮らす人びとの生活を深く理解するためには、国境で区切られた地理的範囲とは異なる空間設定がときに必要であることを暗に示している。

　この他に、フィリピン研究者の寺田勇文も、小野や村井と同様の感覚を持つ研究者としてあげることができる。彼は、『ナマコの眼』の著者である鶴見良行宛てに書いた手紙の中で次のように記述している。

　　グアムやサイパンでフィリピン人が大量に進出していることは知っていましたが、去年パラオに行って驚きました。同地の総人口は1万人強ですが、フィリピン人の契約労働者が600人くらいはいます……僕は、インドネシア研究者はパプア・ニューギニアへ、フィリピン研究者はミクロネシアにでかけてみることが必要だと思いました[鶴見 1999：77]。

　つまり寺田は、地域社会の実態（国境を越えた人間の移動）は、東南アジアだけを見ていては把捉しきれないことを指摘している。地域住民の生活を理解するためには、東南アジアと称される領域内における活動だけでなく、その領域外における暮らしぶりをも視野に入れる重要性を訴えていると言えよう。

　そもそも東南アジアという地域概念が一般に普及するようになったのは20世紀半ばのアメリカにおいてであり、コーネルなどの世界有数の名門大学で東南

アジアを冠する地域研究プログラムが開始されたことが大きなきっかけとなっている[5]。それ以後日本のアカデミズムにおいても、東南アジアを1つのまとまりある地域として扱うようになり、研究者は同域内にある個別の国家のみに関心を払う傾向が強くなっていった。対象とする国以外に目を向ける東南アジア研究者がいたとしても、東南アジア圏内の他の国家に視点がとどまることが多く、アカデミズムの場において東南アジアとオセアニアは地理的に厳密に区別されていったという過程がある。前述の小野はそのような学問状況に疑義を呈し、東南アジアとオセアニアにまたがって広がるセレベス海域を、生態的、社会文化的、歴史的に他地域と区分しうる空間、つまり海域世界として提示してみせたのである。

第3節　地域／空間の捉え方

　東南アジアにおける大陸部と島嶼部という区分、それに東南アジアやオセアニアという区分は、国民国家を軸とした政治的な空間設定である。それに対して、主に多島海を対象とする東南アジア研究者たちは海域世界という括り方で、大まかには「生態」、「歴史」、「社会文化」という3点を軸とした空間を設定してきた。本書の対象となる地域は、タイ領とビルマ領のアンダマン海域であることは既に述べたが、このような空間設定のあり方はいうまでもなく前者のものであり、国民国家を指標としている。しかし本書では後者の枠組みにおいて、つまり1つの海域世界としてアンダマン海域を捉えたい。それは、タイとビルマという国名に付随する内陸性のイメージを取り払うためであり、また「国家」を問い直し、相対化しようという試みを行なうためでもある。マカッサル海道やナマコに注目することで、陸地中心的な視点や国家偏重主義的な見方を批判した鶴見良行は次のように記している。

5　ベネディクト・アンダーソンと加藤剛が自らの経験をもとに綴った、『ヤシガラ椀の外へ』の第2章「個人的体験としての地域研究：東南アジア研究を中心に」［アンダーソン2009：51-100］では、アメリカにおける地域研究の誕生と東南アジア研究の進展の過程がわかりやすく提示されている。

今日の東南アジアの研究者も多くは欧米流の研究を受け、その枠組みで考えている。しかしそうした研究は、理論構築への意気込みのみ高く、事実、実在への密着度が足りないような気がする。西洋近代で生れた概念——たとえば土地所有、封建制、民族国家、中世・近世・近現代などの時代区分——では、島嶼東南アジアの社会は分析しきれないのではないか。…（多島海地域に暮らす人びとの視点からみると）国家や国境は、それほど大事な仕組ではない。[鶴見 2000：5]

　私はそこまではっきりと主張することはできないが、国民国家などの西洋近代で成立した概念を、そのまま東南アジアに当てはめることに対する違和感は強く共有している。けれども、国家や国境が島世界に生きる人びとにとって大事な仕組みではないという意見には賛同しかねる。1つには、鶴見が上の文章を記した1980年代と現在（2015年）とでは、島嶼に暮らす人びとを取り巻く状況は変化したと考えるからであるが、もっと大きな理由が別のところにある。それは私が、国家や国境は多島海に住む一部の者にとっては、それらが成立した当時から、重要な仕組みであった可能性があると考えるからである。おそらく鶴見は、国家や国境の存在をアプリオリに設定して、地域の実在に目を向けようとしない研究者に対して苦言を呈しているのであろう。しかし、島世界という周縁に生きる人びとだからこそ、国家や国境は大きな仕組みや枠組みとして彼らの前に立ち現れてきたし、現代では以前にも増して無視できない存在としてあるのではないだろうか。

　たとえば、フィリピン、マレーシア、インドネシア3ヵ国にまたがって居住しているサマ人が、海上に引かれた不可視であるはずの国境を認識し、各国（植民地）の領海における政治経済的な差異を十分に見極めた上で国家間を移動し、「密貿易」に従事することで利益を得ていたという事例［長津　2001］は、多島海地域に暮らす人びとにとって、国家や国境が重要な意味を持つ仕組みであることを物語っている。本書で対象となるモーケンにとっても、これから徐々に明らかにしていくように、国家と国境は彼らの生活に大きな影響を与える仕組みとし

6　鶴見はサンカ研究会における講演において、ネーションステートを民族国家と訳している［鶴見 2000：196］。このことから、彼が述べる民族国家とは、国民国家のことであることがわかる。

て存在している。そのため、アンダマン海域を海域世界という枠組みで捉えたからといって、本書が国民国家の存在を完全に無視し、否定しようとしているわけではないことを強調しておきたい。多島海地域に暮らす人びとが国家の仕組みを重視していないと捉えるのではなく、むしろ彼らが国家や国境の存在を認識した上で、それらの枠組みにとらわれることなく自由に動こうとしているのだ、と本書では考えることにする。

第4節　アンダマン海域について（図0-2）

　それでは、本書が設定する海域世界としてのアンダマン海域とは、どのような地域であるのか、ここでは①地理的範囲、②生態的特徴、③歴史的背景、④社会文化的特質の4点を確認したいと思う。ただし、歴史的背景に関しては、モーケンが史資料に初出する1825年より前のアンダマン海域の歴史を描くことにし、1825年以降の歴史については第4章で扱う。

1.　地理的範囲

　本書で言及するアンダマン海域の範囲は、インド洋の付属海であるアンダマン海の広がりと同一のものではない。私が設定したアンダマン海域にはインド領のアンダマン海は含まれていないし、タイ領とビルマ領に関しても、沖合はその範囲から外されてある。あくまでモーケンの生活圏をもとに1つの海域世界を設けている。

　家島［2006］はインド洋海域世界を、東から①東シナ海世界、②南シナ海世界、③ベンガル湾世界、④アラビア海・インド洋西海世界、⑤紅海北海世界の5つの「小海域世界」に分けた。その区分を参考にするならば、本書で言うアンダマン海域は②と③の間、つまり南シナ海世界とベンガル湾世界の海域接点にあたる場所に大体位置している。いわば小海域世界の中のごく限られた地域、「極小海域世界」とでも呼びうる空間がアンダマン海域である。

　アンダマン海域は、タイ領とビルマ領のアンダマン海の範囲とほぼ重なる。この「ほぼ」と言及している点が重要である。図0-2を見てもわかるが、沖合の

ような陸地から遠く離れた海域は含まれず、縦に長く続く島嶼群と大陸部の沿岸域のみをアンダマン海域としている。モーケンが移動して暮らしてきた空間的広がりを根拠として、北限をビルマのダウェー (Dawei)、南限をタイのタルタオ島 (Tarutao Island) に設けた。緯度経度は、北緯6度5分から14度、東経97度から100度の間となっている。なお、本書の主な記述対象となるスリン諸島は、北緯9度2分5厘、東経97度5分周辺に位置する。

なお、「アンダマン」という語彙について注意点がある。この言葉は近代人類学の黎明期に出版された民族誌の『アンダマン島民 (*The Andaman Islanders*)』[Radcliff-Brown 1964 (1922)] を読み手に思い起こさせ、アンダマン・ニコバル諸島のあるインド領の海域をイメージさせるが、本書で言及するアンダマン海域に同海域は含まれていない。アンダマン・ニコバル諸島の周辺海域も本論において言い及ぶことにはなるが、その際は「インド領アンダマン海」や「インド領海域」などとインド領であることを明記する。また、「ビルマ領アンダマン海域」や「タイ領アンダマン海域」と記す際は、単にビルマやタイの領海を指しており、本書で独自に設定したアンダマン海域の地理的範囲に限定されるものではないことを付記しておく。

2. 生態的特徴

ケッペンの気候区分に従えば、アンダマン海域は熱帯モンスーン気候区 (Am) に属する。「モンスーン」という単語を含むことからも想像できるとおり、風の影響を強く受ける地域である。ユーラシア大陸とインド洋との間にある温度差が気圧差を生じさせ、北半球が夏の時期には南西風が、冬には北東風が卓越する。南西モンスーンはインド洋の湿った空気を運ぶので、この風が吹く時期はいわゆる雨季となる。その逆に北東モンスーンは大陸から吹き込むため乾燥しており、この時期は乾季や暑季、あるいは涼季と呼ばれている。年間の季節を大まかに雨季と乾季の2つに分類するならば、5月から10月までの半年間を雨季 (南西モンスーン期)、11月から4月までの半年間を乾季 (北東モンスーン期) と称することができる。雨が半年間に集中的に降り、年間降雨量はダウェーで5500mm、ベイで4100mm [伊藤・吉田 2011：30]、スリン諸島で3000mmと多い。アンダマン海域の中でも、南方へ向かうにつれて降雨量が少なくなる傾向にある。

気温は年間を通して高温であり、最寒月でも平均気温が20度を下回ることはない。そうした気温条件の他にも、入り江やラグーン、湾、砂州、島など、海からの波風が直接当たりにくい地形が多いという条件も重なり［山田 1983a：211］、アンダマン海域の沿岸域を中心にマングローブが繁茂している。

　セレベス海域を1つの海域世界として設定した小野［2011：18-20］は、同海域の海洋環境の特徴として、①「大きな島々」と「小さな島々」がモザイク状に散らばること、②浅くて穏やかなサンゴ礁の海があること、③深くて荒い外洋の海があることの3点を指摘した。彼が想定している「大きな島々」とはカリマンタン（ボルネオ）島やミンダナオ島、それにスラウェシ島といった陸地面積が広大な島である。これらの特徴をアンダマン海域に照らし合わせた場合、同海域の海洋環境は、「②浅くて穏やかなサンゴ礁の海があること」に最大の特徴を見出せる。また、アンダマン海域にはセレベス海域のような「大きな島々」は存在せず、「小さな島々」が比較的狭い範囲に密集しているという特徴もある。アンダマン海域の海底の深度が浅いのは、地質学的に陸地の一部と考えられているスンダ陸棚の上に同海域が位置しているからである。

　スンダ陸棚の内側にあるマレー半島やカリマンタン島が非火山区に含まれるように［高谷 1985：3］、アンダマン海域にも火山は存在しない。このことは、火山を多く擁するセレベス海域やビサヤ海域［関　2007］といった他の「極小海域世界」とは対照的である。災害という観点から見ると、アンダマン海域では火山噴火による災害の影響を受ける可能性は限りなく低いということになる。その一方で、西方をインド洋という大海に開かれた場所にあるため、津波発生時には大きな影響を受ける可能性が高いと言える。

　アンダマン海域の海面塩分についても触れておこう。通常海水には3.0％から3.7％の塩類が含まれており、海水1kg中に溶けている塩類のグラム数を千分率で表した場合、全海洋の平均塩分の濃度は約35‰である。その中でアンダマン海域の海面塩分はどのくらいかというと、30‰から32‰の間と平均値より低いと考えられる［松山 2000：10-11］。海面塩分の濃度が44‰のカタール沿岸において潜水した者が、「浮力が大きく、潜るのに苦労し」たという逸話の内容から推考するに［松山　2000：11］、濃度の数値が低いアンダマン海域では、比較的楽に潜水ができると考えられる。

3. 歴史的背景（図3-1）

　アンダマン海域において現在確認できる最古の遺跡は、タイのクラビー県にあるランロンリエン遺跡である。後期更新世の紀元前3万8000年から2万7000年にあたる地層から、石器や鹿の枝角が出土していることから、既にその頃に、沿岸部に多く見られる岩陰を居住域とする人間がいたと考えられている[Anderson D. 1990：54-66]。同地は紀元前2000年頃には埋葬地であったことが、陶器（pottery）が出土したことでわかっている[Anderson D. 1990：31-36]。それからしばらく後には、同じくクラビー県クロントム郡のター遺跡とその周辺において、紀元後初期にローマから運ばれてきたと考えられる、人の顔の形をしたガラス・ビーズや女性の姿が彫刻されたカーネリアンの石などが発見されている[Ponchai 2003]。1世紀半ばのローマ帝政期において、エジプトを本拠地とするギリシア系商人が「ヒッパロスの風」（今で言うモンスーン）を用いてインド洋を横断していたことが記録されているので[作者不明（村川堅太郎訳注）2011][7]、紀元後初期に、遠く離れた西域から人やモノが移動していたとしても何ら不思議な話ではない。深見純生[2001a：258-259]の推測では、西方世界の品物は当時、コロマンデル海岸北部から下ビルマを経由してクロントム郡（深見はクロントームと記述）に入ったという。アンダマン海域に運ばれた品物はその後、マレー半島を横断してから現在のベトナム南部方面やインドネシアのバリ島方面まで渡ったと考えられている。

　3世紀に入りローマ帝国が内憂外患に悩まされるようになると、ギリシア系交易者の活動が不活発となるものの、インド系商人によるアンダマン海域への移動は続いていた。インド洋から南シナ海へ至るには、モン人[8]が勢力を誇っていたマレー半島の西海岸に寄ってからマラッカ海峡を越えるか、半島を陸路横断して東海岸へ突っ切るか、どちらかの方法がとられていたと考えられる[石井1999a：94-95]。また同時期の南シナ海では、扶南王国が勢力を増しており、3世紀前半にアンダマン海域に位置するテナセリム（頓遜、現タニンダーイー）を服属させている[桜井1999：81]。この時代における東西交通のメインルートは、日南郡

7　この古い記録では、夏の南西モンスーンに乗って、紅海の出口からインド西岸までを直接目指したことしか書かれていないので、インド東岸からマレー半島へは沿岸伝いに移動した可能性がある。

8　モン人と呼ばれる民族集団にはMonとHmongの2つがあるが、この項目で言及しているモン人とは前者の方である。後者のモン人は、タイ北部に暮らす山地民として有名である。

図3-1　アンダマン海域歴史地図

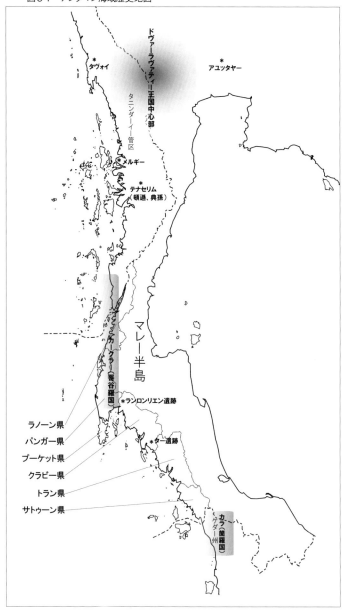

―扶南―テナセリム―インド東部であった［深見 2001a：260］。このように3世紀には既に、アンダマン海域を海陸両ルートの交わる拠点とする、南シナ海とインド洋をつなぐ交易ネットワークが成立していたことがわかる。

　テナセリムはその後も東西を結ぶ重要な交易港として発展した。扶南がおさえていたテナセリムは、6世紀後半に勃興したモン人の王国ドヴァーラヴァティーに奪われることになった。7世紀末から8世紀初頭になると、アラブ系・イラン系ダウ船がインド洋に進出し、イスラーム教とイスラーム文化が拡大する中で、テナセリムを含む各地の中継港がつながり、東アフリカ海岸からインド、そして東南アジアと中国までをも結ぶ海域が1つの全体を構成するようになる［家島 2001：19-20］。9世紀に入ると、中国人海商もジャンク船に乗って南海へ進出するようになり［深見 2001b：118］、10世紀後半から11世紀末にかけてダウ船の活動が後退し、13世紀以降のインド洋では、ダウ船とジャンク船が往き来するようになった。

　ここまでテナセリムを中心に取り上げてきたが、その他にもマレー半島西岸には交易港があった。アンダマン海域の北端に位置する現ビルマ領土の南部からマレー半島北部にかけて、カークラー（哥谷羅）という「国」が9世紀から14世紀に存在し、沈香の産地・集荷地・積出港として商人が集まっていたという［家島 2006：514, 525］。また、アンダマン海域を少しばかり南にはずれるが、タイと国境を接するマレーシアのケダー州に、7世紀から10世紀後半にかけてカラ（箇羅）という交易港があり、そこはモンスーン航海の風待ちの場所として、また熱帯産商品の集荷地として栄えていた［家島 1993：45-46］。

　テナセリムに話を戻そう。テナセリムがマレー半島を陸路横断する際の交易中継地として枢要な位置を占めていたことは既に記した通りである。ところが、テナセリムを利用するのは交易を目的とする商人たちだけではなかった。砂岩の石刻文を読解した石井米雄［1999b：48-66］は、14世紀（あるいはそれ以前）にスコータイの高僧がスリランカからの帰路の際に、テナセリムに入ってから現在のタイ領土へ戻ったことを明らかにしている。このことは、テナセリムが単に物資が集積・拡散される拠点としてだけでなく、仏教などの宗教思想が伝達される通過点としても重要であったことを裏付けるものである。

　15世紀、テナセリムの交易港としての価値は益々高まっていった。1351年に

タイのアユッタヤー王朝が誕生し、チャオプラヤー川沿いに政治的にも経済的にも中心を為す「港市国家」が成立したように、沿岸諸地域に次々と港市国家が形成され、以前にも増して交易が盛んになったからである。リード（Anthony Reid）［1997, 2002］は、1450年から1680年の230年あまりを「交易の時代」と呼んだが、テナセリムはアユッタヤーの外港として、「交易の時代」において盛栄したのである。

　アユッタヤーの外港であったテナセリムだが、18世紀に入ると状況が一変する。1760年にビルマのコンバウン王朝にタヴォイ（現ダウェー）と共に攻略され、1767年にアユッタヤー王朝が滅ぶと同時にビルマの手に渡ったのである。その後ラーマ1世期にタヴォイやテナセリム、メルギー地域をビルマから一時的に奪ったが、1793年に再びビルマに取り返された。これ以降、アンダマン海域は上半分のビルマ領と下半分のタイ領へと分断された。[9] しかしコンバウン王朝の支配は長くは続かなかった。1826年にビルマはイギリスとの戦争（第一次英緬戦争）に敗れ、テナセリムとその周辺のアンダマン海域がイギリスによる植民地支配下に置かれたのである。モーケンはその戦時中の1825年に、イギリス人に「発見」された。

　このようにアンダマン海域は、インド洋と南シナ海を結ぶ要衝として古くから栄え、歴代の王国や王朝、それに国家が自らの手中におさめようとしてきた地域／空間であるということが、歴史を簡単に辿っただけでもわかる。また、

9　現在のアンダマン海域におけるタイとビルマの国境域が、いつ正式に決定したのかは不明である。タイの海軍が作成して1935年12月の憲法記念日に配布されたタイ失地地図、あるいは中高等学校地図帳において示されている地図を見ると、ラノーンより北方のアンダマン海域が1793年にビルマへ割譲され、あたかも国境線が決められたかのように図示されているが［Thongbai 1991：39; Jitlada et al. 2001：94; 村嶋 1999：408; 柿崎 2007：115］、その割譲地域がどこからどこまでであるといった、両者を区切る線がその当時明確に引かれたとは考えにくい。なぜなら18世紀のタイにはまだ、近代国家が想定するような国境線の概念はなかったからである。タイが西欧式の国家の概念を持たず、19世紀においてイギリスとの国境線画定作業に苦労したことは、トンチャイ［2003 (1994)：122-153］に詳しい。そもそも、コンバウン朝のボードパヤー王は1785年と1786年にタイ遠征をして失敗しており、その後に再び遠征をしたかどうかわかっていない。それにもかかわらず、1793年にタヴォイやメルギーがビルマに割譲されたというのは辻褄が合わない。本章の註2でも指摘したことだが、ビルマの研究ではタニンダーイー管区を中心とする海域世界に関する情報が不足しており、基本的な歴史的事実でさえ曖昧なことがある。このアンダマン海域における両国の国境線がいつ頃決められたのかについては、ビルマ側の資料を検討する必要があるだろう。

陸地にある港が海域世界を支える枢軸となっていた点も確認できる。このことは、海域世界といえども陸域との結びつきなくては、その存在自体が維持できないことを表していると言えよう。海と陸は対立してあるのではなく、補完関係にあると理解することは、現代のモーケンの生活を見ていく上でも重要である。

4. 社会文化的特質

　アンダマン海域の社会文化的な主な特質は、過去から現在に至るまで、多民族が往き交う空間だという点にある。そのような空間であり続けた理由は、歴史的背景を読んでわかるように、アンダマン海域が南シナ海とインド洋を繋ぐ重要な中継・交易空間として存在していたことによる。時代によって多少の変化はあるものの、西からはインド系のみならず、イラン系やペルシャ系の交易商人たちがアンダマン海域を目指し、東からは一部の中国系の海商が集まった。

　「交易の時代」のアユッタヤー朝後期には、テナセリムの副王やメルギーの知事、さらにはテナセリム―アユッタヤー間の主要地点の知事はすべてインド人ないしペルシャ人ムスリムであったという［石井 1999b：79］。このように15世紀から17世紀の「交易の時代」に限定しても、アンダマン海域が東南アジア大陸部の人間だけでなく、南アジアや中東の人間までをも取り込んだ地域であったことがわかる。そのような海域世界は多民族社会であり、必然的に異なる文化が混じり合う空間であったと想像される。

　また、イギリスによってアンダマン海域の上半分が支配され、下半分がタイ（シャム）の管理下に置かれるようになっても、アンダマン海域は現在に至るまでさまざまな「民族」が集まる地域として存続している。これから述べることだが、それは日本の軍人や沖縄漁民であったり、サンゴ礁でのシュノーケリングやダイビングを目的とする西洋人であったりする。19世紀以前における交易要衝地としての性格とは異なるものの、国民国家が成立した現在においても、多民族が往来する空間としての特徴は変わらない。

　地球上のあらゆる地域がそうであるように、アンダマン海域は、単一社会としての様相や単一の文化しか認められないような地域／空間ではけっしてないのである。しかし、さまざまな地域から人びとが集まるとはいっても、多くの者にとってアンダマン海域は通過点や一時的に滞在する場所でしかないことも

事実である。アンダマン海域の主要な社会文化的特質は、異なる集団が移動の過程において暫定的に集まる、「一時的な多民族性」（常に入れ替わりながらも維持される多民族性）にあると言えそうである。本項目の冒頭で、「多民族が暮らす空間」や「多民族が住む空間」ではなく、「多民族が行き交う空間」と表現した意図はここにある。

第4章
モーケンと隣接集団
——民族名称の変遷に着目して

　本書で記述の対象となるのは、アンダマン海域に暮らす海民モーケンである。同海域にはその他に、モクレンやウラク・ラウォイッ[1]と呼ばれる隣接集団も存在する。今日でこそ、これら3集団はそれぞれ別の言語を話す民族として研究者に認識されているが、アンダマン海域の海民はこれまでに数多くの民族名称が与えられ、またある時には民族範疇をめぐって議論がなされてきた。次章以降で展開されるモーケンに関する論述を進めるためには、アンダマン海域の海民がこれまでにどのような名称で表されてきたのか、その経緯と内容を理解しておく必要がある。

　そこで本章では、アンダマン海域の海民に関する先行研究を年代順に整理することを通じて、外部の人間が海民に対してどのような民族名称を用い、分類してきたのかを明らかにしたい。その上で、本書で論じる海民モーケンの範疇を明確にすることが狙いである。

　なお、日本語によるアンダマン海域の海民研究は、長期的な現地調査に基づくものは皆無であり、見聞録程度のものしか存在しないため本書では取り上げていない。その詳しい内容については［鈴木 2006］を参照されたい。

第1節　海民の「発見」——ビルマ領域

1. イギリスのビルマ領アンダマン海域への進出

　15世紀から17世紀の約200年間、東南アジアを中心とする海を越えた世界規模の交易ネットワークが地球を覆っていた［リード 1997, 2002］。その「交易の時代」に、アンダマン海域のテナセリムが港市として発展していたことを前章の第4節

1　ウラク・ラウォイッというカタカナ表記は、［アシャー & クリストファー編 2000 (1994)］にならった。

において触れたが、テナセリムの繁栄を支えていたのは他の港市との緊密な商業的紐帯にあった。地域の特産品を積載した船が港市間を往き交い、各港市にはヒトとモノ、そしてカネが集中していたのである。なかでも南シナ海とインド洋を結ぶ大交易網の中心軸にマラッカ王国があり、西欧列強はマラッカを自国の支配下に置こうと躍起になっていた。

　1511年にポルトガル軍がマラッカを手中におさめたものの、1641年にはオランダ軍がこれを奪取し、1824年にはイギリスがスマトラ島のブンクルをオランダに渡すことでマラッカを手に入れた。さらに同年には、第1次英緬戦争が起こり、1826年のヤンダボー条約によりビルマからアラカンとテナセリムを奪ったイギリスは、インドからマレー半島に至る海域世界を支配するようになった。その広大な海域世界には、海民モーケンの生活圏である、本書で言うところのアンダマン海域も含まれている。まさにこの英緬戦争の最中に海民は「発見」された。それは1825年のことである。テナセリム管区オフィスで発行された10月12日付の文書において「チャルーン族（The Chaloons）」として海民の最初の記録は残されている［Maingy 1928 (1825)：6］。

　それから約半年後の1826年、3月2日付の『カルカッタ政府官報（Government Gazette Calcutta）』では、「チャロームとパセ（Chalomé and Pase）」と幾分か名称が長くなった［Anderson J. 1890：1；Sopher 1977 (1965)：66］。2年後の1828年にも、ハミルトン（Walter Hamilton）が『東インド官報（East-India Gazetteer）』の第2巻に、メルギー諸島の項目においてチャロームとパセという民族がいることを記している。彼によると、そのような民族名称は華人によって使われていたものだったという[3]［Hamilton 1828：226］。1820年代後半より60年間は海民に関する記録はほとん

2　これまでの研究においては、1826年3月2日付の『カルカッタ政府官報（Government Gazette Calcutta）』に残されている記録が最も古いとされてきた［cf. Anderson J. 1890：1; Sopher 1977 (1965)：66；Ivanoff and Lejard 2002：185；鈴木 2006］。今回の新資料の発見により、モーケンに関する「最古の記録」が半年更新されたわけだが、今後の調査によってはさらに古い時期に書かれた文書が見つかる可能性は高い。なぜならこの1825年の英語の記録は、ビルマの中央政府が地方領主に提出させた調書（シッターン）をもとにまとめられたものと思われ、ボードパヤー王の時代に行なわれた1783年調書、1785年調書、1802年調書の3つのビルマ語資料を調べる必要がある。

3　のちにアンダーソンは、ハミルトンが華人と書いた部分をビルマ人と書き間違えて引用してしまい［Anderson J. 1890：1］、アンダーソンのその記述を参考にしたソーファーも、ハミルトンの原著をあたっていないために、チャロームとパセはビルマ人による呼称だと勘違いしている［Sopher 1977

ど見られなくなるという指摘があるが［Sopher 1977 (1965): 57］、それでもいくつかの記録が残されている。1839年のヘルファー（John William Helfer）、1860年のメイソン（Francis Mason）、そして1879年のスピアマン（Horace Ralph Spearman）による記録である。

ヘルファーは、オーストリア人医師で東インド会社の仕事に従事していた人物である。彼は、テナセリム地方について報告する中で、同地域に暮らす諸民族を取り上げており、ビルマ人やカレン人などと同様に個別の段落を設け、海民を「放浪する漁民の一種族（a race of wandering fishermen）」である「セーロン族（The Seelongs）」として紹介している［Helfer 1839: 986-988］。メイソンは、セルンズ（Selungs）またはサロンズ（Salones）［Mason 1860］、スピアマンはセルン（Selung）［Spearman 1879］と記述しており、以前よりも名称が短くなったことがわかる。

これらメイソンやスピアマンによる民族名称の記述に倣うように、アンダーソン（John Anderson）は1890年に、その名も『メルギー諸島のセルン族（The Selungs of the Mergui Archipelago）』と題した単著を著した。この著作は、1881年末から1882年初頭までのきわめて短期間の観察記録をもとに書かれたものではあるが、それまでにはない豊富な海民の情報を提供している。1909年にはカーラピエット（W. J. S. Carrapiett）が『サロン族（The Salons）』を上梓し、海民の民族名称について簡単な説明を加えている。海民は、西欧人とビルマ人には「サロン（Salons）」、マレー人には「オラン・ベシン（Orang Bè-sin）」タイ人には「チャオ・ナーム（Chao nam）」、として知られており、海民は自分たちのことを「マウケン（Maw khen）」と呼ぶことが述べられている［Carrapiett 1909: 1］。

表4-1に示すように、セーロンやセルン、あるいはサロンというのはビルマ人が海民を言及する際に用いてきた名称である。これらの語源はいずれも、タイ南部に位置するプーケット島の古名であるチャラン（Chalang）[4]という地名に由来しているという推察があるが［Ivanoff 1997: 7］、チャルーンやチャロームとパセについても同様な見方が可能であろう。つまり、チャルーン（Chaloon）とチャローム（Chalomé）はチャラン（Chalang）の発音に近く、パセ（Pase）についても、旧メルギー管区内の区名パセ（Pathè or Pathès）と語彙が似通っていることから、

　　(1965): 66］。
4　タイ語ではタラン（Thalang）としてよく知られている。

この民族名称も地名に由来していると考えることができる。

　その他にも、17世紀後半から18世紀にかけて、プーケットはジャンクセイロン（Junkseilon or Junk Ceylon）[5]として西欧人に知られていたが、この島名のうちの後半部分、セイロン（seilon or ceylon）からセーロンやセルンという名称が生まれたと推測することも可能であろう。それらはいずれも地名を民族名称とした他称であるのだが、1900年代に入りカーラピエットがマウケンという自称を紹介したことにより、その後の欧米人による記録に変化が見られるようになる。

2. 宣教師と民族学者の進出

　ビルマ領アンダマン海域がイギリスの植民地支配下に収まり、英語による海民に関する記録が次々と残されるようになったのは19世紀以降のことである。宣教師もまた、同じ時期に同海域に渡来していた。だが、最初にビルマ南部への布教を進めた人物はイギリス人ではなく、アメリカ人宣教師ジャドソン（Adoniram Judson 1788-1850）であった。彼は、1812年に会衆派からバプテスト派に改宗した後、1813年にビルマのラングーンでビルマ語の習得に努めた。第1次英緬戦争が1824年から26年にかけて起き、ジャドソンはアヴァとオウン・ペン・ラの拘置所で17ヵ月間を過ごした後、宣教の本拠地を下ビルマのテナセリム州アムハーストに移した。そして1830年からカレン人への布教を始め、1837年にはビルマ語版の新約聖書を完成させている［Bailey ed. 1955］。

　ジャドソンの精力的な布教活動の結果、アメリカン・バプテストの活動範囲は下ビルマに広がり、1837年にはパラウとメルギーの町で伝道するようになった［Andrew 1962 (1912)：8］。1844年にメルギーにいたアメリカン・バプテストのブライトン（D. L. Brayton）は同派のスティーヴンが海民の言語を文字化したものを用いて、1846年に『セロン語入門（Primer of the Selong Language）』を著した。タイトルの通り海民はセロンとして扱われている［ホワイト1943 (1922): 158］。

　1885年の第3次英緬戦争の結果、コンバウン朝は滅亡し、ビルマ全土がイギリスの領土となった。これ以降、ビルマにおける伝道活動はアメリカ人宣教師

5　かつてはマレー語でUjung silangと呼ばれていたことがあり、これを直訳すると断面状の（silang）岬（ujung、現在ならば「先端」ほどの意味で、岬はtanjungと書くほうが普通）といった意味になる［Panya 2003：3］。

表4-1 アンダマン海域の海民の民族名称の変遷

引用文献(年代順)	呼称者	民族名称上の分類		
		モーケン	モクレン	ウラク・ラウォイッ
Maingy 1928(1825)	B	The Chaloons		
Gazette Calcutta 1826	—	Chalomé and Pase[Anderson J. 1890: 1]		
Hamilton 1828	C	Chalomé and Pase		
Helfer 1839	B	The Seelongs		
Mason 1860	E	The Selungs, Salones		
Spearman 1879	—	Selung		
タクアパーの公文書 1881（タイ語）	T	Chao Nam[Sangop 1986：630]		
Anderson J. 1890	—	The Selungs		
Bird 1897	B	Selung, Se-lôn		
ラーマ5世の勅書 1903（タイ語）	T	Chao Nam		
Carrapiett 1909	T	Chao nam		
	B	Pathès or Kathès, Salons		
	E	Salons		
	M	Orang Bè-sin		
	S	Maw khen		
Andrew 1962(1912)	B	Salons		
White 1997(1922)	S	Mawken		
	E	Sea Gypsies		
O'connor 1928	—	Salôn		
Ainsworth 2000(1930)	S	Mawken		
	B	Salones		
Bernatzik 1939	T	Tshaonam		
	B	Selon, Selung		
	M	Orang Laut, Orang Louta		
	S	Moken		
Seidenfaden 1958	E	Sea Gypsies		
	T	Chao Nam		
	M	Orang Laut		
	B	Selŭng		
	S	Môkens		
Lebar 1964	—	Moken, Mawken, Selon, Selong, Selung		
Sopher 1977(1965)	E	Sea Gypsies, Sea Nomads		
	—	Mawken, Selungs		
	M			Orang Laut Kappir

第4章 モーケンと隣接集団──民族名称の変遷に着目して

Court 1971	T	Chao Lay		
		Chao Koh Thae	Thai Mai	
	M	Orang Laut, Ráyat Laut		
Hogan 1972	E	Sea Gypsies		
	B	Chalomes, Chelong, Chillones, Salon, Seelongs, Selongs, Selungs		
	S	Moken, Moklen, Mawken, Bĕsing		
	T	Chaaw Thalee, Chaaw Naam, Thaj Maj		
	R	Moken,	Moklen,	Urak Lawoi'
	S	Chaaw Ko'	Chaaw Bok	
Phraphon 1974(タイ語)	—	The Chaonam, Orang Laut, Mokhen		
	—	Phuak Masing	Phuak Malaka Phuak Lingkha	
Prathueang 1976 (タイ語)	T	Chao Nam		
Ivanoff 1986	—	Moken		Moken-Malai
Aaphorn 1989(タイ語)	T	Chao Le		
	S	Moken Pulao Moken Ko	Moken Tamap Moken Bok	
	R	Moken	Moklen	Urak Lawoi
Pattemore and Hogan 1989	R	Moken	Moklen	Urak Lawoi'
黒田 1991	T	チャオ・レー (Chao Lee)、チャオ・タレー (Chao Thalee)		
		Moken, Moklem		Urak Lawoi
Narumon 1996	R	Moken	Moklen	Urak Lawoi
Ivanoff 1997, 2004	R	Moken	Moklen	Urak Lawoi
	S			Orang Lonta
				Orang Sireh,
本書	S	モーケン		オラン・ローター
		島モーケン Moken Polaw	陸モーケン Moken Tamap	下位分類として Orang+村落名

（略記）B＝ビルマ人、C＝華人、E＝西欧人、M＝マレー人、R＝研究者、S＝自称、T＝タイ人

からイギリス人宣教師に取って代わられることになった。イギリスが植民地支配を強めるにつれて登場したのが、イギリス人宣教師ホワイト（Walter Grainge White）である。彼は、政府の依頼によりビルマ海域の海民の人口調査をしたのがきっかけで、1911年より民族学的調査を開始した人物である。ホワイトは調査の成果を、1922年に『漂海民族：マウケン族研究（*The Sea Gypsies of Malaya*）』として出版した。彼は同書で、カーラピエットが測定した海民の頭型指数と鼻型指数を分析し、「海のジプシーはニコバル族に近い」と結論づけた。また、皮膚の色や顔の形、頭髪の特徴などに言及し、低身長の民族であると紹介するなど、身体的特徴を指標とした民族分類の視線を海民に対して向けている［ホワイト 1943 (1922)：61-64］。

ホワイトは調査後に、オックスフォード大学人類学研究会（The Oxford University Anthropological Society）において、海民に関する発表を行なった。『漂海民族：マウケン族研究』の序文において、『宗教と呪術』の著者として有名なマレット（Robert R. Marett）が述べるように、この民族誌が出版された1922年には、人類学会員の中でもマウケン族という海の民族を知る者はほとんどいなかった［ホワイト 1943 (1922)：5］。マリノフスキーが『西太平洋の遠洋航海者』を、ラドクリフ＝ブラウンが『アンダマン島民』を出版した同年のことである。

こうして宣教師によって海民の存在が学問世界へ伝えられ、やがて民族学者（人類学者）も調査を実施するようになった。民族学者で海民を調査した先駆者がオーストリア人ベルナツィーク（Hugo Adolf Bernatzik）である。彼は妻エミーを伴い、1936から1937年にかけてビルマとタイの広域を移動し、海民の他にもムラブリやラフといった少数民族の村落にも訪れている。その踏査の記録は、1938年に『黄色い葉の精霊（*Die Geister der Gelben Blätter*）』として上梓された。ベルナツィークは同書で海民を、ホワイトのマウケン（Mawken）という民族名称を少し変え、モーケン（Moken）と記している。

19世紀初頭、チャルーンとして「発見」された海民は、その後チャロームとパセ、セーロン、セロン、サロンなどと記録されるようになり、20世紀初頭カーラピエットがマウケンと記述して以来、ホワイトはマウケン、ベルナツィークはモーケンという民族名称を海民に当てはめるようになった。外部の人間が、海民の他称から自称を用いて文章を書くようになったことがわかる。その後、ベル

ナツィークの著書が英仏を含む複数の言語で出版されたこともあり、他称においてもモーケンと呼ばれることが一般的になっていった。

第2節　海民の「再発見」――タイ領域

1. 分類されるモーケン

　ベルナツィークがドイツ語でモーケンを紹介した1938年の翌年より、海民に関する記述はしばらく見られなくなる。第4節で後述するナルモン（Narumon [Hinshiranan] Arunotai）は、文献資料がなく歴史を確かめられないという意味で、1939年より30年間を海民研究の「暗黒時代（dark age）」と呼んだ［Narumon 1996：21］。この「暗黒時代」には、ベルナツィークの本が英語、仏語、蘭語、邦語に訳出・出版されたり、タイにおける少数民族の一集団として海民に関する記述が残されたりしてはいるものの［e.g. Leber et al. 1964：263-266；Seidenfaden 1958：123-124］、それらはいずれも新資料ではなく、1938年以前の文献資料の情報をもとに記述されたにすぎない。

　長い沈黙を破り、海民が「再発見」されたのは1970年代はじめのことであった。この頃までにモーケンという名称・呼称は定着してきており、1904年発刊の雑誌ジャーナル・オブ・サイアム・ソサエティ（JSS）を舞台にモーケンは分類されるようになる。1971年、コート（Christopher Court）は、それまで記述されてきたビルマ領に暮らすモーケンではなく、タイ領に暮らすモーケンをJSSで紹介している［Court 1971］。コートは1970年4月3日から5日までの3日間の小旅行中にモーケンと邂逅し、パンガー県クラブリ郡プラトーン島パークチョック（Pak Chok）村で約30分、トゥン・ナン・ダム（Thung Nang Dam）村で約1時間の言語学的な聞き取り調査を行なった。コートはこの報告内で①タイ人がモーケンをチャオ・レー（Chao Lay）と呼ぶこと、②さらにチャオ・レーはチャオ・コ・テー（Chao Koh Thae）とタイ・マイ（Thai Mai）に二分されてタイ人に認識されていること、③チャオ・コ・テーは漂海生活を維持している一方、タイ・マイは定住生活を送り、タイ人の苗字を持っているということ、④そうした違いのほか、言語学的な特徴からもモーケンは2つのサブグループに分けられること、の4点を明らかにした。

2. モーケン、モクレン、ウラク・ラウォイッ

　コートが論文を発表した1年後のJSSにも、「海の人びと：タイ南部西岸の沿岸諸民族 (Men of the Sea: Coastal Tribes of South Thailand's West Coast)」と題する海民に関する論文が掲載された。これを書いたホーガン (David W. Hogan 1920-1998) は[6]、宣教師として南タイ地域へ入りこみ、30年以上海民と関った人物である。彼はこの論文で、言語的、文化的特徴から海民を「モーケン」「モクレン」「ウラク・ラウォイッ」の3民族に分類した [Hogan 1972]。

　ホーガンが海民を研究対象とするようになったのは、まだ今日のように観光地化されていない時期のプーケットへ1959年に訪れたことを契機としている。本格的な調査は、ニュージーランドから妻を伴い、プーケットで宣教活動を始めた1967年から開始された。彼は、海民が3つの異なる民族から構成されていることを説得的に明示するために、海民の多様性、複雑性に言及している先行研究を取り上げ、その内容を批判しながら、巧みに自らの論理へと組み込んでいる。

　たとえば、ホワイトが言及した4つのモーケン語の方言のうち1つは[7]、プーケット島で話される方言が含まれていることを指摘し、ホワイトがモーケンとして紹介したプーケット島ラワイ村の海民は、ウラク・ラウォイッに相等するのではないかと推測している [Hogan 1972：208]。またホーガンは、ルイス (Blanche Lewis) による「モーケンのコミュニティがあるのはアダン島 (Pulau Adang)、ランタ島 (Pulau Lanta)、シレー島 (Pulau Sireh) (写真4-1) だけであり、それらの島のさらに北にはベシン (Bĕsing) というモーケンにとって理解困難な言語を話す人びとがいる」[Lewis 1960：41] という記述に注目し、この内容を引用した上で、ホーガンは自らの経験を述べる。ホーガンはプーケットに入った1967年から論文をJSSに提出するまでの4年の間に、北はビルマとの国境を接するラノーン県、南はマレーシアとの国境に位置するサトゥーン県にいたる広域へ足を運んでおり、

---

[6] ホーガンは聖書協会世界連盟 (United Bible Societies) に所属し、ニュージーランドからタイのプーケット島に入りウラク・ラウォイッ語への新約聖書の翻訳に従事した。

[7] ホーガンは出所を明らかにしていないが、13章に書かれているドゥン方言、ジャ・イート方言、ルビ方言、ラウタ方言の4つのうち [ホワイト 1943 (1922)：188-199]、ラウタ方言のことを指していると考えられる。

第 4 章　モーケンと隣接集団——民族名称の変遷に着目して　　75

写真 4-1　高台から望むプーケット・シレー島の海民村落

それぞれの地域に暮らす海民と対面したと冒頭に述べている。ルイスが言及したアダン島にも訪れており、アダン島の海民、バンヨン村長 (Puujaj Banjong) に聞き取りを行なった。村長はウラク・ラウォイッであることに誇りを持っており、ルイスが記したアダン島、ランタ島、シレー島はいずれもウラク・ラウォイッの主な居住地であると話したという [Hogan 1972：209]。つまり、ルイスが示した、アダン、ランタ、シレーの島々は特定の集団が暮らす地域であるという内容は否定せずに、モーケンのコミュニティをウラク・ラウォイッのコミュニティに置換してみせた。

　さらにホーガンは、ウラク・ラウォイッという民族範疇を明確にするために、前項で取り上げたコートの報告内容も検討している。コートは、タイ人が認識する海民には①船に依存して暮らす海民と②定住している海民の 2 集団がいることを述べただけなのだが、ホーガンはこれらを、自らの体験に基づいて定義したモーケン、モクレン、ウラク・ラウォイッのうち①をモーケン、②をモクレンにあてはめた [Hogan 1972：205, 212]。これら民族の分布地を地図化し、語彙リストを載せることで、ホーガンは海民を 3 分類することにとりあえず成功した。

　この論文以後、モーケン、モクレン、ウラク・ラウォイッを扱う言語学的研究が、

タイ人大学院生を中心に進められ [e.g. Sorat 1981；Sudarat 1984]、言語学上もそれぞれの違いが認められるようになった。また、ホーガン自身も論文掲載後に言語学を学び、1985年にはアメリカはカリフォルニア州にあるウィリアム・カリー大学パサデナ校 (Pasadena) に "Basic Structures of the Urak Lawoi' Language and their Functions" と題した論文を提出して修士号を得ている。言語学を習得したことで、1972年に論じたモーケン、モクレン、ウラク・ラウォイッという3分類の説を補強することが可能になったと考えられる。

3. 民族名をめぐる論争——マレー系モーケンとウラク・ラウォイッ

1972年のJSS所収論文によって提示されたモクレンとウラク・ラウォイッという民族名称は、後続の研究者たちに広く受容されることになった。これに対し、ウラク・ラウォイッに異なる見解を示したのが、イヴァノフ (Jaques Ivanoff) であった。

ホーガンの論文が発表された14年後、1986年のJSS第74巻に「モーケン族：文化的踏査から見た口承文学と兆候」と題するイヴァノフの論文が掲載された [Ivanoff 1986]。彼は本論に入る前に、モーケンをドゥン (Dung)、ダイト (Djait)、レビ (Lebi)、ニャウィ (Niawi)、チャディアック (Chadiak) の5つのサブグループに分類している。論文において彼は、それまでのモーケン研究の多くが言語と生活手段に関するものであったことを批判し、モーケンの歴史を明らかにする必要性を説いた。イヴァノフは、父ピエールが収集した口頭伝承を叙事詩、神話、歴史物語の3つに分類することでモーケンの歴史についての分析を行ない、民族の起源と一部モーケンの移動経路を提示している。

そして、この論文でイヴァノフは、プーケット県シレー島村の海民に焦点をあてることで、ホーガンが示したウラク・ラウォイッという民族名称に対して異論を唱えた。前項で検討したように、ホーガンは、ウラク・ラウォイッがモーケンとは異なる起源を持つ民族集団であることを明らかにした。ところが、イヴァノフは口頭伝承の分析から、ホーガンが主張するウラク・ラウォイッとは、モーケンとマレー人の婚姻によって生じたもの、つまりマレー系モーケン (Moken / Malais) にすぎないと主張した。

これに対し、ホーガンが論駁を加えたのは3年後のJSS第77巻2号においてで

あった。「ウラク・ラウォイッの起源について：イヴァノフ氏に対する応答(On the Origins of the Urak Lawoi': A Response to J. Ivanoff)」と題し、婿のパタモア(Stephen W. Pattemore)と共同執筆している[Pattemore & Hogan 1989]。JSS第74巻においてイヴァノフは、プーケットのシレー島村とラワイ村、さらに南方に居住する海民をマレー系モーケンと主張したが、ホーガンとパタモアはこれを否定したのである。ホーガンとパタモアは、ウラク・ラウォイッがモーケンとは異なる集団であることを立証するために、①社会、②歴史、③調査、④言語の4側面から論じた。以下は、4側面の要約ならびに、2人が主張および強調している点である。

(1) 社会

ウラク・ラウォイッは、自身の集団が歴史的言語的にマレーとの結びつきが強いことを認識しているものの、モーケンの両親や祖父母を持つ者はきわめて少数である。[8] また、ウラク・ラウォイッ社会において、マレー系イスラームの影響も見られるが、それは近年における兆候であり、基本的には精霊信仰を保持している。仮にウラク・ラウォイッがモーケンの精霊信仰と宗教的実践に接触を持っていたとしても、精霊信仰の世界観は共有されていない。

(2) 歴史

プーケット島ラワイ村に住む老人ナイ・マエ(Nai Mae)の父がラワイ村で生まれたという長期定住の話、また、アダン諸島の老人リシック(Risiq)の祖父がブギス人(Buginese)の海賊であり、アダン諸島地域に定住したという話を勘案すると、ウラク・ラウォイッは100年以上前にはラワイ村とアダン諸島に存在していた。

(3) 調査

海民の民族分布状況と、彼らが口頭で伝えてきた歴史を分析すると、ラワイ村(プーケット島)やピピ島地域がモーケンにとって南方の境界域であり、ウラク・ラウォイッにとっては北方の境界域であると考えられる。モーケンが北方から南方へ移動してきたのに対して、ウラク・ラウォイッはランタ島を原住地として、南方から北方へ移動してきた。

(4) 言語

---

8 これをパタモアとホーガンは次のように定式化した。"Urak Lawoi'+Moken=Urak Lawoi' or Urak Lawoi'+Malay=Urak Lawoi' but not Malay+Moken=Urak Lawoi'"[Pattemore & Hogan 1989：76]。

ウラク・ラウォイッ語は、語彙としてはマレー語と近似性を有しているものの、マレー語の接尾辞を持たない。また、統語法上ではタイ語の影響を受けており、一般のウラク・ラウォイッの人びとはマレー語話者と会話を維持することはできない。この2点を考慮すると、「マレー系モーケン」はマレー語を話すというイヴァノフの主張は誤りである。
　この他、ホーガンとパタモアは、言語学を専攻とするタイ人による修士論文を2本援用し、モーケン語とウラク・ラウォイッ語が同じオーストロネシア語族に属しながらも、ウラク・ラウォイッ語がモーケン語とは異なる言語であることを強調している。
　この論文が掲載された後、イヴァノフが1997年以降に上梓した書籍の海民分布図を見ると、アダン諸島における海民をウラク・ラウォイッ、シレー島村の海民をオラン・シレー（Orang Sireh）として扱うようになっていることが確認できる［Ivanoff 1997：109, 2004：470］。このことから、イヴァノフがホーガンの主張に一定の理解を示すようになったことがわかる。
　現在、一般的に用いられる海民の3分類、モーケン、モクレン、ウラク・ラウォイッという民族名称は、1972年にJSS誌上に載ったホーガンの論文から使用されるようになり、この民族分類は言語学を専門とする研究者たちによって固定化されていった。海民はタイの学術雑誌を舞台に西欧人らによって論じられ、言語学的論理に基づき分類されてきたことがわかる。

第3節　タイ人による海民研究

　タイ語による海民の主な名称には、「チャオ・ナーム」、「チャオ・タイ・マイ」、「チャオ・レー（ないしチャオ・タレー）」の3つがある。チャオとは「人」や「民」をあらわし、ナームが「水」、タイ・マイが「新しいタイ」を意味する。レーは特殊なタイ語表現であるが、元の言葉はタレーであり「海」を意味している。それぞれ「水の民」、「新タイ人」、「海の民」と邦訳することができる。
　海民はチャオ・ナームと呼ばれることをひどく嫌うので、チャオ・タレーやチャオ・レーと呼んだ方が良いという話がある［Prathueang 1976：4］。どちらもタ

イ南部沿岸部に暮らす同一集団を指すが、現在ではチャオ・レーという名称が用いられることの方が多い。チャオ・タイ・マイに関しては、前節でコートが「定住生活を送り、タイ人の苗字を持っている」人びとだと述べていることを紹介した。しかし、それでは定義内容が不十分である。チャオ・タイ・マイはチャオ・ナームやチャオ・レーの一部の人びとを指す名称であり、タイ語の苗字を持ち、タイの市民証を所持している海民に対して用いられる。つまり、比較的近年になってタイ国籍を取得することができた、「タイ人」の海民に対して使用される言葉である。

1. チャオ・ナーム研究

　タイにおいて海民は、古くよりチャオ・ナームとして知られていた。タイ南部に関するあらゆる事象を項目ごとに示した『南部文化大事典』では、「タイ南部地方国からの国王への貢物」の項目において、1881年のタクアパー（地名）の地方公文書の記録が残されている。そこには、チャオ・ナームが当時の国王チュラーロンコーン（ラーマ5世）への貢物として、パンダヌスの葉で編んだマット100枚を金樹銀樹とともに献上したことが記録されている [Sangop 1986：628-631]。また、1903年8月26日にチュラーロンコーン国王がダムロン王子（当時の内務大臣）に向けて書いた、直筆による勅書の中にもチャオ・ナームという文字をはっきりと認めることができる。そこでは、タイの習慣に疎く、海岸沿いで魚介類を採捕して暮らす窮乏の民として表現され、物納による貢税の免除について言及されている [Suphawat 2003：345]。

　その後も、チャオ・ナームとしてタイの地方史や事典の項目で紹介されるようになるが、海民が個別のテーマとしてタイ語の論文に取り上げられるようになったのはごく最近のことである。管見によれば、1974年に『ソンクラー大学パッタニー校教育学部紀要』第3巻2号に掲載された、プラポーンによる「アダン島のチャオ・ナーム」と題された論文が最初である [Phraphon 1974：75-80]。

　海民が一般向けの図書に記述されはじめるのは、1976年が初版のプラトゥアンによる『タイ国のチャオ・ナーム（チャオ・タレー）』からである [Prathueang 1976]。本の出版当時、プラトゥアンはクラビー県ランタ郡教育行政官の立場にあった。同県同郡にはフアレーム（サンガウー）村という有名な海民村落があることから、

仕事を通じて海民との接触が頻繁にあったと想像される。本の内容は海民の歴史に始まり、住まい、食事、服装、衛生状態、芸術、宗教、言語、習慣、儀礼にまで及んでいる。

プラトゥアンは、前出のプラポーンの論文から以下の3点を引用している。①チャオ・ナームの発祥地と現在の場所までの移動経路、②タイ国内のチャオ・ナームを3集団－マラッカ・グループ（Phuak Malaka）、リンガ・グループ（Phuak Lingkha）、マシン・グループ（Phuak Masing）－に分類できること、③チャオ・タイ・マイという民族名称の由来についての文章である。ここで指摘しておくべきことは、プラトゥアンがプラポーンの②の文章を誤って引用していることである。プラポーンは、ジャワ島やスマトラ島周辺も含めた地域に住む海民を、マラッカ・グループ、リンガ・グループ、マシン・グループの3集団に分類できると述べただけなのだが、プラトゥアンはこれをタイ領内の海民にあてはめて用いた。確かにプラポーンは、混交した3集団がタイ領内にいることに言及しているが、タイ領内の海民を分類したものではない。しかし、後続の研究者たちは、原著のプラポーンではなくプラトゥアンを参照し、引用している [e.g. Sombun 1993：9]。プラトゥアンの著作は海民のみを扱った単著としては最初のものであり、それだけに影響力も大きく、一部のタイ人研究者の間で海民の民族名称をめぐる謬説が広まったと考えられる。

2. 若手研究者によるチャオ・レー研究の展開

プラトゥアンによる単著が出版された同じ年に、「プーケット県ムアン郡シレー島のチャオ・レー語における音韻論」と題された修士論文がシーナカリンウィロート大学に提出された [Chanthat 1976]。海民を主題に取り上げた学位論文としては最も古いものであろう。この修士論文でチャンタットは、言語学に関する文献を多く参照しているが、海民に関する文献はほとんど参照していない。参考文献にあげている、海民に関するまとまった文章としては、前出のイギリス人宣教師ホワイトによる1922年の英文「マラヤの漂海民（The Sea Gypsies of Malaya）」[ホワイト 1943（1922）]が確認できるのみである。

それから3年後の1979年には、「タイ南部の県における少数民族に対する福祉供給の傾向：プーケット県とパンガー県のチャオ・レーを事例として」と題した

修士論文がタマサート大学に提出された［Thana 1979］。この論文で参照されている海民に関する文献は、前項で取り上げたプラトゥアンの著作の他に、タイ人向け観光雑誌の記事が目立つ。上にあげた2つの修士論文ではいずれも、1972年にホーガンがJSSで論じたモーケン、モクレン、ウラク・ラウォイッという3分類に関する記述には触れられず、海民は「チャオ・レー」と一括りにされて論じられていることを確認できる。[9]

　タイ語の修士論文で、ホーガンの論文［Hogan 1972］が参照されはじめるのは、「船流しの儀礼がチャオ・レーへ及ぼす社会的、文化的影響：クラビー県ランタ島フアレーム村を事例として」がシンラパコーン大学に提出された1989年以降のことである［Aaphorn 1989］。[10]同論文著者のアーポーンは、タイ語の論文で一般的に使用されてきたチャオ・レー（写真4-2）という民族名称を海民に対して用いているものの、ホーガンによる海民カテゴリーの議論を押さえており、自身の調査対象である海民がウラク・ラウォイッに該当することを言明している［Aaphorn 1989: 16］。

　1990年代に入ると、それまでに行なわれていたような海民の言語や儀礼に注目した研究だけでなく、教育や開発に関わるテーマの研究が増えていき、実に多様な事象が論じられるようになった。たとえば、「チャオ・レーの村落に位置する小学校におけるタイ語の教授について」［Yuppadee 1990］にはじまり、「土地の知恵を活用した公衆衛生問題解決へ向けたコミュニティの対応：潜水業につくプーケット県のチャオ・レーを事例として」［Sombun 1993］や「サトゥーン県に暮らすチャオ・レー女性の多産に対する価値観」［Hiranya 2000］といったものから、「社会経済的、文化的変容：クラビー県ランタ島郡サンガウー村のチャオ・レーを事例として」［Yaowalak 2002］や「モーケン族の世界：海洋と沿岸に関する伝統的知識から見えるもの」［Paladej 2003］といった修士論文のタイトルをひ

9　ただしチャンタットは、Seidenfaden［1958］とLebarほか［1964］も参考文献にあげているので、Selůng, Môkens, Moken, Mawken, Selon, Selong, Selungといった名称を認識していたと考えられる。

10　彼女は、船流しの儀礼で使用される道具や、儀礼内で確認できる意味の象徴と伝達に注目し、それらがフアレーム村のチャオ・レーの社会的文化的世界観を反映していることを明らかにした。しかし、「社会」や「文化」の用語の定義をせず、所与の概念としてこれらの言葉を論文で用いている。その結果、計8度の船流しの儀礼を調査し、詳しい民族誌情報を提供しているが、結論においては個人的な解釈の「チャオ・レーの社会と文化」を記述するにとどまっている。

写真4-2　プーケット・シレー島で年に一度開催される船流しの儀礼の様子

と通り見ても、その学問的関心の幅が広がってきていることを確認できるだろう。2004年インド洋津波が発生した後は、被災した海民村落の復旧過程に焦点を合わせた修士論文が目立つようになった [e.g. Kanitta 2005 ; Sureerat 2005]。その他、国立公園との関係性に着目した修士論文が見られるのも近年の傾向である [e.g. Puree2006 ; Saovapa 2007]。

このようにタイ人学生による海民研究の展開を整理して気付くことは、海民の民族名称として、チャオ・ナームよりもチャオ・レーが好まれて使用されていることのほかに、題目にチャオ・レーという名称が用いられながらも、アーポーンの論文以降は、自らの研究対象がモーケン、モクレン、ウラク・ラウォイッのいずれに該当するのかについても論文内に記載されることが多くなっているということである[11]。

1990年代以降は、別の動きも見られる。それは、英語圏に留学したタイ人による博士論文も見られるようになったことである [e.g. Narumon 1996 ; Supin 2002]。ナルモンが調査対象としているのはスリン諸島のモーケンであるが、付録にお

11　ただし、民族名称がタイ語で記述される際、著者による母音、子音、声調記号の使用に差異を確認できる。

いて、モクレンとウラク・ラウォイッの民族範疇とその諸特徴を詳しく説明している[12]。また、スピンは調査対象であるウラク・ラウォイッを説明する際、モーケンやモクレンについて言及することで、ウラク・ラウォイッの特徴を明示している。このことからもわかる通り、1990年頃からタイ人研究者の間にも西欧人によって創りだされた海民範疇が受容されるようになり、論文を書く際、モーケン、モクレン、ウラク・ラウォイッという3分類のうちどの民族を論じるのかを説明することが一般的となってきている。

第4節　海民名称の設定

1. 先行研究の問題点

　ここまで、モーケン、モクレン、ウラク・ラウォイッという民族範疇が研究者の間で受け入れられるようになった過程を追ってきた。この作業によって、ホーガンによる海民分類の名称が絶対的に正しいものであるかのような印象を読者に与えてしまったかもしれない。しかし、それは本章を設けた意図とは大きく異なる。私は、民族名称に「正しい」分類など存在しないという見地に立っている。いつ、誰がどの場で、誰に対して用いるかによって変化し得る、状況に強く依存する流動的なものであるという考えを持つ。本章の意図は、民族名称の扱われ方を追うことにより、海民に対する民族分類の認識が時代ごとに移り変わり、また研究者ごとに異なっていたことを跡付け、先行研究を整理することにあった。

　その上で、近年の先行研究における海民の名称の扱い方について批判したいことがある。本章第3節で見たように、1990年代以降タイ人による海民研究

12　彼女の博士論文の内容を要約すると次のようになる。まず第1章で理論的枠組みと方法論を具体的に述べている。第2章で、歴史的、地理的な基礎情報を記し、第3章で、モーケンの機会に応じた採集生活形態を描いている。第4章、第5章が論文の主要部分であり、ここでは、モーケンのグループ内における基本的な分配システム、また、周囲の多様なグループとの間にある接触、相互作用、関係を考察している。第6章では、スリン諸島のモーケンが、国立公園法や地方行政から受けている影響を概観したのち、社会的に力を持つ側がモーケンの文化的アイデンティティを維持していけるような、適切な開発形態を提言している。

が盛んであり、研究成果にも目を見張るものがある。修士論文が多く提出され、英語による博士論文も出てくるようになった。近年において海民研究を発展させてきたのはタイ人学生であると言っても過言ではない。しかし、西欧人によって名づけられた民族名称とその分類を、何ら批判することなく受け入れている点が気になる。そもそも、ホーガンによるモーケン、モクレン、ウラク・ラウォイッという3分類は、言語学的見地から便宜的に設けられたカテゴリーにすぎない。あくまで研究者が客観的であると考える特定の基準で分けられたものであり、海民が主観的に認識する範疇と重なるとは限らない。

　実際に私は、ホーガンの主張とは相容れない情報をいくつか入手している。ホーガンは、「一般のウラク・ラウォイッの人びととはマレー語話者と会話を維持することはできない」と論じているが [Hogan 1989：76]、私が2003年9月に実施したプーケット県シレー島村における調査では、あるウラク・ラウォイッ男性がインドネシアから訪れた研究者とマレー語による会話がある程度成立したという話を耳にしている [鈴木 2006：162]。また、私が長期滞在したスリン諸島のモーケン村落にはマレー語を話せる男性がいた（次章第1節においてもマレー語の運用能力のあるモーケンが登場する）。モーケン語はオーストロネシア語族マレー語群に属しており、マレー諸語でもっとも離れた分枝にあるとされる言語であるが [アシャーほか 2000：149]、マレー語との関係がまったくないわけではない。ホーガンが否定した、イヴァノフの説いたマレー系モーケンとウラク・ラウォイッとの関係性は、今一度問い直してもよい事柄である。ホーガンは海民の言語的側面の特殊性を強調することで、仏人研究者イヴァノフとの論争に「勝利」し、海民を3つに区分することが定説となったが、彼が提示したカテゴリーは再検討する余地がまだ残されている。

2. 陸モーケンと島モーケン

　そこで本書では、ホーガンによる分類を無批判に踏襲するのではなく、私が調査で長い間接してきた、本書の主要な登場人物でもあるスリン諸島のモーケンによる分類に倣いたい。

　彼らはモーケンを大きく2つに分けて捉えている。それは、サマが生活様式を指標にして「陸サマ (Sama Deyaq)」と「海サマ (Sama Dilawt)」とを呼び分けるのと

似ている。比較的早い時期（1970年代以前）に家船生活をやめて陸地に定着したモーケンとその子孫を「陸モーケン（Moken Tamap、あるいは陸の人を意味するOrang Tamapと略称されることがある）」、比較的近年（1980年代以降）になって陸地に定着するようになったモーケン、あるいは現在でもたまに数日間の家船居住生活を送るモーケンを「島モーケン（Moken Polau、あるいは島の人を意味するOrang Polauと略称されることがある）」と呼ぶ区別である。そもそもは、早い段階で陸上がりしたモーケンがそうでない人びとを「島モーケン」と呼ぶことで、自分たちとの間に差異化を図ったのが最初である。全体として、陸モーケンの方が島モーケンよりも陸地の主流社会（タイ人社会）に溶け込んでおり、政治経済的にも陸モーケンの方が上の立場にあると考えられている。

　それぞれの分布域に注目すると、ホーガンがモクレンとした集団が陸モーケンの居住範囲に、そしてモーケンが島モーケンの居住範囲にほぼ重なっている。そうではあるのだが、陸モーケンと島モーケンは、言語的側面で厳密に区別されているわけではない。これら2つの呼称は、モーケン同士で自他との間に線引きを行なう際に用いられる傾向がある。また、言語学で分類できるような客観的指標に基づくものではなく、呼称を用いる者の主観的な意識によって、その時々の状況次第でどちらの集団にも帰属意識を持つことが可能である。たとえば、陸モーケンの視点からは島モーケンに分類される者が、時に自らを陸モーケンに同定することは可能であるし、その逆に陸モーケンが自らを島モーケンに同定する場合もありうるわけである［鈴木2014］。

　そういうことから、陸モーケンと島モーケンが、ホーガンの提示したモクレンとモーケンに完全に対応するわけではないが、本書では便宜的に、これまでモーケンに同定されていた集団を「島モーケン」、モクレンに同定されていた集団を「陸モーケン」とし、これら2集団を合わせたものを「海民モーケン」、あるいは単に「モーケン」と記述することにしたい。島モーケンと陸モーケンという名称は、両者を弁別する必要がある際に用いることにする。

　その他に、ホーガンが創ったウラク・ラウォイッという名称に相当するものとして、オラン・ローター（Orang Loata）というモーケン語の表現があるが、通常はオラン・ラワイ（ラワイ村の人）などと、その人物の居住村落名にオラン（人の意）をつけて呼んでいる。したがって、モーケン以外の個々の村落の海民を表す時

にはこれに倣う（たとえばサパム村の海民を示す際にはオラン・サパムと記述する）。ただし、モーケン以外の海民全体を表す際にはオラン・ローターと記述することにする。

つまり、本書におけるアンダマン海域の海民のメインカテゴリーには、モーケンとオラン・ローターの2つがあり、モーケンのサブカテゴリーに「島モーケン」と「陸モーケン」、そしてオラン・ローターのサブカテゴリーに「オラン＋各村落名」があるということになる。

各集団の人口の推計は、モーケンが約5300人（陸モーケン2500人、島モーケン2800人）、オラン・ローターが6000人超である[13]。島モーケンの内、約2000人がビルマ領、約800人がタイ領で暮らしている［Narumon et al. 2007a：9；Supin 2007：9-10］。本書で主に取り上げるスリン諸島には、200人程の島モーケンが暮らしている。陸モーケンとオラン・ローターはいずれもタイ領内で生活している。タイ国内に存在する海民村落の場所は（表4-2）を参照していただきたい。

第5節　モーケンの社会集団の編成

仏人のモーケン研究者ジャック・イヴァノフ（Jacques Ivanoff）［1997：10, 2001：145-214］によると、モーケン語で「沈む」を意味する「（レ）モ（lemo=mo）」と、モーケンの口承文学の「Gaman the Malay」という叙事詩の中で登場する女王の妹ケン（Ken）という名前に民族名称は由来しているという（[le]mo+ken）。他にも、ケン（ken）という言葉は、モーケン語で海水や海を意味するオーケン（oaken）が短くなったものとして、モーケンという言葉には「海に溺れる者」という意味があると考える者がいたり[e.g. Ainsworth 2000 (1930)：20；ホワイト 1943 (1922)：76]、「海中に潜る」という意味があると捉える者がいたりした［ベルナツィーク 1968 (1938)：28］。現在研究者の間で最も支持されている説はイヴァノフによるものである。

モーケン社会は、核家族を基本単位とする双系社会であり、男女の平等性は高い。一夫一婦制であり、基本的に配偶者は自分の意思で自由に選ぶことができる。ところが、船上居住生活をしていた時代には、親が子どもの配偶者を決

13　CUSRIの推計では、オラン・ローターの人口は約4,000人である。

表4-2 タイ国内海民村落一覧(全32村落)

県名＼民族名称	島モーケン(5村落)	陸モーケン(15村落)	オラン・ローター(13村落)
ラノーン	1. ラオ島 2. シンハイ島 3. パヤム島		
パンガー	4. スリン諸島 (一部、本土のチャイパッタナー村に家屋あり)	1. ターペヨーイ 2. トゥンダープ 3. ナムケム 4. タップタワン 5. バーンカヤ 6. トゥンワー 7. ラムケン 8. ノック島 9. カニム 10. ヒンラート 11. ラムピ 12. タップラー 13. ターヤーイ	
プーケット	5. ラワイ*	14. レームラー [別名ターチャッチャイ] 15. ヒンルークディアオ	1. サパム 2. レームトゥッケー 3. ラワイ*
クラビー			4. レームトン(ピピ島) 5. ジャム島 6. ナイライ-トバリウ 7. クローンダーウ 8. フアレーム 9. サンガウー (6-9. ランタ島)
トラン			
サトゥーン			10. ブロンドン島 11. ブロンレー島 12. アダン島 13. リペ島

＊ラワイ村は島モーケンとオラン・ローターの混住村

めることが多かった[鈴木 2007b]。通常は10代のうちに結婚する。夫は妻方の暮らす家船や家屋に移り住み、妻方の両親と生活を共にする。共同生活を1年程度経験した後、若夫婦は自分たちの家船や家屋を作り、親元を離れて暮らす。そうではあるが、その後も家族間で食糧の分配や共食などが繰り返され、緊密な関係性が維持される。

　船を造る際、木の刈り出しや船腹を広げる作業などは、人手を必要とする。そのため、家族だけでなく親族や友人も作業を手伝うことになる。船で移動する際は、拡大家族と親族を基本とした家船の集団が船隊をなし、行動を共にしていた。それゆえ、仲間の力を必要とする時にはお互いに助け合うことができ

た。この家船集団の規模については、さまざまな報告がある。たとえば、カーラピエット［Carrapiett 1909: 7］は4から40隻、ナルモン［Narumon 2000：505］は5から20隻、ベルナツィーク［1968 (1938)：28］は10から30隻、イヴァノフ［Ivanoff 1997：3, 1999：107］は7から10隻ほどで1つの家船集団が構成されていると伝えている。これらの数字を参考にすると、少なくとも4世帯、多くて40世帯、そして平均的には20世帯が集合して船隊が構成されていたと考えることができる。

この船隊を統率するのが、モーケン語で年長者を意味するポタオ（potao）と呼ばれる男性のリーダーである［Ivanoff 1999: 107］。外部の人間が船団に近づいてきた際、最初に接触する役目を持ったり、シャーマン（orang poti）としての役割も担ったりもする［Ivanoff 1997: 6］。人徳やカリスマ性、それに豊かな人生経験はもちろんのこと、海に関する知識や時には霊的能力も要される。なかでもポタオに必要とされる能力は、天候を読む力である。その日の大気の状態や風の状況を見極め、漁場や移動経路、また停泊地などを決定してきた。

ポタオが最も注意を払っていたのが風である。特に、アンダマン海にはモンスーンが吹き込むので、モーケンたちは季節ごとの風の特徴を把握しておく必要があった。天候が良く海が穏やかな北東モンスーンの季節（乾季の11月から4月）は、彼らは毎日のようにリーフに出かけ、魚介類を採捕した。それでも突然の風雨に襲われ、波が荒立つこともあるので、ポタオは漁に出ている最中も常に注意深く風の状態を見る必要があった。ポタオの判断が集団生活では何よりも重要であり、海上での移動生活のあり方を決定づけていた。

このように、モーケンは海と関わりの深い民である。とはいえ、陸上での活動も欠かすことはできない。採捕した魚介類を米や野菜と交換するために本土に運び、また真水を得るために定期的に陸地に上がる。さらに、船底についた虫（kola）や貝（iak）を焼き落とすためにも、家船を砂浜にあげる必要がある。[14] 南西モンスーンの季節（雨季の5月から10月）には、陸域での一時的な生活を余儀なくされる。天候が不順なため、島嶼や沿岸の砂浜に杭上家屋を建て、強風や波浪を避けて生活するのである。このように、かつてのモーケンは、乾季には主に船上で、雨季には主に杭上家屋で暮らす、半遊動的（semi-nomadic）な生活を営んでいた。

14　火を用いて手入れすることを、モーケン語でマユーン・カバン（mayun kabang）と言う。

雨季の間一時的に村落が形成される場所の特徴として、(1) 南西モンスーン期における強風の直撃を避けることができ、(2) 真水の確保が容易であり、(3) 人力で船を上架可能で下架容易な、適度な傾度のある砂浜に位置することの3点を指摘することができる。つまり杭上家屋の集落は、必然的に島の東や北に位置する砂浜が選ばれ、近くに湧き水が出ていて、水深が浅い遠浅の湾内に設けられることになる。こうしたモーケン村落の位置に関する諸点は、陸地定着したあとにおいても変わらず見出すことができる。

　以上に述べたモーケン社会の諸特徴が、津波に被災したあとに変化していく、あるいは部分的に維持されていく様子をこれから徐々に明らかにしていくことになる。

コラム1
アンダマン海域で結婚について考える

「その歳で、なんでまだ結婚しないんだ？」

　当時（2005年）の私は27歳。推定年齢60歳のモーケン男性が驚きの表情を見せながら問いただしてきた。思いがけない疑問をぶつけられた場所はタイ王国南部のパンガー県内にあるS寺。この寺院には、2004年12月26日発生のインド洋地震・津波に被災した大勢のモーケンが避難しており、聞き取り調査をしている最中の唐突な質問だった。実は、これが初めてのことではない。先の問いの返答に対し、「それなら紹介してやろう」と言われることも少なくなかった。

　聞けばほとんどのモーケンが10代で結婚しており、子どもを育てている。私がとりわけお世話になっている世帯では、夫ジャーウが推定年齢40歳、妻ジュリーが38歳で3人の子どもと既に5人の孫がいる。2人が結婚したのは、それぞれ17歳と13歳の頃だったという。2人が結婚した時の状況は次のとおりである。当時、ジャーウは義父と船上生活をしており、立ち寄った先のモーケン集落でジュリーと邂逅した。両者の親族間で話がまとまり、ジャーウとジュリーは言葉を交わしたこともないのに結婚することになった。結婚式は、ジュリーが住む高床式の杭上家屋で行なわれ、親族が一同に集まって食事をしていたら家が半壊した。それまでに入ったことのない人数が家に上がったため、重量に耐えきれない床下の支柱が折れたのである。そんなエピソードを、ジャーウは笑いながら語ってくれた。

　この逸話は、今のように陸地定着していない頃の〈漂海民〉モーケンが結婚する1つの経緯を示しており興味深い。海上での出会いが少なくても、親族間で事がすすむのであった。家屋が半壊した出来事からは、船造りとは勝手の違う、建築物の建設に不慣れであった当事の様子を窺い知ることができる。とはいえ、何よりも10代中半で結婚している事実に興味がそそられる。近年の日本における平均初婚年齢は男女ともに30歳前後であり、タイにおいても男女ともに20代中半なので早いようにも感じる。しかしながら、日本でも第2次世界大戦前までは10代で結婚するのは当たり前のことであったし、現在でも20歳前に結婚する者は途上国

に多く見られる。このように綴ると、一般によく言われているように「経済的に発展すると晩婚社会になり、発展が遅れている地域は早婚社会である」などと主張しているみたいだが、そうではない。近頃、モーケン社会ではそうした「定説」では説明のつかない現象が起きている。

進む早婚化

　つまりこういうことである。各モーケン世帯の現金収入は増え、以前よりも豊かな暮らしを送るようになり晩婚化が進んでいるが、その一方で早婚化も確認できるのだ。それでは、どうして経済状況が上向きになっているにもかかわらず早婚化しているのだろうか。

　その理由は海と船にあった。ジャーウによると、かつてのモーケン社会では、「海で生きるための知識、それに造船や航海、漁撈に関する技術を体得しなければ」男性は結婚することができなかった。そうした知識・技術は、海域世界で生存し、家族を守るための必要不可欠な能力であるからだ。

　しかし、現在では、かつてのジャーウのように「漂海生活」をするモーケンはいなくなり、ほとんどの者は「定住生活」をしている。近年、自給自足的な経済生活から貨幣に依存する経済生活へと移行した結果、漁撈以外の労働に従事する男性が増え、海や船に関する知識と技術が結婚する際の必須条件とはならなくなったのである。2004年末には、さらに追い討ちをかけるように大津波がモーケンを襲った。船を失い十分な支援を受けられない者は、海にかかわる生活から遠ざかっていった。

　近年、モーケン男性の中には10代前半に結婚する者が増えてきた。海と船に関する知識がなくても現金を稼ぐことができ、家族を養えるようになったからである。冒頭に登場した推定年齢60歳のモーケン男性はこう語った。

　「お前（私）は結婚するのに遅すぎるが、10代前半は早すぎる。まだまだ知らないことがたくさんある。やっぱり男は18歳ぐらいで結婚するのがちょうどいい。」

　ちなみにこの男性が主張する自らの初婚年齢は18歳である……

その後もしばらく、「その歳で、なんでまだ結婚しないんだ？」という質問が度々なされてきたが、数年前からようやく聞かれなくなった。それは私が結婚したからである。けれども、10代のモーケン男性のように、家族を安定的に養えるようになったかといえば、そうではない。結婚するのも難しいが、結婚生活を維持することの方がよっぽど困難というのが、現代の〈定住民〉である私の実感である。

10代で結婚し、2歳になる男の子を育てる女性

モーケン社会では比較的遅く結婚したグーイとその娘

第 2 部

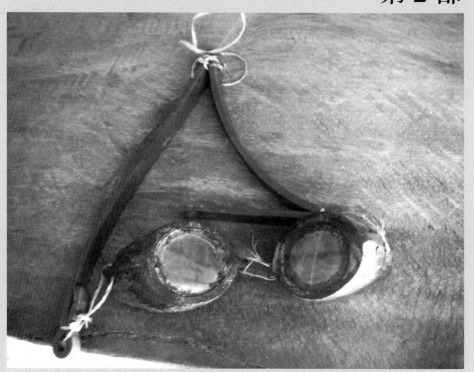

糸満漁師のミーカガンを原型としたと考えられるモーケンの水中メガネ

津波被災前の生活世界

第5章
移動小史
──1825年から1970年代までを中心として

　いつからモーケンはアンダマン海域で生活するようになったのだろうか。モーケン研究の第1人者であるナルモンの見解［Narumon 1996：40］では、16世紀には既にモーケンは同海域で暮らしていたという。彼女がその根拠とするのは島の名前である。今日スリン諸島として一般に知られる島嶼は、モーケンの間ではポラウ・ラタ（*Polau Lata*）と呼ばれるが（**表5-1**）、アラブ人の古い記録や16世紀のポルトガル人による海図にランタ（Lanta）という記載が見られるのである。現在、タイのクラビー県に同名の島が存在するが、その島はアラブ人の記録にはジャヌブ・ランタ（Janub Lanta）と別の場所として記載されているので、同一の島ではないことがわかる。

　また、近年観光客が多く訪れ、特にダイバーに人気のあるシミラン諸島は、モーケンの間ではポラウ・センビラン・シャム（*Polau Sembilan Siam*）として知られるが、1490年に書かれたアラブ人の記録の中で、同島はプラウ・サンビラン・シャム（*Pulau Sambilan Siam*）として記録に残されている［Tibbetts 1979：237］[2]。これらのことから、500年以上前に使用されていた地名が、モーケン社会の中で今なお使われ続けていると推測することができ、15世紀後半にはモーケンがアンダマン海域で暮らしていたと考えられるわけである。

　地名を根拠とする以外にも、モーケンの存在を示唆する記録が残されている。1783年8月8日の夜中、イギリス東インド会社で働いていた航海士フォレスト（Thomas Forrest）が、アンダマン海を航海中にバダ島（Bada Island or Sir W. James Island、現プロプダ島）において遠火を視認しており（**図0-2参照**）、この島に住民がいることを伝えているのである［Forrest 1792：13］。「住民」が誰であったのか確認はされ

1　現在、スリン諸島のモーケンの間では、ポラウ・ラン・シャム（*Polau Lan Siam*）と「センビ」の部分が省略されて呼ばれることが普通である。

2　引用文献には、アラビア語とともにローマ字が併記されている。有識者から、アラビア語にはP音がないという指摘を受けたが、ここでは文献に書かれているローマ字をそのまま載せた。

表5-1　アンダマン海域の島の名称対照表

英名(島名+Island[s])	ビルマ・タイ名	モーケン名(ボラウ+島名)
Elphinstone	ドン	ドゥン
Domel	レツォク・アウ	ランガン（またはジャイート）
Bentink	ピン・サ・ブ	ダファン（またはジェンゴ）
Kisseraing	カンマウ	ヤーンゴ（またはバディアン）
Clara	クン・ミー・ジー	ウウィ（またはルイ）
Sullivan or Lanpi	クン・タン・シェー	ラビ（またはレビ）
Sir W. James	プロブダ	ヤーウィ（またはニャーウィ）
Great Swinton	ピラ	プラウ（またはプラオ）
Lord Loughborough	ジャー・ラン	ヤーイラム
Hastings	サデッンゲ	ターポー（またはコマット）
St Matthew	サデッチー	チャディアック
Davis	ザン	ネーマン
Christie	―	ルートゥン
Victoria Point	カウタウン（ビルマ）	トゥア
	コ・ソーン（タイ）	
Surin or Chance	スリン	ラタ
Payam	パヤム（古くはピヤム）	ピヤム
Ra	ラ	ブフンスン
Phra Thong	プラトーン	マーンガ（またはカラン）
Similan	シミラン	センビラン・シャム
Phuket	プーケット	トーカー

ていないが、当時のアンダマン海島嶼地域における居住状況を考えると（本章第1節1. の［Hamilton 1828］の記述を参照）、モーケンであった可能性は高いであろう。

　モーケンの存在を確実に認められるようになるのは、前章で紹介したように、モーケンが民族名称とともに歴史に登場する1825年のことである。それから今日に至るまでの約200年間に、モーケンに関する記録は数多く残され、これまでに膨大な情報が蓄積されてきた。本章は、それらの資料を駆使し、また聞き取りによって得たデータを用いることで、モーケンの歴史の概略を再構成することを目的とする。その際に、モーケンが海民として生きてきた中で、過去から現在に至るまで最も重要な結び付きを示す「特殊海産物」に注目したい。

第5章　移動小史——1825年から1970年代までを中心として

写真5-1　高瀬貝を持つモーケンの男の子

写真5-2　バケツに入ったフカのヒレ

　特殊海産物とは、ナマコ（口絵を参照）、夜光貝、鼈甲（タイマイの甲羅）、ツバメの巣、白蝶貝（真珠の母貝の一種）、高瀬貝（写真5-1）、フカのヒレ（乾燥させたサメのヒレ）（写真5-2）、蜜蝋、香木、香料、オウム、ゴクラクチョウなどの、熱帯地域で捕れる南海の産品であり［鶴見 1999：182］、基本的には自家消費されることは少なく、主に華人市場に向けて輸送される資源を指す［鶴見 2000］。モーケンがアンダマン海域で暮らしてこられたのは、これら特殊海産物を陸地民と物々交換、あるいは換金してもらうことで食糧や衣類、それに生活必需品を入手することができたからである。これまでに残されたモーケン関連の文書には、特殊海産物に関する情報も揃って記載されていることが多いため、特殊海産物の記録を追うことは、モーケンの歴史を整理するのに役立つだけでなく、アンダマン海域におけるモーケンを取り巻く社会状況の変化を跡付けるのにも有用な方途であると考える。

3　特殊海産物という言葉が使われているが、必ずしも海産物とは限らない。村井［2009：100］のように、南海産品と呼ぶべきかもしれない。

第1節 植民地期

1. 多民族との接触——マレー人の脅威

　ビルマがイギリスに植民地化される前年（1825年）に、チャルーン族として文書に残されたモーケンは、その当時からナマコ、蜜蠟、真珠、竜涎香を採捕していたことがわかっている［Maingy 1928 (1825)］。第1次英緬戦争中のイギリス人官吏は、ビルマに関するあらゆる情報を収集しており、メルギー周辺の海域で特殊海産物の採捕に従事しているモーケンの姿も書き留めていた。そこには、城市のメルギーを支配していたビルマ人知事（Miew-woon）に対して、モーケンが租税を納めていたことが綴られている。ドニー（Dony）、チー（Tsyee）、サンブ（Sambu）という3ヵ所に[4]、それぞれ20世帯が暮らすモーケン村落があり、各村落は蜜蠟を約50kg（30 viss）と50枚のマットを毎年納めていたという［Maingy 1928 (1825)：6, 8, 12］。また、仲買人[5]がハンカチーフ等を渡すことで、モーケンに真珠を採捕させていたことや、年間を通してモーケンによってメルギーにもたらされるナマコの量は、およそ1万6500kg（1万viss）にも達していたことが記されている［Maingy 1928 (1825)：8］。

　1828年にも、次のような記録が残されている。なお、傍点はすべて筆者による。

　　　（モーケンは）メルギーのあちらこちらで見かけるが、マレー人の海賊に捕まらないようにするため、絶えず移動している。北東モンスーンの間は、彼ら（モーケン）は自分たちを捕まえて奴隷にしようとするマレー人、ビルマ人、シャム（タイ）人を避けるために、ツバメの巣やナマコがよく捕れる島々から離れざるをえない。……彼らの家は船であり、海岸に集落を形成することも耕作することもけっしてない。彼らの主な仕事は、ナマコやツバメの巣などの島々の自然から生み出されるものを採捕することである。それ

---

[4] 文書の内容からはわからないが、メルギー周辺に浮かぶ島嶼名の可能性がある。モーケンの中に、当時既に陸地に定住していた集団がいたのか、あるいは従来よく見られたような、南西モンスーンの時期（雨季）のみに一時的に形成される村落なのかは不明である。

[5] 文書にはcontractor（請負人）とのみ記述されており詳細は不明である。おそらく、沿岸域で海産物と生活用品を物々交換していたbroker（仲買人）のことだと思われる。

を華人と物々交換することで、メルギーから運ばれてくる服やその他の物品を得ている。……これら放浪者を除いて、メルギー諸島にはほぼまったくと言ってよいほど住民は見あたらない。[Hamilton 1828：226]

　モーケンは19世紀初頭において既に、華人を相手に物々交換をしていたことがわかる[6]。また、メルギーを中心とするビルマ領アンダマン海域において、ビルマ人だけでなく、マレー人やタイ人からの接近を避けていたという記述からは、アンダマン海域が比較的自由に開かれており、船で往き来することが可能であったという当時の社会状況を読み取ることができる。見方を変えれば、政府による海域管理が十分に行き届いていないために、ビルマ人以外の民族もメルギー周辺地域に入りこみ、社会的少数派に対して一方的な力を行使することができたと解釈することも可能であろう。
　次の文章は、テナセリム管区長官がブロードフット（Broadfoot）であった時代の、ウェイド師（Rev. Mr. Wade）による1843年頃の記録である。

　　（モーケンとは）メルギーからペナンの間にある島々に住む1つの人種であり、（彼らは）知識も文明化の程度もカレン人よりはるかに低く、華人やマレー人、それに周辺のすべての部族から見下され、ぞんざいに扱われ、（物資を）収奪されている。生計を立てる唯一の手段は漁撈であり、マットも作っている。[Mason 1860：100]

　この記録からも、当時のアンダマン海域において、モーケンは他民族から白眼視され、不当な扱いを受けていたことが窺える。特に、マレー人の海賊[7]はモ

---

[6]　中国では、清代から乾燥ナマコ（海参、イリコ）を食す文化が普及しており、18世紀後半には乾燥ナマコ以外にも、ツバメの巣（燕窩）やフカヒレ（魚翅）などの乾燥海産物が中国全土で珍重されるようになっていた［赤嶺 2010：167］。そのため、アンダマン海域以外でもかつて、オーストラリアのアーネムランドにおいて、マカサーン（南スラウェシの出漁者）がアボリジニーと協力してナマコ漁に従事していたという話［Macknight 1972；cf. 鶴見 1999：81-88］がある。このことは、19世紀前半において、オーストラリア北海岸で華人資本によるナマコ漁が行なわれていたとする、シンガポール駐在官クローファードによる見聞［Crawfurd 1856：231］とも重なる。

[7]　ここで言及されているマレー人の海賊は、造船術や航海術に優れ、東南アジアの広域で海賊行為を働いていたブギス人の可能性がある。

ーケンにとって脅威の存在であったことが、前述したハミルトンの記録からもわかる。モーケンがどの程度マレー人を恐れていたかどうかは、彼らが語る家船居住の起源説話からも推察できる。それは次のような内容である。丸括弧内の島名は、現在の一般的な呼称である。

> ずっと昔のこと、私たちの祖先はビルマ本土やマレー半島北部の海岸で定住生活を送っていました。その後、北からはビルマ人の山地民、南からは海賊のマレー人という、どちらも野蛮で無法者の脅威が押し寄せてきたのです。彼らがやって来るときはいつでも物を奪い、殺し、われわれモーケンを村落から追い出してしまうのです。私たちは争いを好みません。だから、私たちは内陸にあった村を捨てて沿岸部へ向かい、ついには浅い海を渡ってメルギー諸島まで移動し、マシュー島（ザデッチー島）やルーク島（ザデッンゲ島）のような比較的大きい島に1つ2つの村落を作りました。しかし、再びマレー人の海賊に迫害されました。彼らは強盗、殺人を行ない、何人かの仲間を奴隷にしていきました。北東モンスーンの季節の間は、これらの島々の周辺海域でマレー人が帆走し、海賊行為をはたらくのです。私たちはもはや、このような攻撃に耐えることはできませんでした。マレー人の海賊から攻撃を受けやすい天候が穏やかな季節（北東モンスーン期）においても、すぐに逃げられるように、家族が入れる大きさの船を造ることを決心したのです。最終的に、島の上に居住場所を見つけることはできなくなり、私たちが今そうしているように、ずっと船の中で生活するようになったのです。この湾（Casuarina Island、カウタウン近くにあるいずれかの小島の湾）には、南西モンスーンの影響により、ビルマ人や華人と物々交換するためのナマコや夜光貝、それにツバメの巣を確保できなくなったり、食糧が尽きたりした際に食べ物を探すため、あるいは小屋を建てるためにやって来ます。[Ainsworth 2000 (1930)：21-22]

上記の語りは、材木ビジネスに着手したイギリス人アインスワース（Leopold Ainsworth）が、雇用したモーケン男性から聞き取った内容である。このモーケンは「相当数のタイ語とわれわれ（イギリス人とマレー人雑役夫）がまったく理解でき

ない他の言葉を混ぜた、かなりくだけたアクセントのあるマレー語」［Ainsworth 2000 (1930)：16］を話したという。アインスワースはマレー語の運用能力を身につけていたので、語りの内容はマレー語によるものだと考えられる。

「すぐに逃げられるように」船を造ったと語っているが、マレー人の海賊に見つかれば、追いつかれて攻撃されてしまうようにも思えるのだが、そうではない。マレー人の船だと座礁するような、浅瀬を渡れる小船を造ったことに意味がある。モーケンを探索するために、アンダマン海域を石油発動機付きのスクーナー船で移動した民族学者ベルナツィークは、次のような感想を漏らしている。

　　島の間を航行するのは、やさしいことではない。強い潮の流れがあって、水路の多くは満潮時しか通れない。広い砂州が海中に突き出ているかと思えば、あちらでは暗礁かマングローブの湿地があって、水路をふさいでいる。モーケン族がどうしてあんなにたやすく小船で逃げることができるのか、すぐにわかる。われわれの船は、そんなに大きくはないが、それでも水路の多くは、われわれには通れず、入江の多くは近づくことすらできない。
　［ベルナツィーク 1968 (1938)：13］

第3章第4節2. で述べたように、アンダマン海域の海洋環境は「浅くて穏やかなサンゴ礁の海があること」に最大の特徴を見出せる。入り江やラグーン、湾、砂州、島など、海からの波風が直接当たりにくい地形が多く、マングローブが繁茂する同海域は、モーケンにとってマレー人から身を隠すための適地であった。

マレー人の海賊が闊歩する北東モンスーン期（乾季の11から4月）は、彼らの帆船が近づけないような浅瀬でナマコ等を採捕し、人目につきにくい入り江に家船を停泊する。そして、海が荒れる南西モンスーン期（雨季の5月から10月）にはマレー人の帆船は見られなくなるので、島に堂々と小屋を建てて、食糧を探し

8　1900年代初頭におけるモーケンとマレー人との関係は、アンダマン海の南部（タクアパーからサデッチー島）でより深く、北部（ランピ島からカダン島）へ向かうほど浅かったようである。アインスワースがランピ（サリバン）島とレツォク・アウ（ドメル）島を訪れ、カンマウ（キサレイン）島海域を周遊した後に、レツォク・アウ島で暮らすモーケンがマレー語をほとんど話さないで多くのビルマ語を取り入れているのに対し、南部のモーケンはマレー語とタイ語を多く使用していると記録に残している［Ainsworth 2000 (1930)：86］。

て暮らす。そんな季節周期的な暮らしを送っていた。

　上記の他にも、マレー人に関連する記述が1846年（出版は1883年）に残されている。

> 　私がランピ島のサロン（モーケン）を呼び集めた目的の1つは、彼らが非常に恐れているマレー人の船が、この乾季の間にやって来たかどうかを確かめることであった。これら臆病で無抵抗な人びとが、乾季の間攻撃も受けずに、ナマコ採集を何の妨害もなく無事に続けていることを知り嬉しくなった。……彼らによるナマコ採集は収益効果が見込まれない……しかし、南西モンスーン期の仕事で作られる少量のマットを除いては、ナマコが彼らにとって唯一の収入源となっている。ナマコは北東モンスーン期の大潮の干潮時に採捕される。[Durand 1883; cf. Mason 1860：101；Anderson J. 1890：6]

　以上に並べた記録から、モーケンは華人、マレー人、ビルマ人、タイ人、カレン人、それにビルマやマラヤを植民地下に置いていたイギリス人と隣合わせの環境下に暮らし、時に周辺民族に怯えながら北東モンスーン期（乾季）に特殊海産物を採捕していたことがわかる。ただし、蜂蜜を探していたときにカレン人と邂逅し、斧をもらったモーケンの逸話 [Anderson J. 1890：11-12] や、引用したイギリス人の文章内容から判断すると、モーケンはカレン人とイギリス人とは比較的友好的な関係にあったと思われる。

　ただし、モーケンを取り巻く人びとはこれだけではなかった。イギリスによるビルマの植民地化が始まると同時に、アメリカン・バプテストの宣教活動がビルマで活発となっており、1846年には46人のモーケンが洗礼を施されたという報告 [Anderson J. 1890：7] からも、アメリカ人と接触機会を持つモーケンがいたことがうかがえる。また、アインスワースのもとで、モーケンがビルマ人、タ

9　アメリカ人によって直接的に宣教されたのかどうかは不明である。なお、ビルマにおけるアメリカン・バプテストの宣教活動を開始したのは、前章第1節2.でも紹介したジャドソン（Adoniram Judson 1788-1850）である。ジャドソンによって改宗したビルマ人はカレン人への布教を行ない、その中で改宗したメンバーの1人にナウ・ラ（Naw Lah）という女性がいた。彼女の曾孫の子どもにあたるナウ・セイ・ベイ（Naw Say Bay）は、1973年からメルギー諸島北端に位置するドゥン島のモーケン村落に住み込み、モーケンへのキリスト教の布教と同時にビルマ語の読み書きを教えてきている

イ人、マレー人、華人、インド人(タミル人、テルグ人)に交じって材木伐採・運搬の仕事に従事していた記録(年月日の記述がなく確認できないが、おそらく1920年代の話)[Ainsworth 2000 (1930)：72]や、華人だけでなくアラブ人にも雇われて、真珠、竜涎香、ウミガメの卵を採捕していたという話(1930年代)[Collis 2005 (1953)：215]がある。次の文章は、1930年代のメルギーの様子を綴ったものである。

　　これが今日のメルグイ(メルギー)である。この都の波乱に満ちた過去は、その住民の多彩な民族構成の中にいまなお生きている。タイ人とマライ(マレー)人、ビルマ人と中国人がいる。中国人は真珠採集を手中に握り、金持ちのアラビア(アラブ)人は、ムーア人の様式を想い出させる長方形の煉瓦の家に住んでいる。毎月何千人とインドから流れ込んでくる苦力(クーリー)が多数いる。[ベルナツィーク 1968 (1938)：7]

　アンダマン海域で暮らすアラブ人は、ポルトガル人バルトロメウ・ディアスが喜望峰に達した1488年以前、何世紀にもわたって陶磁器や中国の物品を紅海やペルシャ湾に運んでいた人びとの末裔にあたる[Collis 2005 (1953)：214]。第3章第4節のアンダマン海域の歴史的背景で説明したように、インド洋にアラブ系の商人が進出してきたのは7世紀末から8世紀初頭の頃である。テナセリムを中心とするアンダマン海域の港市で、モンスーンの風待ちをする中で住み着いた者がいたと想像できる。
　アンダマン海域で育まれた豊かな自然環境と長い歴史の中で、モーケンは実にさまざまな人びととかかわり合って生活していたことが確認できる。

2. 阿片をめぐる仲買人との関係——華人とマレー人の方便

　モーケンが接触していた他民族の中でも、特殊海産物の採捕活動に密接な関係を持っていたのが華人とマレー人である。次の文章は、1890年代におけるモーケンの対華人・マレー人関係をわれわれに教えてくれる。

　　[Koh 2007]。アメリカ人からビルマ人、ビルマ人からカレン人、そしてカレン人からモーケンへの布教が長い時間をかけてなされたことを確認できる。なお、1963年にバプテスト派が発行した自派の年代記の内容から、1960年頃には既にモーケンへの布教活動に着手していたことがわかる[Sowards 1963：427]。

> （モーケンは）船を住まいとし、島から島へと移動しながらナマコ、魚、食用の貝、蘇芳（すおう）、亀、貝殻、真珠、それに蜜蠟を採捕し、本土から船でやって来る華人やマレー人と物々交換することで米、酒、阿片、綿布を得ている。
> [Bird 1897：225]

　モーケンが特殊海産物を華人やマレー人に渡すことで、食糧や服を入手していたことがわかる。当時の物々交換の内容を伝える、何の変哲もない記録のようにも思えるが、実はモーケンと華人、あるいはモーケンとマレー人との関係性を探る上で鍵となる情報がここには記載されている。それは物々交換によって華人やマレー人から渡される阿片である。次に引用する文章は、モーケンと華人のかかわり合いをより詳しく伝えている。

> （モーケンの間では）お金の価値は一般には知られておらず、ルピーやアンナ（当時のインドで使われていた通貨単位）による支払方法があるにもかかわらず、米、塩干魚、土製調理鍋、ナイフ、そして近年では服を報酬とすることで物々交換が行なわれる。島では華人が地酒を違法に製造しており、物々交換で与えられる……天気の良い間、海が周囲にある限りは彼ら（モーケン）が絶えず休むことなく動いているのを、（マレー半島）西側の遠く離れた島々で見かける。サロン（モーケン）が野営するすべての場所には、蜜壺に群がる虫のように華人がいることを確認できる。（華人たちは）コウモリの翼の形をした独特な帆を備えた、自ら所有する帆船で何ヵ月もの間彼ら（モーケン）と共に移動し、さまざまな苦労や危険を共にして過ごしている。物々交換が行なわれると、米やその他の物資を積んでいた船は夜光貝やナマコ、その他の海産物でいっぱいになる。それらの海産物はメルギーにいる商人のところで売られ、売り上げの一部は米や魚などの他、銀でも支払われる……サロンは島から島へ、岬から岬へ絶え間なく移動して暮らしており、彼らを元気づけるものは何もなく、将来に何かを求めるということもない。外部の世界から入ってくる情報は皆無であり、地元の事情でさえまったく知らない。ただ唯一華人の親分と彼の船を漕ぐ者2名が後方にくっついて

おり、常に米や酒、それに阿片を渡す用意をしている。[Carrapiett 1909：14-15]

　華人商人が、モーケンと行動を共にすることで特殊海産物を独占的に確保していたことが伝えられている。そしてここでも、物々交換の品目に米や酒の他に阿片が混じっていることを確認できる。このような取引関係は華人とだけでなく、マレー人との間にも見出せる。

　　彼は≪海産物貿易会社≫の代理人のマライ（マレー）人だ……このマライ人が数ヵ月間、彼の帆船にモーケン族を伴って、彼らの漁場をたどり、良きにつけ悪しきにつけ、運命をともにしていることを（ベルナツィークが）知る。彼の船は、モーケン族が彼のために採集する黄檀（白檀の芯材部分だと思われる）、貴重な林産物、真珠、真珠貝、ありとあらゆる貽貝と巻貝、ナマコ、食用の鳥の巣（ツバメの巣）などでいっぱいだ。それらとの交換に、彼はモーケン族に、米や塩干魚や阿片を与えているのである。これは、全メルグイ（メルギー）群島に特徴的な現象なのだ。モーケン族のまとまった集団があるところは、ほとんどどこでも、マライ人か中国人が、密壺にたかる蜂のようにたかっているのだ……彼ら（モーケン）は常に、より高度の文明を持つ民族の圧迫にさらされていた。中国人貿易商や定期的に遠征隊を送り込むマライ人の奴隷狩り業者や、タイ人の海賊は、何世紀もの間に、彼らを現在のような極度で、神経質な民族に仕立て上げたのだ……しかしながら彼らは、たった1人きりの中国人ないしマライ人に対しては忠実であり、彼らはその船がやってくると遠くから見つける。彼らは、その中国人かマライ人にしがみつく。というのも、彼の存在が、モーケン族を迫害するかもしれない第三者から守ってくれるからだ。［ベルナツィーク 1968 (1938)：20-21］

　マレー人の商人も華人商人と同様に、モーケンと海上生活を送ることで特殊海産物を獲得していた。上の文章からは、マレー人の中に、前項で取り上げた略奪行為をする海賊とは別に、物資を与えることでモーケンを隷属的立場に縛り付ける商人もいたことがわかる。華人商人やマレー人商人は、海賊からモー

ケンを遠ざける「守護者」の役割を担っていた。しかし、モーケンが彼らと一緒に生活していたのは、外敵から身を守れるからという単純な理由だけではない。そこには阿片が深く関わっていた。

> 彼（華人商人とマレー人商人）は、モーケンを阿片常用者にしてしまう。そうすれば、絶対不可欠のものとなったこの薬を得るために、モーケン族の男たちは正価の何分の一かで、しばしば貴重な海産物を採取してきて彼に渡すのである。普通、彼はまたモーケン族の少女を妻に娶る。彼は、この原住民の中では、親族関係がきわめて重要であり、実際、それがモーケン族がそもそも認める唯一の絆であることを知っているからである。[ベルナツィーク 1968 (1938)：21]

つまり阿片は、商人がモーケンとの関係を維持するのに大きな威力を発揮していたのである。阿片常用者となったモーケンは、阿片を吸飲せずにはいられなくなり[10]、それを入手するためには潜水漁を繰り返し、商人が求める特殊海産物を捕り続けるしかない。また、抜け目のない華人商人はモーケン女性を妻にすることで、単なる商業的なものではない人間関係をモーケンとの間に築くことに成功していた。阿片と親族関係に支えられて、華人やマレー人の商人は特殊海産物を安定的に得ることができたのである。

華人が阿片を交換物としていたことは、他の者による記録でも度々紹介されている。たとえば、メルギー諸島でモーケンに対する布教活動を行なっていたイギリス人宣教師ホワイト（第2章第1節、第4章第1節2. で紹介したホワイトと同一人物）は、1911年2月14日付の日記に次のように記している。

---

10 モーケン社会には「阿片吸飲者の物語」という口頭伝承がある。それは次のような内容である。「裕福な夫婦と1人息子がいた。その息子は阿片を多量に吸飲するせいで家族は貧乏になってしまい、親は息子に阿片吸飲用パイプを持たして家から追いだした。息子は密林にある巨人たちの住む村に入り込んだ。巨人からは村から出ていかなければ喰うぞと注意されたにもかかわらず、知らぬ顔で阿片を吸飲した。阿片吸飲者に会ったことのない巨人は煙を吸う彼に慄き、貴重な贈り物を渡して、村から出るよう促した。彼はそれを受け取って両親のもとに持っていき、家族は再び裕福になった」[ベルナツィーク 1968 (1938)：68-69]。

この連中（華人）は群島のあいだに住んでいて、モーケンを自分たちのために無理に働かせるのである。モーケンによると、彼ら（華人）は言うことを聞かねば殺すと脅してくるらしい。彼らは代償の一部を阿片で支払う。この連中のうち、少なくとも2人は（政府が発行する阿片売買のための）鑑札を所有していない。……阿片を飲めと無理強いされるので、彼らはそれを飲まねばならぬ。さもなければ死ぬであろう。華人たちが飲まねば殺すというのであるから。[White 1997 (1922)：113]

彼の日記からは、阿片を強制的に吸引させられることで、華人商人たちの「奴隷」と化しているモーケンの姿を読み取れる。実は以前からも、モーケンによる阿片吸飲は植民地政府官僚にとって悩みの種であったらしい。1860年にメルギー管区の副長官メンジーズ（H. C. Menzies）がテナセリム管区長官に対して、華人がモーケンに阿片を渡すことを禁じるべきだと忠告している[Anderson J. 1890：8]。民族学者ベルナツィークも、商人がモーケンに阿片を渡すことを問題視しており、阿片の販売権を政府のみに限定し、商人たちが阿片を扱うことを認めないようにするべきだと提言している[Bernatzik 1939：27]。

ただし、商人と一口に言っても、モーケンへの対応は人によって若干異なっていたようである。ホワイトが糾弾する「華人連中」の中には、彼自身がモーケン調査でお世話になったウー・シュエ・イー（ホワイトはU Shwe I [White 1997 (1922)]、オコーナーはU Shway E [O'Connor 1928]と記述）というメルギー周辺のモーケンと親密な関係を築いていた商人がいるが、彼に対する西欧人の評価は総じて好意的なものである。たとえばホワイトは、「彼（ウー・シュエ・イー）がまず私をマウケン族（モーケン）に引き合わせ、次には彼らの間に売り込んだ自分の顔を利用して私の計画を助けてくれるなどいろいろと私のために骨折ってくれたことに対しては、実際感謝せずにはいられない」[ホワイト 1943 (1922)：77]と謝意を表し、「マウケン族に対する彼の言葉の穏やかさは、実に見ていて人を打つものがある」[ホワイト 1943 (1922)：86]と感銘を受けさえしている。オコーナーも、「銀髪の辮髪をした礼儀正しい老人」[O'Connor 1928：237]と紹介している。

実はこのウー・シュエ・イーという男性は、アンダーソン（John Anderson、第4章第1節第1項で紹介）のモーケン調査に協力したり、1891年にはイギリス政府

のためにモーケンの人口調査を無償で引き受けたりした人物で[11][O' Connor 1928：237；ホワイト 1943 (1922)：85]、モーケンについて情報を得たいイギリス人は誰でも、彼のもとに訪ねてきたという[O' Connor 1928：237]。だが訪問者はイギリス人だけではない。下記の文章からは、食糧を求めて多くのモーケンが彼の家に来訪していたことがわかる。

　　マウケン族（モーケン）が思い切ってメルグイ（メルギー）までもやって来るのは、悪天候が続いて飢えた時、彼のところへ食物をもらいに来るのである。身を以って飢えを経験したことのない人びとには、飢えとはいかなるものかとても分かるまい。5月から9月にかけてほとんど連日のように、幾人かのマウケン族がこの支那人（ウー・シュエ・イー）の家の露台のしたに雨宿りして食物をもらっているのが見受けられる［ホワイト 1943 (1922)：85-86］

　他の華人商人と同じようにウー・シュエ・イーもまた、モーケンに特殊海産物を採捕させて利益を得ていた人物ではあるが、ホワイトが言及した「言うことを聞かねば殺す」ような商人ではなかったようである。ウー・シュエ・イー自身、「（物々交換の際に）彼ら（モーケン）に酒を渡すことはけっしてない」［O' Connor 1928：237-238］と述べるように（阿片については不明だが）、ウー・シュエ・イーはモーケンを無理に働かせるような暴虐非道な商人ではなかったように思われる。もちろん、彼を商人として代表させることはできないが、いずれにせよ、当時の華人やマレー人の商人がモーケンにとっていかに大きな存在だったかを窺い知ることができよう。モーケンと華人商人、あるいはモーケンとマレー人商人という二者間を、強力に結びつけていた介在物は阿片・特殊海産物・女性であった。

11　当初から無償が条件であったわけではない。調査報告書に、「（人口調査で）彼（ウー・シュエ・イー）の費やした経費は支払われる約束だったにもかかわらず、彼は全額報酬を拒絶した」と書かれている［ホワイト 1943 (1922)：68］。このことから、イギリス政府による命令で強制的に調査が実施されたのではなく、自発的に行なったことがわかる。

第2節　第2次世界大戦期——日英軍の戦闘の影響

　1939年に入ると第2次世界大戦が始まり、アンダマン海域にもその影響が及んだことで、モーケンは新たな外部者との接触を持つことになった。それは日本人である。ホワイトが著した民族誌（1922）を邦訳した松田銑は、その「訳者のことば」において大変興味深い記述を残している。少々読みにくいが、原文のまま以下に載せる。ただし、ルビと傍点は筆者による。

　　之が所謂メルグイ群島であつて、今こそ皇軍の赫々（かっかく）たるビルマ作戦に関聯（かんれん）して多少人の耳に入るやうになつたが、本來世界交通路の裏通りに位する忘れられた島であつた。……我が國は今後大東亞共榮圏の盟主として大東亞の諸民族を指導して行く重い責務を荷つてゐるが、その諸民族の中にはマウケン族のやうな未開の民族が多數（たすう）に交つてゐる。さすれば共榮圏の正しい發展（はってん）の爲に未開民族の研究は今後いよ〵重要の度を加へて行くであらう。……私たちは本來東洋民族である。ウアイトが如何にしても知ることが出來なかつたことを知り得、ウアイトが如何にしても達し得なかつた深さにまで愛し得るであらう。そして私たちが彼等の爲に描く「將來（しょうらい）の可能性」もウアイトの描いたそれとは全然別種の、より高度のものと成るであらう。
　　私が原書 W. G. White 著 The Sea Gypsies of Malaya ≪Seeley, Service & Co. 1922≫の飜譯（ほんやく）を試みたのも切にそれを念じたからに他ならない。拙譯（せつやく）が多少なりともその方面に貢献し得るならば喜び之に過ぐるものは無い。[松田 1943：13-17]

　松田が記述したメルグイ群島とはメルギー諸島を表し、マウケンとはモーケンのことであり、ウアイトとは原著を著したホワイトのことを指している。この訳書が出版されたのは1943年8月であり、ビルマが日本軍保護下の独立を与えられた同年同月のことであった。日本における「大東亜戦争」期と重なり、日本が指導すべき諸民族の1つとしてモーケンは「発見」されたのであった。

私の複数の年長者へのインタビュー（2006年実施）によると、日本軍は女性を見つけると性的暴力を振るうという噂がモーケンの間で広がっており、日本軍の艦船が村落近くに迫って来た際は、モーケン女性は一斉に森の中へ逃げ隠れたという［鈴木 2008a：72-73］。またある男性は、日本軍がモーケン村落に船を係留し、村の所有物であるヤシの葉を大量に切り落とし、敵軍に居場所をさとられないようにするため、その葉を使って船を覆い隠していたことを語った［鈴木 2008a：73］。

　その後の聞き取りによって得た新しい情報もある。次の語りは、ドン島に生まれ、現在はスリン諸島に暮らす年長者スナイ（Sunai）によるものである。

　　ドン島で生活をしていた小さい頃に戦争（第2次世界大戦）が起きた。（戦時中の）一時期、メルギーには日本人がたくさんおり、市場には日本の通貨が流通していた。当時、親が採捕したナマコや夜光貝を売りに行く場所はメルギーで、中国人（仲買人）との取引で日本円が渡されたくらいだった。記憶ではたしか、日本円には穴が開いていた。

　　おじいちゃんたちが語ってくれた話では、日本軍には人手が足りていなかったそうだ。人員不足をイギリス軍にさとられないようにするため、日本軍は艦船に大量の猿を乗せていた。軍人1人につき10匹の猿を引き連れていて、すべての猿の腰には銃弾を身につけさせていたそうだ。イギリス軍は日本軍の戦闘機を乗っ取り、それに乗って怪しまれることなく日本軍の艦船に近づいて、爆弾を落として猿を含む日本軍を全滅させたと聞いている。

　タイのパンガー県からビルマのドン島やメルギーに及ぶ、アンダマン海域の広範囲にわたって、日本軍が活動していた時期があったことを確認できる。また、ナルモン［Narumon 1996：54］も、数人のモーケンから、イギリス軍がスリン諸島・南スリン島の山頂部に偵察所を置いた話を聞いている。このような偵察

12　話し手の男性が言及している村はラ島の向かいにあるタイ本土に位置するトゥンナンダム村である。100年程前に陸上がりした陸モーケンによって形成されたらしいが、現在ではムスリムのみが暮らしている。
13　2008年3月4日にスリン諸島ボンヤイ村で行なったインタビューによる。

所は、日本軍の動きを監視するためにアンダマン海域各地に設置されていたと考えられる。

他にも、日英軍の戦争中に素潜りで貝類を採取していたモーケン男性が、「流れ弾」に当たって死んだという話も記録されている［鈴木 2008a：74］。語った人物は、死亡した男性の孫にあたるが、彼には弾がイギリス軍によるものだったのか、日本軍によるものだったのかはわからないという。しかしながら、先に登場したスナイは、発砲したのは間違いなく日本軍であると断言する。彼によると、西洋人（*orang khula*、ここではイギリス軍）[14]はモーケンをけっして撃たなかった。イギリス軍はビルマ人と手を組んでおり、日本軍は海上でビルマ人を見つけるとすぐに発砲していたので、「流れ弾」に当たったモーケンも、ビルマ人と間違われて撃たれたのだろうと推測する。[15]

そのような銃弾が飛び交う状況下では魚も捕れないので空腹に苦しみ、交換材料も入手できないために十分な衣服も手に入らなかった。そのことに関連して、仏人研究者ジャック・イヴァノフは気になるエピソードを紹介している。日本軍の制海圏にあったビルマ領マシュー（ザデッチー）島で暮らしていたモーケンの話である。戦時中の不自由な生活に我慢ができなくなり、6人のモーケンはある晩、3隻の船に乗りこみ海上へ出ることを試みた。日本軍の管制下にあった海域をうまく抜けることができたのだが、それと同時に、海底から巨大な化け物が浮上してきたという。それはイギリス軍の潜水艦であった。モーケンの船は沈み、彼らが意識を取り戻した時には潜水艦の中におり、見慣れない顔に囲まれていた。潜水艦に乗っていたマレー語話者の通訳を介して事情を説明すると、イギリス人はこれを理解し、モーケンを「仲間」として軍に引き入れた。その後、モーケンは日本軍の船が取りうるあらゆる航路や水路について詳しく説明したり、爆弾を戦闘機に積載したりする仕事を経験した［Ivanoff 1997：21］。その一方で、ビルマ領において日本軍のために仕事に従事したモーケンもいるというが［Ferrari et al. 2006：25］、詳細な情報は残されていない。

ここで確認したい点は、第2次大戦中にモーケンは、海にほとんど出ることが

---

14 *orang khula*は、モーケン語で「見慣れない人」を指す。主に西洋人に対して用いられる。
15 門田修［1997(1986)：50］は、海民サマの老人から戦時中の話を聞いている。海に出ればたちまちスパイ容疑で日本軍に捕まり、場合によっては斬首されたので、海に出漁できる状態ではなかったらしい。第2次大戦中の日本軍が、多くの海域で残酷な行為を働いていた可能性がある。

できず、漁撈活動がままならなかったということである。戦時においてモーケンは、特殊海産物の採捕の制限を余儀なくされた。日英軍による海上の戦闘によって、モーケンの漁撈活動（特に潜水漁）が阻まれていた時代があったという事実を確認しておきたい。

第3節　戦後期

1. 越境する海民

　日本が敗戦して戦争が終結すると、アンダマン海域に平和が戻り、モーケンは再び海にかえり特殊海産物の採捕活動に勤しんだ。また終戦にともない、マレー半島西岸一帯で鉱山開発が一斉に進められるようになった。ビルマ人やタイ人が鉱山労働に従事するようになり、モーケンもこれに加わった。イギリス人鉱山技師のコルメリー（F. N. Cholmely）はモーケンを雇い、1946年から1947年にかけて、メルギー諸島南部において鉱山を開拓する適地を探したという［Ivanoff 1997：59］。前節で取り上げたスナイも、戦争が終結した後ドン（ドゥン）島を離れて南下し、サデッチー（マシュー）島近くにあるアーラウ島（ザン島のすぐ南にある小島）で鉱山労働に従事していた。次の語りは、1970年代に鉱山労働に従事したジャーウ（Jau）によるものである。前節で紹介した「流れ弾」に当たって死んだ男性の孫本人である。

　　　13歳ぐらいの頃（発話者による自身の推定年齢）、父親と一緒にビルマ領内にあるレー島（場所は明確ではないが、サデッチー島近くに分布するいずれかの小島だと考えられる）の鉱山で3年近く働いたことがある。朝7時から17時くらいまでほとんど毎日働いた。父親は給料をもらっていたけれど、大した額ではなかったと思う。それでも、休みたいときに休めたし、食事も無料で支給されていた。大きな石の塊に穴を開けたり、砂礫を運んだりして仕事は大変でしたが、楽しかった記憶が強く残っている。当時のレー島の鉱山には1000人くらい[16]が働いていたと思う。労働者のほとんどがモーケンだっ

16　その後行なった他の人物からの聞き取りでは、300人程度であったという意見が多かった。

図5-1　サラマの系譜

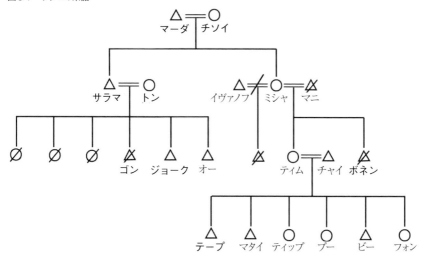

（マーダの娘であるミシャの元夫イヴァノフとは、仏人研究者のジャック・イヴァノフのことである。彼らの子どもは流産した。）

た。他にもタイ人、ビルマ人、華人がおり、少ないながらカレンの人びとも一緒に働いていた［鈴木 2008a：71］。

　この聞き取りを行なったのは2006年であり、当時のジャーウの推定年齢は42歳であった。つまり、彼の言っている年代が正しければ、鉱山労働に従事していたのは1977年頃の話となる。興味深いのは、ビルマ領内において多民族が一緒になって働いていたことである。上記の語りをしたモーケン男性は、当時のタイ・ビルマ領のアンダマン海域は、船に乗れば誰でもどこにでも自由に往来できたと回想する。

　ここで、アンダマン海域における移動が頻繁に行なわれていたことを示すために、本書で主要な登場人物の1人となるサラマ（Salama）の、1970年代までの来歴の概略を紹介しよう（図5-1）。彼はモーケンの中では非常に珍しく、数字で物事を理解するのが得意であり、記憶力も抜群の人物である。インタビューはスリン諸島にて、2008年2月28日と3月9日の2回実施した。なお、当時の彼の年齢は63歳であった。つまり、第2次世界大戦が終戦した年に生まれたことに

なる。彼の個人史を辿る際に、図0-2を参考にして、生誕地からスリン諸島に住み着くようになるまでに移動した場所に注目してほしい。

　タイ領シンハイ島で、マーダ（モーケンであれば知らない者はいない有名な人物）の息子として産まれた。乾季にはカバン（家船）を住まいとして、主にビルマ領アンダマン海域でナマコや貝類の採捕を行なった。捕った物はラビ島の仲買人に売った。雨季に入る1ヵ月前になるとタイ領へ入ってスリン諸島周辺の海域で潜水漁をし、そこで採ったものをラノーンで売った。雨季に入るとスリン諸島からシンハイ島へ移動し、そこに小屋を建てて暮らした。父親のカバンで暮らしていたのは3歳くらいまでで、その後はゲーウおじいちゃん（母方の祖父）のカバンに乗って過ごし、櫂の使い方や船の手入れ方法など、色々な作業を手伝って覚えた。雨季はチャディアック（サデッチー、マシュー）島に小屋を建てて過ごす年と、スリン諸島で過ごす年がそれぞれ2回あった。ゲーウおじいちゃんから聞かされた話では、その頃父親はネーマン（ザン）島で鉱山労働に従事していたという。

　8歳（1953年）の時、私を含めた男4人と女4人が年長者ラムジンの船に乗り、ナマコと貝類の採捕にチャディアック島まで出かけた。島の周辺海域で大量のナマコと貝を捕った後、それを売るためラビ（ランピ）島へ向かった。その途中、プラウ（ピラ）島に寄ったところ、ビルマ人の軍人にナマコや貝類だけでなく船まで没収されてしまった。困り果てているところにモーケンの船が近くを通ったので乗せてもらい、ターポー（サデッンゲッ）島まで移動した。父親もそこにおり、2ヵ月かけてカバンを造ってもらった。そして、チャディアック島でしばらく一緒に過ごした後、父親とは離れて故郷のシンハイ島へ移動した。ところが10歳（1955年）の時に、シンハイ島にいた仲買人から「ここはケーク（ムスリム）の土地だから出て行け」と言われ追い出された。それからは、雨季にはチャーン島やチャディアック島に小屋を建てて住むようになった。チャディアック島で、父親にガーニンというモーケン女性と結婚するように進められたが、彼女を好きになれずチャーン島へ逃げた。

　13歳（1958年）の頃、タイの漁船に乗り込んで、エンジンの修理工として

第5章　移動小史——1825年から1970年代までを中心として

1年間働いた。当時は今と違い、タイの漁船が許可証なしにビルマ領で漁をしても、軍人にお金さえ渡せば許された。主な漁場はチャディアック島の南方海域だったが、プーケット島周辺やパンガー湾でも漁を行なった。その漁船の所有者はアーウィという名前の華人系タイ人で、ユガーイというモーケン女性の妻を娶っていた。

　19歳（1964年）の頃、父親がタイ本土のナムケムにいるという情報をモーケンの知り合いから耳にしたので、そこに移動した。ナムケムで今の妻であるトンと出会い（図5-1参照）、恋に落ちた。彼女を嫁にもらえるように相手側の両親に頼みこんだ。結婚後は、5年ほどナムケムを拠点として、カバン（船）でプーケット島やリペ島（タルタオ島近くの島）まで移動しながら海産物の採捕に精を出した。その頃、サトゥーンサランギンという名前の会社がナムケムで鉱山を運営していたので、雨季を中心として5年程働いた。この会社はプーケットに本社があり、白人が経営していた。鉱山で働く者は合計で300人くらいおり、そのうちモーケンの数は約10人で、あとは皆タイ人だった。仕事の内容は、荷物を船や車に載せたり、また積み荷を降ろしたりする作業である。給料は1日25バーツ（375円）[17]で、15日ごとにまとめて支払われた。労働時間は7時から15時まで。途中11時から30分くらいの昼食時間があり、仕事が早く片付くと13時半や14時であがれることもあった。だから仕事の後に、ナマコや貝類の採捕も行なうことができた。30歳（1975年）の頃、会社が倒産して鉱山での仕事はなくなった。

　（…この後、インド領で密漁して警察に捕まり、1年半留置所で過ごした話が入る。この点については、第12章で取り上げる…）

　（インドから）ナムケムへ戻ったものの、雨季は仕事がないので鉱山の仕事があるというプラトーン島のパークチョックへ移動した。パークチョックでは鉱山の仕事のほか、1ヵ月に4回ある大潮の日だけ、真珠貝採取の仕事もした。潜った場所は、プラトーン島とラ島と本土の間の湾内の海だった。船から錨を下ろし、その錨の縄をたどって7〜8尋（10〜12m、サラマの1尋

17　サラマが鉱山で働いていたのが1970年から1975年の5年間として、1970年代初めのレートを調べた。「1バーツは14、5円くらい」という記述［星田 1972：279］を参考に、当時のレートを1バーツ≒15円に設定した。

を150cmとして計算）程潜り、その錨を抱きながら海底を歩いて貝を採捕した。使用した道具は水中眼鏡のみ。息がとても苦しかったのを覚えている。2〜3時間くらいの仕事で、1人で30〜40個くらい採捕できた。全員では1日で1000個くらい採っていたと思う。それをパークチョックにいる華人系タイ人の仲買人が買い取った。

　鉱山での仕事がなくなり、マーダが率いる親族を中心に約10世帯がスリン諸島へ移動した。最初はメーヤーイ湾に杭上家屋を建て、マーダが中心となり多くのカバンを造った。そしてカバンに乗り、チャディアック島やシミラン諸島などへ行き夜光貝やツバメの巣を採集し、ラノーンやビクトリアポイントにいる仲買人のところまで行って売った。しばらくしてからスリン諸島の別の場所、ブフン（南スリン島の北端、現在の国立公園事務所の対面にある砂浜を指す地名だが、漁の際は北スリン島と南スリン島に挟まれた一帯の海域を指す）（図0-3参照）に移動し、そこでヤーダムの集団約10世帯が混ざった。

　サラマの個人史から、インド領のアンダマン海域では取り締まりが厳しいものの、タイ領とビルマ領の海域は開かれており、モーケンが船に乗って両国の海域を往来していたことを確認できる。基本的には特殊海産物を採捕することを生業としていたが、海の荒れる雨季には鉱山労働に従事することが多かった。真珠貝を採取する仕事にも従事しており、彼の語った通り1日に1人40個採捕することができたとするなら、プラトーン島とラ島の海域では25名程のモーケンが同じように潜水漁をしていたことになる。彼が潜っていたのは1970年代後半の話であり、天然真珠を探すというよりも養殖するための母貝を集めさせられていたと考えられる。

　1962年にアンダマン海域へ入り、タイにおける真珠養殖を最初に手掛けた人物である宮谷内泰夫氏によると、1960年代にラノーン（ビルマと国境を接するタイの地名）を拠点に商いをしていたスギャムという華人の仲買人は、ビルマからタイのラノーンに至る広大な海域を仕切っていて、500人程のモーケンを従えて、大量の真珠母貝を彼らに採捕させていたという。[18] 真珠の養殖は、ビルマ領アン

18　2010年9月15日と16日に、マリンプロジェクト（ダイビングツアー会社）バンコク店事務所において行なったインタビューによる。宮谷内氏は、モーケンではなくチャオ・ナーム（タイ語で「水の民」の意）と

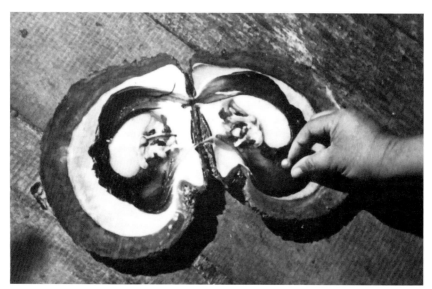

写真5-3　真珠母貝(宮谷内泰夫氏所蔵)

ダマン海域では既に行なわれていたのだが、タイ領では宮谷内氏がやって来るまで着手されておらず、大量の真珠母貝がタイの海域には残されていたようだ(写真5-3)。

　1966年にアメリカとタイの海軍が協力して、タイの領海89ヵ所で1807隻の船を調査した際にモーケンの家船も調べられている。その当時の記録には「スリン諸島近海で働く真珠捕りダイバーに使用されている」船として紹介されている[Holbrook 2000 (1967)：255]。また、1日に採取される真珠貝は約100kgにも達し、ラ島で売られていたという[Holbrook 2000 (1967)：256]。私がラ島やプラトーン島で調査をしていた2005年に、ラ島が地元ではタイ語で日本島(Ko Yipun)と呼ばれていることを知り、その名前の由来を尋ねたことがある。すると、「1960年代に日本人が真珠の養殖を行なっていた場所だから」という答えが返ってきた。宮谷内氏が養殖をしていたのはパヤム島だというから、別の日本人がラ島で養殖を行なっており、モーケンは彼のもとへ真珠貝を売っていたと考えて間違いないであろう。1960年代のタイ領アンダマン海域では、真珠養殖の仕事が開始されたことによって潜水漁民の雇用が生み出されるという、日本人とモーケンの

いう言葉を使用していた。

不思議な関係性を見ることができる。

　その他にも、戦後における日本人とモーケンの結びつきを示す、興味深いエピソードを宮谷内氏から聞くことができた。パンガー県タクアパー近くの海上において、1965年頃に沖縄からやって来た漁師（沖縄方言ではウミンチュ［海人］と呼ぶ）がモーケンと一緒に追込網を使った漁を行なっていたというのである。沖縄の漁師たちは、自分たちと同じように深く潜れるモーケンの姿を目の当たりにして驚いていたらしい[19]。沖縄本島や離島に暮らす漁師は世界中の海へ出漁していたが［加藤2012］、アンダマン海域に来た漁師は、カツオ漁に熟練した宮古や八重山などの離島出身者ではなく、追込網漁を得意とする本島の糸満漁民であったと思われる。

　以上の話から、アンダマン海域が豊かな資源を育む場所であり、それが故に各地の人びとが集まる空間でもあった様子を垣間見ることができよう。そこに働く場所があれば、非公式に隣国へ移動できる状況が当時のアンダマン海域にはあった。1793年以降は、ラノーンより北方のアンダマン海域はビルマ領、ラノーンより南方のアンダマン海域はタイ領となっていたにもかかわらず[20]、1970年代後半になっても比較的自由に海上を移動することができ、特殊海産物の採捕に従事することが可能であった様子を、当時を知る人びとの語りから窺い知ることができる。

2. 海から陸へ、家船から家屋へ

　1980年代に入ると、モーケンを取り巻く社会環境に大きな変化が訪れる。戦後に隆盛した錫鉱山事業は急速に衰退していき、真珠養殖業も下火となり、モーケンによる砂礫運びや母貝採集の仕事はなくなっていった。その一方で、同海域ではそれらに代わる産業として観光業が台頭してきており、プーケットを

19　1884年に糸満の玉城保太郎が考案したミーカガン（水中メガネ）は［上田2001：167］、この頃にウミンチュからモーケンに伝えられ、モーケン社会でミーカガンを原型とした水中メガネが使用されるようになったと、私は考えている。現在では数少ないミーカガン作りの技術を持つ上原謙氏も、糸満の漁師がモーケンにミーカガン作りの技術を伝えたと考えている。（2013年3月17日の糸満海人工房・資料館における聞き取り）

20　第3章の註9でも明記した通り、アンダマン海域がビルマ領とタイ領に正式に分かれたのが1793年であるかどうかは再考する余地がある。

中心としてリゾート開発が推進されるようになった。アンダマン海域の豊かな自然環境が、国内外からの訪問客を呼び寄せるための観光資源として政府によって見出されたのである。またタイ政府は、自然の保護も同時に進めるために、アンダマン海域のあらゆる地域を海洋国立公園に指定していった。

　しかしながらタイ政府による自然管理のあり方には、人間の介入をできる限り排除することが前提とされる保護（preservation）ではなく、人間による利用を前提とした保全（conservation）の思想がその根底にあり、文字通りの保護を意味するものではなかった［鈴木 2010：180］。むしろ、特定の地域を国立公園に指定し、その地域に対して国家による公的な価値付けを与えることで、観光客にとって魅力ある場所へと仕立てあげる効果が期待されていた。国立公園の文脈における保護と保全の思想の最も大きな違いは、前者が国家主導で自然環境の非資源化を目指しているのに対して、後者は政府が自国の利益になるための資源化を視野に入れている点にあると言える[21]。こうして1980年代以降、モーケンと関わる人びとの中で、国立公園の関係者や観光客のプレゼンスが急激に増していった。

　観光客による海域の利用が推進される一方で、モーケンを代表とする沿岸漁民による漁場利用は制約を受けることになった。国立公園法では、指定された区域では土地の所有が認められず、生態系に危害を加えるような行為は固く禁じられている。指定区域内で勝手に木材を伐採して家を建てて暮らすことは許されないし、動植物を狩猟採集することも認められない［DNP 2004：13-14］。1980年代以降、政府によって推し進められたアンダマン海域の国立公園化は、モーケンの伝統的な生活を全否定することと同義であった。住まいであり移動手段でもあるカバンを造船・修復することは困難となり、特殊海産物の採捕も自由に出来なくなったのである。ビルマ領アンダマン海域においても、大型漁船による漁撈活動が活発になると同時に、政府によるモーケンの陸地定住政策が進められた。その結果、アンダマン海を自由に移動できなくなったモーケンは船上生活をやめて、特定の島や沿岸に居（杭上家屋）を構えて漁撈に従事する

21　政府は保全の思想のもと、観光客による国立公園の利用を受け入れているが、無制限に認めているわけではない。国立公園・野生動物局は2007年11月20日に、スリン諸島を含む10ヵ所の国立公園への入場者数を制限する通達を出した［DNP 2007］。制限の実施は2008年7月1日からである。国立公園に訪れる観光客が増大し、自然環境への負荷が高まっていることを憂慮した措置であった。

ようになった。これらの人びとが、比較的早くに陸上がりした陸モーケンから島モーケンと呼ばれて区別される集団である。

　それでは、具体的にどのようにして観光開発が進展し、モーケンが陸地に定着するようになったのか、そして漁撈を生業とする生活にどのような変化がもたらされたのかについて、タイのスリン諸島を事例として次章以降で検討したい。

第6章
定住化するモーケン
――スリン諸島を事例に

　モーケンの陸地定住化の背景には、観光開発がおおいに関係している。本章ではその背景を理解するために、第1節でタイの観光開発の歴史を簡単に振り返り、第2節でアンダマン海域における観光開発の過程について説明する。第3節では、スリン諸島が国立公園に指定された背景を説明し、モーケンが陸地定着した過程と乾季において観光業に従事するようになった経緯をたどる。

第1節　タイにおける観光開発

　タイで開発独裁を推進した首相として有名なサリット（Sarit Thanarat、1908-1963 在位1959-1963）は、開発（kan phatthana）という概念をタイ社会に導入し、民間主導型の工業化政策を推進した。外資導入を促す産業投資奨励措置を講じ、輸出指向型の工業化を推し進めることによって、タイの経済は急速な成長を遂げた。彼は地方視察を繰り返し、農村地域の開発も同時に行なっていた。特に道路網の整備が開発推進のためには肝要であると認識しており［柿崎 2002：3］、道路の舗装化に力を入れた。

　さらにサリットは、インフラストラクチャーの整備に尽力しただけでなく、観光産業の振興にも力を注いだ。1960年に、現タイ国政府観光庁（TAT、1979年5月5日に名称変更）の前身であるタイ旅遊奨励公団（TOT、1960～1979年）を発足させている。サリットは公団開設のセレモニーにおいて「タイ人民の文化や美徳を世界中の人々に知らしめること」［Caruwat 1960：9］が公団の使命であると説き、タイの魅力を外国に伝えることが観光振興に結び付くことを確信していたようである。また、彼が視野に入れていたのは国外の人間だけではなかった。国内の人間に対してもアピールを忘れてはいない。地方19県の政務調査視察からバン

コクに戻ったサリットは、1961年6月1日に記述した国民に向けた挨拶文の中で次のように述べている（この文章は、タイ人向け観光雑誌『オー・ソー・トー』に掲載されたもの）。

> 私がここで述べたいことの1つは、われわれ（タイ人）がタイ国内を観光することは、民族を愛し、国を愛する気持ちを促し、われわれの国家が燦然と繁栄するよう希求する強い気持ちを増大させるのに重要な手段の1つとなるということです。さらには、（タイ国内を観光することは）自分が所属する国家に対して自信を与えてくれる1つの方法となるのです……だから私は、われわれタイ人が今まで以上に、タイ国内を旅行することを奨励したいのです。[Sarit 1961：35-37]

こうして始動した観光開発ではあるが、政府が本腰を入れて取り組むのは1970年代に入ってからのことである。1961年より進められている国家社会経済開発計画の第4次計画（1977〜1981年）において、初めて観光が開発計画の中に盛り込まれた［城前 2008：76］。これ以降、以前にも増してインフラストラクチャーの整備や観光市場の開拓が進み、1982年には米の輸出高を抜いて観光産業が外貨獲得源のトップとなった［末廣 1993：90］。1980年代中葉には、経済発展によって出現した都市部の中間層向けの観光奨励活動も活発化した。そうしたタイにおける観光開発の成果は、数字で把握することで明瞭となる（表6-1）。

　1957年にタイを訪れた外国人訪問者の数は約4万人であったのだが、2007年になると約1446万人にまで増えている。実に50年間で約325倍の伸びである。国際収支ベースの観光収入に関しては、1957年に510万米ドルであったのが2007年には156億米ドルへと、約3058倍増大している。国内旅行をするタイ人も1987年は約4600万人であったのが、2007年には約8300万人と約2倍に増えており[1]、国内市場における観光収入を合わせると、2007年には260億米ドル以上の収入が観光産業から生み出されたことになる［TAT n.d.1：10, 2008a, TAT

1　2013年の公式統計によるタイの人口は6478万5909人である［NSO 2014］。統計資料上に算出の根拠とする記述は見当たらないが、国内旅行者数の方が人口よりも高い数字を示しているのは、1人が2ヵ所以上の土地を、あるいは2回以上の観光をした数字をもとにして計算されたからだと思われる。

表6-1 タイを旅行した人数の詳細

年		1957	1987	1998	1999	2007
観光客数 (人)	外国人	44,375	3,482,958	7,764,931	8,580,332	14,464,228
	タイ人	—	46,161,392	51,681,035	53,624,843	83,234,780

Homepage]。

　海外向けの観光マーケティングも盛んに行なわれ、「タイ観光年」(Visit Thailand Year、1987) や「タイ手工芸品年」(Thailand Arts and Crafts Year、1988)、「アメージング・タイランド」(Amazing Thailand、1998) などのキャンペーンが次々と展開された。特に「アメージング・タイランド」キャンペーンは、実施年度がアジア通貨危機発生の翌年ということもあり、雇用創出と外貨獲得の増加を促すものとして期待されていた [Cohen 2004：297]。キャンペーン実施後2年間で、合計1700万人の外国人旅行者をタイに呼び込むという当初の目標数字にはわずかに届かなかったものの (結果は約1635万人)、1999年の訪タイ者数は前年比10.50％増しており、初めて800万人台に突入している。それから10年も経たない間に1400万人を超える旅行者がタイを訪れるようになったことからも、着実に観光客を増やし、タイが観光立国としての地位を確立してきたことがわかる [TAT 2008a：13]。なお、2013年にタイに入国した外国人の数は、2654万6725人であり [NSO 2014]、この6年間で2007年の倍近い訪問者数となっている。私が調査を実施してきた2005年から2014年の10年間に、さらなる観光地化が進んでいることを確認できる。

第2節　アンダマン海域の観光資源化

　タイを訪れる観光客は首都バンコクを拠点として、列車や車を利用して近隣県へ足をのばしたり、飛行機に乗って北部のチェンマイや南部のプーケットへ移動したりする。それら3つの都市が結節点となって南北をつなぐ「観光軸」

2　これらのキャンペーン以外にも、プミポン国王 (ラーマ9世) 生誕70周年 (1997年) に合わせて、TATが「異国情緒溢れるタイへようこそ」(Come to Exotic Thailand) というスローガンを用いて外国人観光客を呼び込もうとしたが、アジア通貨危機と重なったこともあり訪タイ者数は増えなかった。[Peleggi 2002：65] (tourism-axis)を作り出しており[Cohen 1996：7]、この軸に沿った地域に観光客は集中してきた。そして近年、この軸線は南北の国境に向かって徐々に伸びているという[Cohen 2004：298]。本書で取り上げるスリン諸島はパンガー県に属しており、同県はプーケット県と隣接している。ここではタイ南部西海岸、つまりアンダマン海域における観光地化の進展状況を把握するために、枢軸県の1つであるプーケットを中心に見ていくことにする。そうすることで、どのように「観光軸」が拡張し、パンガー県を訪れる観光客が増えてきたのかを確認したい。

　タイ南部はマレー半島中部に位置しており、14県を擁する。ヤラー県を除くすべての県が海に面しており、古くは港市国家が栄えるなど、歴史的に海と密接な関わりを持つ空間であった(第3章参照)。とはいえ、半島部の東海岸と西海岸とでは地理的な特徴は異なる。東海岸では発達した砂州が目に入るのに対し、西海岸では繁茂したマングローブ林が目をひく。島嶼も西海岸に集中しており、同じ海域世界でも景観を異にする。観光地プーケットのキャッチフレーズとして「アンダマン海の真珠」という言葉がよく使われるように、プーケットは美しい自然景観を持つマリン・リゾート地として開発されてきた。とはいえ、観光地としてのプーケットの歴史はそれほど古くはない。

　プーケットはバンコクの南862kmに位置する、淡路島と同程度の面積を有する島である。観光地化する以前は錫が採掘できる場所として有名であり、多数の華人が労働者として流入していた。しかし1970年代に入る頃には錫採掘は衰退し始め、新たな産業として観光が脚光を浴びるようになった。1976年には国際空港が開業し、美しいビーチを求めて国内外から観光客が訪れるようになった。ただし、観光地化が始動した当時は、プーケットの地は外国人に今ほど知られてはいなかった。空港が開港した翌年にプーケットを訪れた人数は約6万人であるが、そのうち外国人観光客が占める数は約2万人である[3][TAT n.d.2：4-5]。1970年代のプーケットは、外国人よりもタイ人の観光客の方が多く訪れる場所であった(表6-2)。

　1970年代後半に入ると、政府主導による観光開発が進められ、白い砂浜に沿うようにして宿泊施設や娯楽施設が次々と建ち並び、ビーチを中心とする一大

3　引用文献では、仕事目的で訪れた者を含めて観光者数を記載しているが、ここでは人数を差し引いた数を記入した。

表6-2　プーケット県・パンガー県を旅行した人数の詳細

年	プーケット県			パンガー県		
	外国人	タイ人	合計(人)	外国人	タイ人	合計(人)
1977	21,900	36,100	58,000	—	—	—
1987	348,065	348,909	696,974	29,887	217,119	247,006
2007	3,283,410	1,722,243	5,005,653	548,515	612,020	1,160,535

観光地へと変貌を遂げた。2007年には約500万人の観光客がプーケットを訪れており、1977年と比較してその数は約86倍の増加をみせている。注意を払うべきはその数字に含まれる外国人の内訳である。約500万人の内約328万人が外国人観光客なのである [TAT 2008b：225]。これを1977年の数字と比べると、実に30年間で約150倍も増加したことになる。プーケットと隣接するパンガー県においても、1987年に訪れた観光者数は約25万人であったのが [TAT 1988：21-22]、2007年には約116万人にまで増えている [Phanga Province Office of Tourism and Sports Homepage]。タイ南部西海岸でも観光開発は進んでおり、アンダマン海域を目指す観光客はもはやプーケットだけでなく、その近隣県にまで足を運ぶようになっている。

国際空港の設置とビーチ・リゾートの開発がアンダマン海域を訪れる観光客の増加を促したことは容易に想像できる。しかしながら、具体的にアンダマン海域の何が観光資源となったのであろうか。この点に関して、海洋の観光資源化の実態について、市野澤 [2010：17-18] は次のような重要な指摘をしている。

　　海岸線に沿って分布する造礁サンゴの群生域と岩礁地帯……リーフの観光資源化は、タイの領海においても急速に進行しており、観光の場としてのサンゴ礁の経済価値を高く見積もる推計結果が、タイ南部の海中国立公園に関しても提示されている……海岸線に沿った非常に狭い（大半が100mにも幅が満たない）エリアであるリーフは、観光開発という新たな文脈の中に置き直されることによって、零細漁民が細々と生業を営む場から、多くの国

4　引用文献の21ページに外国人周遊者（nak thatsanachon chao tang prathet）の記述が2つあるが、前者は誤植である。正しくはタイ人周遊者（nak thatsanachon chao thai）。

5　実は、2004年には289万4654人もの観光客がパンガー県を訪れていた。しかし、同県は2004年12月26日発生のインド洋津波による被害が最も大きかった地域であり、2005年以降の訪問者数は急激に落ち込んだ。

際観光客を惹きつける金の成る木に変貌したのである。

　畢竟するに、アンダマン海域ではリーフが観光資源となった。かつての地域住民にとっての小規模な漁撈活動の場が、グローバルな市場価値のもとで開発が進められ、観光客にとっての娯楽活動の場へと様変わりしたのである。観光地化が進展した近年のアンダマン海におけるリーフでは、海棲生物を〈獲る〉(捕る) 対象ではなく、シュノーケリングやダイビングで〈見る〉対象として資源化が進められた［市野澤 2010］。実際、ダイビング・ショップがプーケットを中心として増加した1990年以降［市野澤 2009b：103］は、カオラックを拠点としたシミラン諸島とスリン諸島をめぐるクルーズ船が多数出るようになっている (図0-2)。今や「観光軸」は南北の国境に向かって伸びるだけでなく、西の国境にまでその幅を広げている。

　その結果、昔からアンダマン海のリーフで漁撈をしてきたモーケンは、観光地化によりもたらされる新しい社会変化に直面することになった。

第3節　スリン諸島への陸地定着化

1. スリン諸島の国立公園化 (写真6-1)

　スリン諸島は、首都バンコクから南西方向に約720km、タイ本土にある最寄りのクラブリー港から西方に約60km離れた場所に位置する。パンガー県クラブリー郡の管轄区域に属しているものの、タイの本土へ渡るよりもビルマ領内の島へ移動する方が近く、タイの領海では辺境の地にあると言える。同諸島は北スリン島と南スリン島という2つの大きな島と、ストック島、カイ島、マンコン島という3つの小島から構成されている。北スリン島と南スリン島の両島には入り江が多く存在し、モーケンは古くから船の停泊地として利用してきた。マングローブ林や砂浜も点在しているが、その後背は急勾配な小山で占められており、平地面積の率が低いのが地形的特徴である (図0-3)。

　南西モンスーンの季節にしかまとまった雨は降らないが、年間降水量は3000mmと多く、気温と湿度も高いため熱帯雨林が叢生している。豊かな森にはマメジカやブタオザルなどが棲みついているほか、カザリオウチュウやサイチ

第6章　定住化するモーケン──スリン諸島を事例に　　127

写真6-1　スリン諸島遠景

ョウなどタイでは比較的珍しい鳥類も見られる。沿岸には発達したサンゴのリーフが広がっており、アンダマン海域の浅瀬に生息する魚類の多くが集まっているとされる[Thon and Anuwat 2007]。また魚類だけでなく、ロブスターなどの甲殻類やシャコガイなどの軟体動物、それにナマコなどの棘皮動物も棲息しており、リーフは生物の多様性が高い空間と言える。スリン諸島の場合、造礁サンゴの群生が見られるのは水深30m以浅である[Krom Pamai nd.: 31]。このことは造礁サンゴの成長に欠かせない太陽の光が30mの深さまで届いていることを意味しており、海がきれいで透明度が高いことを示している。モーケンが潜水漁を行なうのも、基本的には視界のきく30mまでとなる。モーケンにとって、スリン諸島が波浪の待避地としてだけではなく、漁撈活動の場としても非常に魅力的な場所であったことがわかる。

　ところが、貴重な生態系を擁するスリン諸島に目をつけたのはモーケンだけではなかった。自然保護の対象地域として、政府の目にも留まったのである。サリット政権時代の1961年に国立公園管理法が施行されて以降、タイ政府は国

6　セミホウボウやスジモヨウフグといった一部の魚類は、スリン諸島周辺海域では今のところ確認されていないようである。

内の自然豊かな地域を次々と国立公園に指定してきた。スリン諸島もそのうちの1つとして見出され、1971年12月30日に森林局により保護林地区に指定されると、1981年7月9日にはスリン諸島とその周辺海域が国立公園に指定されることとなった。タイの国立公園としては29番目の、海洋国立公園としては6番目の指定であった。指定区域は135平方kmであり、この内の陸地総面積は33平方kmである。

　国立公園に指定されたこの年より、モーケンは行政機関関係者との接触を本格的に持つようになる。王立森林局職員が調査のためにスリン諸島へ訪れるようになり、モーケンは島内の自然資源に関する情報を提供するようになった。当時集落を形成していた土地は当局へ譲り渡され、その場所に国立公園事務所が建てられ、観光客用のテントサイトが設けられた。スリン諸島の自然環境をめぐる「少数民族－役人－観光客」の三者関係はこの頃から始まった。

2. 陸地定着化と観光業への従事

　1981年に国立公園に指定されたスリン諸島であったが、まだ一般大衆向けには開放されていなかった。正式に公開されるのは1985年4月28日からである。これ以降、一般人も毎年北東モンスーンの季節のみ訪問することが可能となり、シュノーケリングとダイビングを主目的とする観光客が集まるようになった。スリン諸島のリーフは、モーケンと政府役人だけでなく観光客をも惹きつけ、多くの主体が交錯する空間となった。

　島に観光客が訪れるようになったのは1986年からである。北スリン島に国立公園事務所が設けられ、手洗所や食堂の建設などが進められた。一部のモーケン男性は国立公園事務所のもとで船の舵手として雇用労働に従事するようになり、女性や子どもは観光客に対してタカラガイの貝殻を売るようになった。その他にも、国立公園事務所がウミガメの卵を1つ3バーツ（21円）で買い取るこ

---

[7] 一般人がスリン諸島を訪れることができる期間は、乾季（通常11月中旬～5月初旬－年度によっては10月中旬～5月中旬－）のみと限定されている。雨季に島が閉鎖されるのは、天候不順のため海に船を出すことが危険であるというのが理由である。雨季のアンダマン海では、風濤に曝されて船が沈没する事件が頻繁に起きている[cf. Phuket Gazette Homepage 2007, 2008, 2009, 2015a, 2015b]。

[8] 1980年代半ばのレートは、林行夫[2000：2]による「1985年当時、1バーツは約7円」という情報

とを告知すると、モーケンはそれまで食べる対象としか見ていなかったウミガメの卵を売るようになった [Narumon 1996：147-148]。モーケンにとって海中景観を構成する一部以上の意味合いを持たなかったタカラガイには商品価値が与えられ、食用としてのウミガメの卵は換金可能な資源へと意味付けが変化したのである。こうした国立公園事務所スタッフや観光客との接触は、モーケンの自然環境に対する認識のあり方に変化を与えたことがわかる。海中で視野を広げてタカラガイを探したり、ウミガメの卵を売り物として見つめるようになったりした。

　ちょうどその頃、スリン諸島に陸地定着するモーケンが現れてきた。観光客が訪れる乾季のみスリン諸島で暮らす者も少なからずいたが、船で移動生活するモーケンは急激に減少していった。その導因となったのは、政府によって次々と進められたアンダマン海域の海洋国立公園化である。スリン諸島が国立公園に指定されて以降、1982年にシミラン諸島、1986年にターイムアン地域、1991年にカオラック地域などと、スリン諸島周辺の海域が続々と海洋国立公園のリストに追加されていった。前述したように、国立公園に指定された区域では、木材を伐採して家を建てて暮らすことは許されないし、動植物を狩猟採集することも認められない [DNP 2004：13-14]。カバン（船）を造船・修復することは困難となり、漁撈活動が制限された結果として陸地定着するようになったのである。モーケンは社会環境の変化に対応するために、伝統的な生活形態を見直し、観光など他の生業活動に取り組む必要が出てきた。

　1990年代に入ると、宿泊者向けの施設が充実して、島を訪れる観光客が徐々に増えていった（表6-3）。そのため、国立公園事務所職員だけでは観光客に対す

を参考にし、1バーツ≒7円に設定した。
9　なお、陸地定着化が急速に進んだ背景の1つとして、船の形態の変化を指摘しておきたい。第9章第1節で述べることだが、カバンの推進力が櫂と帆を利用したものから小型エンジンを用いたものへと移行したのが1970年代である。当たり前のことだが、エンジンを使用した海上移動にはガソリンが必要となる。ちょうどエンジンがモーケンの間で普及するようになった頃に、スリン諸島が国立公園に指定され、同諸島を訪れる観光客が増えていった。こうしてスリン諸島のモーケンは、ガソリンを購入するために安定した収入を求め、スリン諸島で観光客相手の仕事をするようになったのである。国籍を持たない者が多く、特殊海産物の採捕活動以外の仕事で本土との結びつきが弱いスリン諸島のモーケンにとって、国立公園で働くことはごく自然の成り行きであったと見ることもできよう。

写真6-2　食器を洗うモーケン女性　　写真6-3　一番奥に船を操舵するモーケン男性

るサービスが十分に提供できなくなり、モーケン男性だけでなく、モーケン女性も雇用するようになった。女性の主な仕事は、砂浜やテントなどの掃除、それに食器洗いであり（写真6-2）、男性の主な仕事は、船を操舵して国立公園側があらかじめ指定するシュノーケリング・ポイントまで観光客を送ることである[10]（写真6-3）。男性は時に、国立公園事務所職員や観光客の要望に応えてシュノーケリング・ガイドを務めることもある。従来のモーケンにとっての北東モンスーン期（乾季）は、漁撈活動に専念する時期であったが、より安定した現金収入を得るためにスリン諸島に住みつき、観光業に従事する者が増えていった。

　それと同時に、モーケンが恒常的な家屋を建てて特定の場所に集住するようになると、モーケンを「見物」するために村落を訪れる観光客も出てきた。国立公園事務所の窓口に用意されているスリン諸島の無料パンフレットには、奨励する観光活動としてシュノーケリングやネイチャートレイルをすることの他に、

10　1日7時間労働（8～12時、13～16時）で110バーツ（330円）がモーケンに支払われている。また繁忙期には、夕方から夜までの4時間労働（17～21時）に対しては50バーツが支払われる（2008年4月現在）。以前、夜間労働に対しても110バーツが支払われると書いたが［鈴木 2011a：64］、間違いである。

表6-3　スリン諸島訪問者数の推移

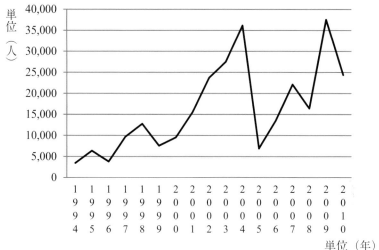

出典：　DNP Homepage

モーケン村落を訪れることがあげられている。そこには、モーケン村落は「文化的に興味深く、訪問するだけの価値を持つ、ローカルなアトラクションである」と紹介されている［DNP n.d.］。観光の文脈においてモーケンは、スリン諸島に観光客を惹きつけるための「呼び物」の1つとして扱われ、また観光客の好奇心を満たす存在として見られている。

　以下の発言は、取材のためにスリン諸島を訪れていたタイ人ジャーナリストが、観光客の発した言葉を記録したものである。

　　　「おい、海のジプシー、もう見たか？　見物しに行こうじゃないか」［ロチャナプルック 1999：201］

「海のジプシー」とはモーケンのことを指している。日付は1993年5月13日、国立公園に宿泊していたタマサート大学の学生が、同行している仲間に向けて叫んだ言葉であった。この発話は、観光地における観光客と少数民族との間に横たわる、不平等な力関係をはっきりと示している。この観光客にとってモーケンは、見世物として視線を投げかける対象としてスリン諸島に存在するので

写真6-4　手前にあるのは木造模型船(大)、奥に見えるのが本物のカバン

ある。

　その一方で、モーケンはそのような観光客に対して、手工芸品を販売するようになった。観光客が訪れる北東モンスーン期突入間近になると、一部の男性は木造模型船づくりに没頭し(写真6-4)、女性は小物入れやゴザなどを熱心に編む。模型船は古くなった木材を利用して作られ、ゴザや小物入れなどはタコノキの葉で作製される。モーケンを「見物」しに訪れる観光客に対して土産用品として売るのである。観光客との売買交渉は、主に女性が行なう(写真6-5)。

　このように、スリン諸島の観光地化が進む一方で、国立公園事務所によるスリン諸島と周辺海域の管理が強化されていった。たとえば、それまで黙認されていたモーケンによる各種貝類の販売が禁止されるようになったり、食用として稀に採捕していたロブスターやウミガメの捕獲が厳しく取り締まられるようになったりした。その理由を所長補佐に尋ねると、「スリン諸島は国立公園法が

11　北東モンスーン期におけるモーケンの食事は、国立公園で観光客向けに提供されている料理の余りがほとんどである。自給目的の漁撈活動は、子どもや女性による貝類採集や男性による投網漁がたまに行なわれるくらいである。

12　スリン諸島国立公園には所長(fuana)の下に、3名の所長補佐(phu chuai [huana])がいる。モーケンや事務所職員は所長補佐と呼んでいるが、実際には、サービス向上部門チーフ(huana

第6章　定住化するモーケン――スリン諸島を事例に　　133

写真6-5　タコノキの葉でつくられた小物入れ、腕輪、指輪などを売る少女

適用されるため、漁撈活動は認められない」ことを第一にあげたが、他にも「(シュノーケリングやダイビングに訪れた)観光客が好む魚介類の個体数を減らしてはならない」というもう1つの考えがあることも教えてくれた[13]。国立公園指定後もしばらくは貝類の販売を認め、ロブスターなどの採捕も厳しく咎めなかった事実を考慮するならば、前者が建前であり後者が本音であると考えられる。要するに、スリン諸島のリーフは観光客による利用が優先されるべきであり、先住民による利用は国家に利益をもたらすものではないので制限すべきである、というのが国立公園当局の立場である。〈捕る〉海だったタイのリーフは〈見る〉海へと変貌を遂げたという市野澤［2010：32］による指摘は、ここスリン諸島にも当てはまるように見える。

　2001年に入ると、スリン諸島を訪れる観光客はさらに増えていった。2000年

---

　　phai borikan lea phatthana)、資源保護学術部門チーフ (huana phai wichakan lea phai anurak sappayakon)、総合管理部門チーフ (huana phai borihan thuapai) という正式な役職名称がある。いずれのチーフもモーケンの活動全般を監視し、時にその生活のあり方に注文を出してくる。
13　2007年11月26日のスリン諸島チョンカート湾におけるスリン諸島国立公園ターイ(Tai)所長補佐へのインタビューによる。たとえば、アオブダイやカクレクマノミといった彩り鮮やかなものや、ウミガメなどが観光客に好まれるという。

度の入島者数は1万人に満たなかったのだが、2004年度には3万6000人を超えた。2005年度は、2004年末に発生したインド洋津波の影響により観光客の足は遠のいたものの、2006年度以降は再び訪問者数が増えている（表6-3）。1990年代にはまだ数千人程度だった観光客は、今や数万人規模となった。平地部が限られた狭い島空間に、しかも半年の間に数万人が押し寄せるのだから、そのサービスに従事する人員も相当数必要である。それまでよりも多くのモーケンが、観光客にサービスを提供する賃労働に従事するようになった。かつてのモーケンにとって漁撈活動の主要時期であった乾季は、観光業に従事する期間へと変化していった。

14　タイでは10月から9月までを1年度として数える。たとえば2008年度の場合、2007年10月から2008年9月までとなる。

第7章
国立公園化前後における漁撈状況

　本章ではまず、モーケンの漁撈活動の主要な時期が乾季から雨季へと移行したことを明らかにする。その上で、アンダマン海域の海洋国立公園化が進められた前と後の、モーケンによる特殊海産物の採捕内容を比較検討する。

第1節　漁撈時期の反転

　アンダマン海広域が海洋国立公園に指定されたことで、モーケンは観光業に深く関わるようになった。しかし、観光客がスリン諸島に訪れることができるのは、北東モンスーン期である乾季のみである。では、南西モンスーン期は何をして過ごしているのだろうか。その答えは、既述した内容と矛盾するようではあるが、漁撈活動である。「それでは、指定区域内における狩猟採集を禁止するという国立公園法は何のためにあるのか」というもっともな疑問が浮かんでくるであろう。
　確かに、法規に基づくならば国立公園指定区域内における漁撈はけっして許される行為ではない。ところが、モーケンは国立公園指定以前よりスリン諸島で生活してきた「先住民」である。一昔前ならば国立公園だからという理由で、タイ政府が山地民の立ち退きを威圧的に要求したように［細川 2003：10-11］、モーケンを指定区域内から強制的に追い出すことができたのかもしれない。だが近年は、先住民の権利を守ろうとする動きが世界中で活発になっており、タイ政府も強引な行動は起こせない。行政側は、国立公園法ができるずっと以前よ

1　2007年9月13日に開かれた国際連合の第61回総会において採択された「先住民の権利に関する国際連合宣言」は記憶に新しい。条約ではないため法的拘束力を持たないものの、先住民の慣習的行為や文化を尊重しようとする時勢にあることを確認できる。

写真7-1 釣りで捕ったユカタハタ

り暮らしてきたモーケンの権利を尊重し、自給自足ができる程度の狩猟採集や漁撈を非公式に認めているのが現状である。

また、われわれの社会では、法律が制定され成文化されていたとしても、その時その場所の実態に合わせた裁量的措置が行なわれることがある。特にタイにおいてはそうであり、藤田［2008: 98］はタイ東北部の「多くの国立公園・野生動物保護区では、区域内や周辺に暮らす住民が自給目的で資源を利用することは黙認されている」ことを報告している。つまり、タイの地方自治においては、地域住民の生活の実態に合わせた管理を行なっているというのである。そのような裁量的措置はスリン諸島でも行なわれており、モーケンによる自給目的でのリーフの資源利用は黙許されているだけでなく、商業目的の利用もしばしば黙過されている。国立公園事務所は先住民モーケンによる海域利用も一定程度認めることで、両者の間に「微妙な調和」が生まれている。

なかでも、国立公園事務所側がモーケンによるリーフの資源利用を大目に見ている時期が、閉鎖期間中の南西モンスーンの季節である。年によって時期は若干前後するが、5月初旬頃に南西から雨雲が強風を伴って訪れると、国立公園事務所は宿泊客全員を本土へ送り返し、閉鎖を宣言する。それから約半年間、スリン諸島にはモーケン以外に、数人の事務所駐在スタッフと漁業局職員、それに海軍兵士しかいなくなる。国立公園事務所の監視の目は弱まり、モーケン男性はこぞって船を出して漁撈活動にいそしむことになる。自給目的で捕る魚類にはアイゴ科やフエダイ科が多く、素潜りによる銛漁で捕まえる。その他、

---

2 彼はこのような森林保護のあり方を「やわらかい保護」という言葉で表現しており、タイ社会を特徴付けているものだと指摘している。

船釣りやトローリングによってアジ科やハタ科の魚を狙ったり（写真7-1）、投網でイワシ群やごくたまにゴンズイ群を捕らえたりする。これらの魚類はあくまで自家消費用であり、各男性は自分の家族が食べるのに必要な分量を捕ったらその日の漁をやめる。収穫の多い日には親族だけでなく近所や親しい友人にも分配し、その逆に何も捕れない時は分け与えてもらう。

　それでは、商業目的によるリーフの資源利用の様相はどうか。魚類では、昔はタイマイや鮫、それにマンタなどが捕獲対象となっていたが、現在では法のもと厳しく禁止されているだけでなく、個体そのものの数も減り、換金目的に捕ってはいない。現在、販売することを前提として採捕しているのは、貝類の高瀬貝や夜光貝など、それに棘皮動物のナマコである[3]。それらは基本的には自家消費されることなく、華人市場向けに運ばれるものであり、こうした資源を特殊海産物と呼ぶことは第5章で述べた通りである[4]。なかでもモーケンにとって貴重な収入源となっているのがナマコである。棲息域は浅瀬のサンゴ礁や岩礁地帯から海底の砂地までと広く分布しており、古くから各地の海民によって採捕されてきた［cf. Warren 2007 (1981)：67-74；長津 2004：93；寺田 1996：224］。南西モンスーンの季節でも天候に恵まれ海が穏やかな期間があり、その間は村落中の男が船に乗り込み、集団でナマコ潜水漁を行なう[5]。ナマコを探している最中に高瀬貝があれば、それも拾う。通常、島の公開時期に近づく1〜2ヵ月ほど前に、国立公園事務所からモーケンに対して、ナマコ漁の禁止が通知される。観光客

3　採捕したナマコの加工工程は以下の通りである。まず、切れ目を入れて腸を取り出し、海水をたっぷり入れた大鍋でぐつぐつと煮る。それから微細火の上方に設置したトタンに載せ、時間をかけて水分をとばす。最後に天日干しを何度も繰り返すことで干しナマコ、いわゆるイリコが出来上がる。ここまでの加工をモーケンが行ない、仲買人に買い取ってもらう。イリコの商品価値はその形の美しさ、強度（水分が抜けている程良いとされる）によって決まる。

4　世界各地を歩いてナマコを調査した赤嶺［2010：268］は、1980年代以降の中国市場の開放や東南アジア諸国の経済成長が進む中で、世界各地においてナマコの需要が高まっていることを明らかにした。一部の特殊海産物は、今では中国に限らず世界中の華人市場に向けて輸出されている。

5　村井［1998：19］は、インドネシアのアル諸島コブロール島バラタン村に暮らす男性がナマコを採捕することに触れ、「10月ごろから翌年4月ごろまでの西風の季節が潜り漁の時期だ。東風の季節（5〜9月）は海が荒れ、水が濁るので、潜り漁には向かない」と記述しているが、アンダマン海域でも同様なことが言える。つまり、南西モンスーン期（5月〜10月）は潜水漁に向かないのである。しかし、ナマコの採捕を黙認されている限定されたこの時期に、スリン諸島のモーケンは潜水漁を行なう。

月	11	12	1	2	3	4	5	6	7	8	9	10
季節	乾季(涼)			乾季(暑)			雨季					
風	北東モンスーン						移行	南西モンスーン				移行
指定前	特殊海産物(ナマコ、貝類、マンタ、タイマイ、燕巣等)の採捕							船の建造・修復、一部の特殊海産物(特にナマコ)の採捕				
指定後	観光業に従事							一部の特殊海産物(ナマコ、貝類)の採捕				

表7-1　国立公園指定前後におけるモーケンの主な活動

が訪れるまでに、海に手を加えないことで、可能な限り生態系を回復させたいという意図がある。[6]また、近年ではほとんど見られなくなったが、ツバメの巣を採捕しに出かけることがあったり、大潮期には近隣の島まで遠征し、夜光貝を「密漁」することもあったりする（第10章第4節で詳述）。

　かつては海の穏やかな北東モンスーン期を中心に行なっていた特殊海産物の採捕は、今や天候の安定しない南西モンスーン期に実施するものとなった。モーケンによる特殊海産物採捕の漁撈時期が反転したのである（表7-1）。

　それでは具体的に、漁撈時期が反転したことによって特殊海産物の採捕活動にどのような影響があったのかについて、スリン諸島が国立公園に指定された年を基準として1980年以前を「過去」、1981年以後から2004年までを「現在」と便宜的に分け、過去と現在の採捕内容の比較を試みたい。

第2節　特殊海産物の採捕内容の変化

1. 過去における特殊海産物の採捕——1980年以前

　特殊海産物と呼ばれるものにはナマコ、ツバメの巣、高瀬貝、夜光貝、鼈甲（タイマイの甲羅）、フカのヒレ、白蝶貝（真珠の母貝）、真珠、香木、香料、蜜蠟、オウム、ゴクラクチョウなどがある。その他に、モーケンが過去において採捕していた特殊海産物には、マンタ（オニイトマキエイ）や黒サンゴなどがある。

　アンダーソンによると［Anderson J. 1890：20］、マンタ漁はかつて、涼しい気候

---

[6]　2007年9月8日の海軍駐屯所における国立公園事務所職員、サムリー（Samri）へのインタビューによる。

の間に行なわれるモーケンの主な仕事の1つであった。天日干しして黒くなった切り肉をメルギーで売ると、ブラックフィッシュ (black-fish) の名でビルマの他の港やペナンへ輸出されたという。私による年長者に対するインタビューにおいても、マルーイの風が終わる (Chot Malui) 時期 (図10-1参照)、つまり2月頃からマンタが海域で頻繁に目撃され、雨季に入る5月頃まで漁をしていたという話を聞かされた。アンダーソンが述べる漁期と重なる部分もあるが、マンタ漁が暑い気候の乾季にも行なわれていたことがわかる。黒珊瑚については、メルギーからビルマの各港へ送られ、仏教徒の数珠用にビーズ状にカットされていた [Anderson J. 1890：22]。

このように紹介すると、あたかもあらゆる特殊海産物が安定的に採捕できたように思われるかもしれないが、実際はそうではなかった。第5章第2節で述べたように、日英軍による戦闘のため出漁できない時期があったことからも理解できる。

その他に、供給可能量を超える集中的な資源の捕獲によって漁獲が落ちることもある。真珠の母貝を例にあげてみよう。この特殊海産物は、1880年代までメルギー諸島で採捕できることがほとんど知られておらず、1890年代初めにオーストラリア人の「野心家」によって着手されるようになったものである [O'Connor 1928：234]。そのオーストラリア人というのは、クイーンズランドの真珠業者チル (Mr. Chill) のことであったと考えられる [Chhibber 1927：147-148]。1900年前後には、メルギーで真珠貝採取の大ブームが興り、モーケンの潜水能力が注目されるようになり [Sopher 1977 (1965)：57]、彼らが真珠貝採りの潜水を一手に引き受けるようになった。ところが、しばらくするとモーケンが潜水できる浅海で採れる区域では母貝となる真珠貝が枯渇してしまった。深海では潜水服を着用したフィリピン人が真珠貝を採るので、モーケンは主要な生計手段を失ってしまったという [ホワイト 1943 (1922)：128]。潜水用のポンプが使用されるようになったことで、いかなる器具も利用しないモーケン・ダイバーの重要性はだ

7　2008年12月19日のスリン諸島ボンヤイ村におけるスナイへのインタビューによる。
8　1900年頃のメルギー諸島において、ポンプを用いた真珠貝採りのダイバーには、多数のフィリピン人の他に、日本人や少数のマレーシア人と中国人、それにビルマ人がいた [Rudmose Brown and Simpson 1907：12-13]。その中で最も潜水に長けていたのは日本人であり、一番の潜り手は約55m (30 fathoms) の深さにも達したという [Rudmose Brown and Simpson 1907：13]。

写真7-2　夜光貝

写真7-3　鼈甲

んだんと下がっていった [Rudmose Brown and Simpson 1907：6]。

　以上にあげた3つの特殊海産物は過去において盛んに採捕されていたものであるが、私が恣意的に設定した過去においても、特殊海産物の採捕状況は刻々と変化していたことが真珠の母貝の例からもわかる。だが、採捕状況が一転したのは、やはり1980年代のことである。その点を明らかにするためにも、以下では現在においても採捕される代表的な特殊海産物の、過去における採捕状況について見ていきたい。取り上げるのは、ナマコ、夜光貝、鼈甲、ツバメの巣の4つである。採捕していた量や時期、また海の深度にも注目してほしい。

(1) ナマコ (口絵参照)：

　ナマコはウニやヒトデと同じ棘皮動物である。種類にもよるが、ナマコの多くは海底の砂に横たわっているか、珊瑚や岩の上にくっついており、モーケンは潜水漁によって採捕する。ナマコ漁は、1800年代後半の時点では、マンタ漁の次に重要な漁撈活動であったとされる [Anderson J. 1890：20-21]。

　多かれ少なかれ、1年を通して漁が行なわれていたようだが、中でも1月が盛漁期であったようである。アンダーソンは「1月はモーケンと会うには最悪の

月…ナマコ漁を続けるため海に出ている」[Anderson J. 1890：32]と記述している。1900年頃に採捕対象となっていたナマコは4種類であり、大体1mから4.5m（3～15フィート）の間の深度に棲息するものを捕っていた。そうして採捕したナマコはペナンなどの海峡植民地へ輸出され、高品質なものはスープに、低品質なものは肥料として用いられた[Carrapiett 1909：13]。スリン諸島のモーケンによると、最も古くから採捕してきたナマコは白ナマコ（*kaji potiak*）であったが、1960年代以降からは取引き先の華人の要求に従って採捕対象種を徐々に増やしていったようである。

(2) 夜光貝(写真7-2)：

　夜光貝はサザエに似た形を持つ大型の巻貝である。岩に棲息しており、モーケンは岩の死角となるような底部や割れ目を注意深く探す。1900年頃は、およそ1.8mから2.8m（6～9フィート）の深さで採捕されていた[Carrapiett 1909：13-14]。1年で、1隻に8000匹もの数が集められたらしい[Anderson J. 1890：21]。

　採捕した夜光貝は、肉と貝殻を別々に売っていた。肉はナマコと同様に天日干しし、黒くなったものを地元の商人に売り、華人の消費のためにペナンへ運ばれた。貝殻に関しては、ペナンに運ばれた後に中国へ向かったという。肉は裕福な華人の珍味としてご飯と一緒に食され、貝殻は櫛やボタン、またはナイフの柄などへと加工された[Carrapiett 1909：13-14]。聞き取りによると、1960年代頃のアンダマン海域では、採れる時で、1日に60個も採捕できたそうである。[9]

(3) 鼈甲(写真7-3)：

　モーケンが販売目的で採捕対象とするウミガメはタイマイである。1年を通して捕獲されていた。モーケンはウミガメを発見すると専用の銛を手に持ち、狙いが定まると船の舳先から海に飛び込みながら、体重を乗せて打ちこむ。銛先は取手部分の丙と縄でつながり離脱するようになっており、銛先の打ちこまれたウミガメが逃げても捕獲しやすいようにできている。1900年頃には、1隻が1シーズンに捕獲する鼈甲の重さは8～9.6kg（5～6viss）に達していたという[Anderson J. 1890：22]。甲羅はメルギーにおいて売られ、櫛やボタン、あるいはカ

9　2008年3月2日と4日に行った、スリン諸島ボンヤイ村におけるスナイへのインタビューによる。

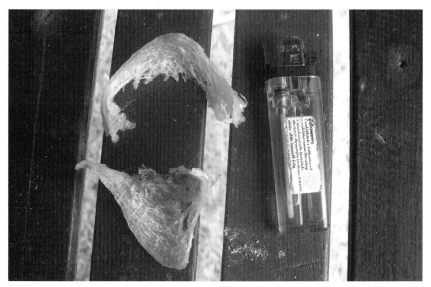

写真 7-4　ツバメの巣

フスボタンやヘアピンといったさまざまな装飾品に加工され、その多くは中国またはヨーロッパへと輸出され、一部はラングーン（ヤンゴン）へと渡った［Chhibber 1927：148］。

(4) ツバメの巣（写真 7-4）：

　ツバメの巣は、洞窟内の高所に作られる。モーケンは数本の竹をつなぎ合わせてこれをよじ登り、専用の道具を使用して岩にへばり付いた巣を収集する。安全器具を身に着けずに相当な高さまでよじ登るので、落ちたら軽傷ではすまない大変危険な仕事である。1920年頃の記録では、毎年かなりの数のモーケンが落下により命を落としていたという［Ainsworth 2000 (1930)：85］。

　収穫時期は3月〜5月の乾季である。雨季である南西モンスーン期になると湿度が上がり巣の色が赤っぽくなり、商品としての価値が下がるからだ。白ければ白いほど良質なものとされる。1900年頃は、メルギー諸島のタヴォイ島（ダウェーの南、キング島の北に浮かぶ島）を中心としてジャワアナツバメ（*Collocalia fuciphaga*）の巣が採捕されていたようで、そこからメルギーに集荷され、さらにシンガポールや香港へと輸出されていた［Bird 1897：225］。

以上が、比較的自由にアンダマン海域を移動することができた頃における特殊海産物の採捕状況である。

2. 現在における特殊海産物の採捕――1981年以後から2004年まで

　現在における特殊海産物の採捕内容を紹介するにあたり、私が現地調査を続けているスリン諸島のモーケンを事例として取り上げたい。1980年代に進められた海洋国立公園化の発端となった島であり、モーケンがこの島に陸地定着したのも国立公園指定の動きと重なる[10]。国立公園指定域に暮らすモーケンは、沿岸部に建てた家屋を拠点として漁撈活動に携わっており、スリン諸島に暮らすモーケンの生活は、現在における特殊海産物の採捕状況を把握するために有益な情報を提供してくれる。ここでは、私が現地調査で得たデータをもとに、ナマコ、夜光貝、鼈甲、ツバメの巣の採捕状況を確認したい。

(1) ナマコ

　国立公園が観光客に公開されている乾季（北東モンスーン期の11月から4月）の間は採捕が厳格に禁止されているので捕らない。国立公園が閉まる雨季（南西モンスーン期の5月から10月）の半年間に集中して採捕する。モーケンにとって、最も重要な漁撈活動である。5月初旬から6月下旬にかけては浅海域に棲息するナマコを素潜りで採捕し、同域のナマコを捕り尽くした後、より深い海域（水深20m）に棲息するナマコを採捕する。6月下旬までは、比較的浅いところに棲息しているので、中潮期や小潮期（上弦と下弦の前後）においても、干潮時に合わせて漁をする。9月頃には大潮期（満月と新月の前後2日間）の干潮時にしか採捕できなくなる。スリン諸島の場合、通常は9月中旬から10月上旬の間に、国立公園事務所から禁漁が通達される。採捕対象となっているのは全部で25種類である（第10章で詳述）。

10　アンダマン海域で最初の海洋国立公園は、マレーシアとの国境近くに浮かぶタルタオ島（1974年指定）であるが、国立公園指定の動きが加速したのは1980年代である。このことは、ウラク・ラウォイが多く暮らすピピ島とランタ島が、それぞれ1983年と1989年に国立公園に指定されていることからも理解できる。今日ではいずれの島も、国内外から訪れる観光客で賑やかである（とりわけ乾季）。

西暦	(大)Baht/Kg	(小)Baht/Kg	取引場所
1998	600	200~300	ラノーン県 ラノーン
1999	700	200~300	
2000	800~900	500	
2001	不明	不明	
2002	1200	700	パンガー県 クラブリー
2003	1300~1400	700	
2004	1300~1400	700	
2005	1500~1700	700	
2006	1700	700	
2007	1800	700	
2008	1800~2000	700	

表7-2　仲買人による夜光貝の買い取り価格の変遷

(2)夜光貝

　スリン諸島が国立公園に指定されて間もない1980年代初頭は、比較的浅い海でもよく捕れた。夜間に採捕活動を行なうことが多く、1人が松明を持って岩場から海面を照らし、もう1人のモーケンがその灯りを手がかりとして、2mぐらいの水深に棲息する夜光貝を集めていた。小ぶりではあるが、多い時で一晩に20匹から30匹程度捕ることができた。

　しかしながら、1990年代以降はもはや浅海で捕れることはまれであり、5mから10m、あるいはそれ以上深く潜らなければ発見は困難になっている。夜光貝の量は着実に減ってきており、年間を通しても、一世帯がスリン諸島周辺で採捕できる量は10匹にも満たない。スリン諸島のモーケン男性の間では、プーケットに住む海民集団ウラク・ラウォイッが、スリン諸島周辺まで「密漁」にやって来ていることが原因の1つだと考えられている。現在では仲買業者は貝殻のみしか買い取らないので、肉は自家消費されている。

　スリン諸島に定住するようになったモーケンは、南方に位置するシミラン諸島にも出漁するようになった。1982年に国立公園に指定された後も、しばらくの間はシミラン諸島で素潜り漁を堂々と行なうことができたが、1990年代後半から同諸島の国立公園事務所の管理が厳しくなり、採捕活動を公に行なうこと

ができなくなった。浅いところで捕れることは稀であり、10mから20mくらい潜る必要がある。多い時で一晩に10匹近く採捕できるが、近年では1匹も採れないことも珍しくない。個体数が減少する傾向にあり、仲買人による買い取り価格が上昇してきている（表7-2）。

(3) 鼈甲

　スリン諸島が国立公園に指定されて以降、ウミガメ、ロブスター、シャコガイの3種類の海生生物の採捕が厳しく制限されるようになり、公には捕らなくなった。国立公園当局側は、「ウミガメは国王の所有物であるから」とモーケンに理由を説明して、ウミガメ漁を禁止している。それに伴い、本土においても鼈甲を買い取る仲買業者がいなくなった。換金用の特殊海産物として採捕することはなくなったが、しばしば食用として捕獲する。その場合、秘密裡に行動をとる必要があるため、漁の最中や肉の分配時にはウミガメに関する単語を使用することはない。たとえば、タイマイはモーケン語でガラ（kara）と呼ぶが、国立公園指定後は、鶏を意味するマノック（manok）という隠語を用いることが多い[11]。捕ったウミガメは海に面した岩陰で解体し、肉は捕獲者とその親縁者に分配され、鼈甲は林へ投げ捨てられることが普通である。ごく少数の女性が鼈甲を用いたアクセサリーを作製するが、あくまで彼女たち自身が身に着けるためのものであり、観光客向けに販売されることはない。

　モーケンが口を揃えて言うことは、観光客が島にたくさん訪れるようになってから、ウミガメを以前ほど見かけなくなったということである。その理由を、ウミガメは人間のいる場所に近づこうとしないからだと彼らは説明する。島の

11　ベルナツィークが収集したモーケンの口頭伝承にガラに関するものがある。その内容は以下の通りである。《むかしむかし、一組のモーケン族夫婦がいた。彼らは自分たちの小舟を海岸に引き上げてしまっていた。ある朝、女が夫に向かっていった。「今日は漁に出かけないで!」「なぜいけないのだ」と男は問うた。「とても悪い予感がするの。なぜだか言えないけれども」と彼の妻は言った。しかし、男は妻の懸念などどこ吹く風とばかりに、彼女を連れて出発した。彼女が漕ぐ一方、彼の方は舳に立って亀の姿を求めていた。しばらく経って彼が後ろを振り返ってみると、妻の姿はそこにはなかった。彼は彼女を捜し求め、呼び求めた。すると彼女は突然に海の中から姿を現した。しかし、彼女は亀に変わってしまっており、ただ彼女の頭だけがもとの人間のままで残っていた。その時から、彼女は海中に住まねばならず、彼女はカラと呼ばれている。》［ベルナツィーク 1968(1938)：51-52］

項目＼時間	過去(1980年以前)	現在(1981年以後)
ナマコ	・マンタ漁の次に重要な漁の対象種 ・北東モンスーン期を中心として年中採捕 ・採捕対象種が少ない ・浅い場所で採捕	・最重要な漁の対象種 ・南西モンスーン期に採捕 ・採捕対象種が多い ・深い場所で採捕
夜光貝	・浅い場所で採捕 ・採捕獲得数多量	・深い場所で採捕 ・採捕獲得数少量
鼈甲	・年中自由に採捕	・政府の管理強化により採捕困難
ツバメの巣	・自由に採捕 ・北東モンスーン期に採捕	・政府の管理強化により採捕困難 ・北東モンスーン期は観光業に従事

表7-3　過去と現在における特殊海産物の採捕内容の比較

周辺を船が往き来し、観光客が砂浜を歩きまわるので、昔に比べるとウミガメがスリン諸島に卵を産みに来なくなったのだという。モーケン曰く、「ウミガメは人間の臭いを嗅ぎとる (kara pinyoi baooi lolo manut、直訳では〈タイマイ、ミドリガメは人間の肉の臭いを嗅ぎとる〉)」らしい。

(4)ツバメの巣

　モーケンは現在、ツバメを採取できる乾季(北東モンスーン期)は、国立公園事務所が提供する賃労働に従事するようになっている。そのため、採集に出かける時間がなく、また採捕することが禁止されていることもあり、採りに出かけることは稀である。また同時期には、天候が良好で波も穏やかなために視界が通り、海上パトロールによる監視が厳しくなるので公には採捕できない状態である。

第3節　過去と現在の比較検討

　本節では第2節で提示した、ナマコ、夜光貝、ウミガメ、ツバメの巣という4種類の特殊海産物の採捕内容について比較検討する(表7-3)。
　ナマコの項目を比較して気付くことは4点ある。1点目は漁撈活動における重要度[12]の変化である。過去においてはマンタ漁の次に重要な漁撈活動であったと

12　ここで言う重要度とは、漁を行なう頻度と特殊海産物の交換によって得られる現金収入の高さ(ないし物資の多さや価値の高さ)によって測られるものである。

されるが、現在においては最も重要なものとなっている。この変化をモーケンは、マンタの個体数が減ったことを理由として説明するが、それだけではなさそうである。過去においては、船に乗りつつマンタを求めてアンダマン海広域を自由に移動できたのだが、現在においては政府による海域管理が強まり、定住先周辺の海域のみを利用することが多くなっていることも、回遊性のマンタとの遭遇率を下げている可能性がある。

2点目は漁期の変化である。過去においては、一年を通してナマコ漁が行なわれていたが、現在では雨季のみに限定されている。中でも1月頃の乾季がナマコ漁の最盛期であったのだが、現在その時期は観光客による海域の利用が優先されるため、モーケンはナマコを採捕することができない。では、雨季におけるナマコ漁はどのようになされているのか気になるところであろうが、その点については第10章で詳しく述べたい。

3点目は対象種の増加についてである。過去と現在の内容を比べて目立つのは、採捕対象種が急激に増えていることである。1900年頃は4種類であったのだが、それから約100年後には25種類にまで増えている。その背景には、1980年代以降の中国市場の開放や東南アジア諸国の経済成長がすすむ中で、世界各地においてナマコの需要が高まっていることが指摘されている［赤嶺 2010：268］。あらゆるナマコが、華人家庭の食卓に上がるようになったのである。

4点目は潜水深度に関係する。採捕対象種が増えたこととも関係する。かつては5m未満の深度に棲息するナマコを採っていたが、現在では20mまで潜ってあらゆる種類のナマコを採捕するようになっていることも看過できない変化である。

次に夜光貝の項目を比較してみよう。この項目で目立つのは、採捕する際の深度が深くなっていることと漁獲量が減少傾向にあることの2点である。1900年頃は3m未満の深さで採捕していたのだが、近年では5mから20m程潜って採捕することが普通になっている。かつては年間で数千匹もの夜光貝を獲ることが可能であったのが、今日では数十匹しか確保できない状態となっている。以前は比較的浅い海域でも採捕できたのだが、浅海域に棲息する夜光貝を獲り尽くした結果、より深く潜るようになっていると見てよいであろう。また、海域における移動と漁場に制約が加わるようになり、夜光貝を採捕するという漁撈

活動に制限があるために、漁獲が減少している側面もあるだろう。

　鼈甲はタイマイの甲羅のことである。現在では販売を目的として獲られていない。過去においては1シーズンで10kg近い鼈甲を収集していたが、国立公園指定後の現在においてはタイマイを含むすべてのウミガメを捕獲することは許されておらず、鼈甲は特殊海産物の対象とされていない。1975年にワシントン条約（絶滅のおそれのある野生動植物の種の国際取引に関する条約）が発効し、1977年にはタイマイの種全体が附属書1に掲載されたことにより、世界的に捕獲が規制されるようになったという背景があることも忘れることはできない。しかしながら、自家消費用として捕獲は続けられており、ウミガメの肉は「鶏肉」として食卓に上がっていることがわかった。

　ツバメの巣に関しては、かつては採集の最適期である乾季に採捕が集中的に行なわれていたが、現在その時期は観光客向けの仕事に従事しているため、捕りに行くことはほとんどなくなっていることが明らかとなった。

　全体的に見ると、特殊海産物の採捕内容の変化には、いくつかの共通点があることに気付く。それは、①採捕時期、②潜水深度、③獲得数という3つの変化である。①については、潜水漁に顕著な変化である。特殊海産物を採捕する最適期は乾季（北東モンスーン期の11から4月）であるにもかかわらず、現在では雨季（南西モンスーン期の5月～10月）が集中的に採捕する時期となっている。1980年代に進められたアンダマン海域の国立公園化は、モーケンの陸地定住化を促しただけでなく、生産活動の時期さえも変える契機となっていたことがわかる。②については、ナマコと夜光貝の項目で共通する変化である。これらの対象物を採捕するために、過去に比べるとずいぶん深くまで潜るようになっていることが具体的な数字で明らかとなった。③については、採捕できる個体数が減少しているという変化である。夜光貝に関しては、この100年の間に獲得できる数が急減しているし、ツバメの巣の場合は採捕すること自体が禁じられているために、採集量が減っている。採捕時期が雨季のみに限られていることも、獲得数の減少傾向に拍車をかけていよう。

　では、採捕時期が限定され、潜水深度はより深くなり、特殊海産物の収量が減少しているように見える現在において、モーケンの人びとはどのように漁撈活動を行なっているのだろうか。この点については、第10章で論じたい。

コラム2
ゴミとの幸福／不幸な関係性

　スリン諸島の国立公園事務所では、増え続ける観光客に対応するためモーケンを労働者として雇うようになったことは第6章で述べた通りである。女性の主な仕事は、砂浜やテントなどの掃除、それに食器洗いである。男性の場合、船を操縦して国立公園があらかじめ指定するシュノーケリング・ポイントまで観光客を送るのが主な仕事である。この他、モーケンにとって大きな収入源となっているのがゴミである。

ゴミと生きる
　国立公園当局は、島周辺域に散するさまざまなゴミをモーケンに集めさせ、それを買い取っている。たとえば、魚網は5バーツ／kg、縄は2バーツ／kgで買い取る。これら2種類のゴミの場合、ほとんどは波打際に打ち上げられているか珊瑚礁に引っかかっている。他にも、鉄類が5バーツ／kg、紙類（ダンボールなど）が3バーツ／kg、プラスチック類が6バーツ／kgで取引される。鉄類はものによっては海底に沈んでいるので、モーケンは得意の素潜りでそれを引きあげる。回収されたゴミは、国立公園が所有する専用の船に乗せられ、本土へと運ばれる。ほとんどのゴミは、スリン諸島近海で漁を行なう、あるいは通過する大型・中型船から海洋投棄されたものと考えられている。では、漁船はどこからやって来ているのだろうか。その手がかりとなるのがペットボトル（Plastic Bottle）である。

　2007年11月22日午後、私はモーケン男性2人に付いて、ペットボトルの収集へ出かけた。約3時間かけて集めた容器の数はおよそ200本。一緒に行ったモーケン男性は、「ゴミはお金（のもと）である」と語った。村に戻った後、私は漂着した容器に記されている文字から製造国を割り出してみた。するとタイ、マレーシア、シンガポール、インドネシア、ベトナム、モルディブの順に多かった。ビルマのものが見当たらないことは意外だった。割合としてはタイが約50％、マレーシアとシンガポールがそれぞれ約20％、インドネシアが約8％、ベトナムとモルディブがそれぞれ1％であった。もちろんプラスチック類に関しては、当該国沿岸から流

れてスリン諸島に漂着した可能性はあるが、ほとんどのゴミは近海を航行する船から投棄されたものである。

ゴミ収集の裏にあるもの

これまで見てきたように、スリン諸島のモーケンは、漁船から海洋投棄されるゴミを拾い、それを国立公園に売ることで現金を得ていた。このことはエコ活動にもつながっており、ゴミが貴重な収入源となっているという意味で、モーケンとゴミの関係は「幸福」なものと呼べるのかもしれない。しかし冷静に考えてみたい。そもそも、モーケンが貨幣を得なければ生きていけなくなった背景を。国立公園指定後の狩猟採集制限が、現金獲得手段としての観光活動へ参加する契機を用意し、ゴミ収集の動機付けを与えたのではなかったか。また、商業漁業の発展が海洋資源の減少という結果を招き、ゴミの海洋投棄による汚染という問題を引き起こしている。その悪影響を直接被るのは、モーケンのような海と密接な関わりを持つ「小さな民」である。一見すると、モーケンとゴミとの関係は「幸福」なようにも見えるが、実は「不幸」な政治経済的文脈に絡めとられた「幸福」であることがわかると思う。

海岸に打ち上げられた漂流ゴミのペットボトルの山

ゴミを集める少年

第3部

2004年インド洋津波後、スリン諸島に設置された津波警報塔

津波をめぐる出来事

第8章
〈災害〉の経験

　第2部において、タイで観光開発が推進され、アンダマン海域の広域が国立公園に指定された結果、モーケンは陸地定着し、観光業に従事するようになったことを述べた。スリン諸島のサンゴのリーフはもはや、モーケンが独占的に利用できる空間ではなくなった。かつてのモーケンにとって、特殊海産物を採捕する主要な時期であった北東モンスーン期（乾季）の半年間は、観光客によるシュノーケリングやダイビングなどの娯楽活動が優先されるべき期間となり、モーケンは国立公園の仕事に就くことで観光客の活動を支えていることを明らかにした。特に観光客がスリン諸島に多く訪れるのが年末年始である。

　まさにその観光シーズン真っ盛りの中、2004年インド洋津波はスリン諸島を襲った。この津波により3名の観光客が犠牲となったが、津波が来ることを察知していたモーケンは、素早く高台へ上がったことで全員助かった。

　本章では、モーケンにとっての〈津波〉とは何であったのかを、彼らが被災した後に経験した出来事に注目して明らかにすることを目的とする。まず第1節において2004年インド洋津波によるタイの被害の概況を確認する。第2節では、スリン諸島のモーケンが津波の襲来を予測できた理由を、メディアによる報道とモーケン自身による語りとの比較において検討する。その結果、外部者が津波として報告しているものが、当事者にとっては津波とは関係のない、洪水神

1　本章では、モーケンが認識するようになったと考えられる概念を〈災害〉や〈津波〉と括弧付けで示し、学術分野や一般的に言及される括弧なしの災害や津波と区別する。また、メディアがモーケンの行動を災害に結び付けて言語化したものを災害と傍点をつけて示す。その他、〈災害〉はモーケンとメディアが創りあげたと考えられるものを一語で表したい時に用いる。
2　出来事とは、個人的経験そのものではなく、他者と共有されるものであり、出来事には個々の出来事の重なりから共有される出来事が抽出され、固定化され、歴史化され、さらには神秘化されるプロセスがある［西井 2007］。本章では、グローバルな状況下に置かれた被災社会において、外部社会と関わる上で発生した出来事に注目し、その出来事を通して〈災害〉なるものが被災者間で抽出され、固定化され、歴史化されているプロセスを中心に報告する。

話ラブーンとして認識されていたことが明らかとなる。第3節では、インド洋津波の後、タイ本土の寺院で避難生活を送り、再びスリン諸島に戻って生活を送る中で、モーケンがどのようにインド洋津波を〈災害〉や〈津波〉として認識するようになっていったのか、その過程を描く。第4節では、ラジオによる津波情報やブラジル人による津波予知の報道がきっかけとなった、モーケン社会で起きた出来事に注目することで、モーケンがどのように〈津波〉を理解するようになったのか、具体的な事例をもとに明らかにする。第5節では、メディアが報道する災害とモーケンが共有していった〈災害〉の間にある差異について検討する。また、災害情報の越境性に注目することで、タイの周縁に位置するモーケン社会と外部社会との接触について、2つの〈災害〉に着目しながら若干の考察を加えたい。

第1節　2004年インド洋津波によるタイの被害

　2004年12月26日、現地時間午前7時58分53秒、インドネシアのスマトラ島西方沖を震源として、マグニチュード9を超える巨大地震が発生した。震源地から北に向かって1000km以上にわたって海底岩盤の断層が破壊され、その衝撃から生じた大きなパワーは大津波へと形を変えてインド洋沿岸諸国を襲い、深い爪痕を各地に残した。インドネシア、スリランカ、インド、タイ、ソマリア、モルディブ、マレーシア、ビルマ、タンザニア、セイシェル、バングラデシュ、イエメン、南アフリカ、ケニア——犠牲者数の多い順に配列、ただしセイシェル、バングラデシュ、イエメン、南アフリカの4ヵ国はいずれも2人——の計14ヵ国で死者・行方不明者が出ており、この地震と津波による犠牲者は22万人を超える［林勲男 2010：16］（図8-1）。震源地に近いスマトラ島だけで17万人以上が犠牲となった。少なくとも過去100年間において、史上最大の人的被害をもたらした災害である。

　タイにおける死者・行方不明者数は、被害の最も大きかったインドネシアに比べれば少ないものの、それでも8000人を超える（表8-1）。津波が来襲した地域はアンダマン海に面するラノーン県、パンガー県、プーケット県、クラビー県、

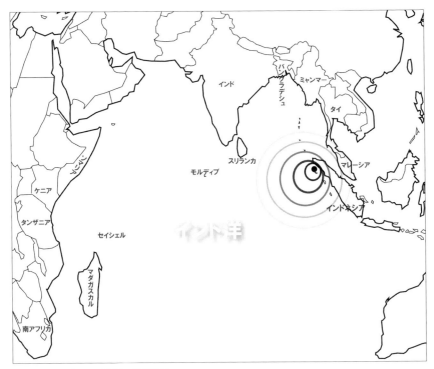

図8-1　2004年インド洋津波の被災地域

県	死者				行方不明者		
	タイ人	外国人	国籍不明	計	タイ人	外国人	計
ラノーン	153	6	0	159	9	0	9
パンガー	1,389	2,114	722	4,225	1,352	303	1,655
プーケット	151	111	17	279	245	363	608
クラビー	357	203	161	721	314	230	544
トラン	3	2	0	5	1	0	1
サトゥーン	6	0	0	6	0	0	0
合計	2,059	2,436	900	5,395	1,921	896	2,817

（内務省災害防止軽減局ホームページ＜2005年9月5日付資料＞より作成）

表8-1　津波によるタイの死者・行方不明者数

県、トラン県、サトゥーン県の計6県である（図8-2）。中でもパンガー県における被害は甚大であった。たとえば産業面では、6県が被った約150億バーツ（450

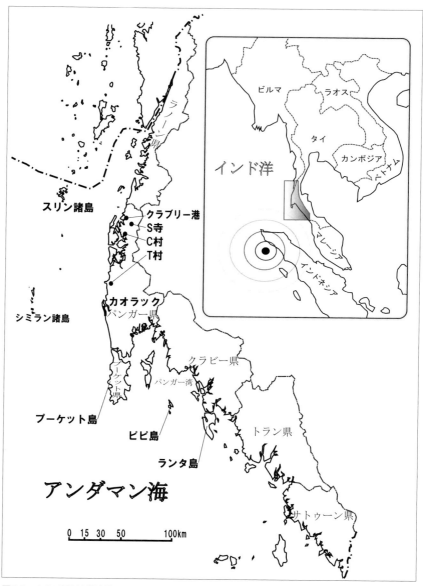

図8-2 タイの津波被災地域

県	漁業	家畜	農業	産業施設	県別合計(バーツ)
ラノーン	170,737,983	3,049,138	636,065	830,000	175,253,186
パンガー	913,218,491	13,660,585	2,458,363	6,456,085,000	7,385,422,439
プーケット	344,911,169	303,650	184,146	3,510,849,852	3,856,248,817
クラビー	191,696,510	325,240	342,900	2,683,651,780	2,876,016,430
トラン	68,934,000	43,292	1,838,700	6,600,000	77,415,993
サトゥーン	119,393,730	243,600	1,165,000	0	120,802,330
合計	1,808,891,883	17,625,505	6,625,174	12,658,016,632	14,934,159,194

(内務省災害防止軽減局ホームページ＜2005年7月25日付資料＞より作成)

表8-2 産業面の被害

の被害規模の内、およそ半分がパンガー県における被害であり、産業施設(宿泊施設、食堂、商店、屋台)に関しても、約127億バーツ(381億円)の被害総額の過半をパンガー県が占めている(表8-2)。特に、海外からダイバーが多く集まるカオラック沿岸部は、津波により壊滅的状態となった。海底の地形の影響で、それまで平行に進行していた波が屈折して1点に集中し、この地域に押し寄せたためである。プーケットに到達した波は約5mの高さのものであったのに対し、カオラックでは10m以上の高さの波が襲ったのである。

　被災の規模としては、パンガー県の次にプーケット県、クラビー県と続く。これら3県に共通するのは、それぞれ有名な観光地を有しているという点である。風光明媚なパンガー湾でカヤックを漕いで風景を満喫する者、プーケット島の賑やかなビーチで各種マリン・アクティビティーを楽しむ者もいれば、レオナルド・ディカプリオ主演の映画『ビーチ』(20世紀フォックス配給、2000年)の舞台となったクラビー県のピピ島でゆったり寛ぐ者もいる。また、カオラックを拠点にダイビングをしたり、スリン諸島やシミラン諸島でシュノーケリングを楽しんだりする者もいる。津波はこれらの土地に来ていた観光客を襲い、タイの観光産業に大きな打撃を与えた[3][市野澤 2011a]。そして犠牲者の半数以上が余暇を楽しむために訪れていた外国人であった。

　その一方で忘れてはならないのが、アンダマン海域に訪れた観光客のために、

3　直接的な被害だけでなく、「風評被害」による観光産業への打撃も多大なるものがあった［cf. Ichinosawa 2006, 市野澤 2009］。プーケット在住日本人が風評災害からの復興を試みる過程については、市野澤［2011b］に詳しい。

サービス業に従事していた者たちの存在である。ビーチ沿いに建ち並ぶバンガローなどの宿泊施設で働いていた不法滞在のビルマ人やタイ人低所得者、あるいは観光客の胃袋を満たすための魚介類を捕ってくる沿岸に暮らす零細漁民、これらの人びとも観光客と同様に津波に被災したことを覚えておく必要がある[4]。第1章で取り上げたように、災害とは「国家的・国際的水準の外的な支援の要請を必要とする、地域の耐久度を超える状況ないし事象であり、甚大な被害や破壊、それに人的苦難をもたらす、予測困難な度々突然訪れる出来事である」[Guha-Sapir et al. 2015：7] という定義をあらためて確認するならば、2004年インド洋津波は、予期することができず、突如として人間社会を直撃し、多くの被災者に艱難辛苦を味わわせたという意味で、まさに災害であった。

　ところが、津波の来襲を事前に察知し、直撃を免れた人びとも存在する。そのうちの一集団が、私が調査対象とするスリン諸島のモーケンである[5]。彼らはいったい、津波災害をどのように認識し、対処したのであろうか。次節では、メディアによる報道内容とモーケンの語りの内容を比較する。

第2節　津波と洪水神話ラブーン

1. 報道

　津波来襲を回避したモーケンの逸話を最初に報道したのは、おそらくタイの英字新聞ネイション [The Nation 2005a] である[6]。2005年1月1日付の同紙には「漂海民モーケンとして知られるタイの漁民の代々受け継がれた知識が、アジアの津波から村全体を救った」と書かれている。その知識とは、「もし潮が急速に引

4　漁村の被害状況については、小河 [2005, 2011a, 2011c, 2013] に詳しい。タイ全体の被害状況と政府の対応、また支援金の分配の問題については、佐藤 [2005, 2008] が論じている。津波被災後にタイ政府が設置した委員会は**表8-3**のとおりである。3の (1-1) においてスリン諸島のモーケンが取り上げられていることに注意されたし。

5　インドネシア、アチェ州シムル島においても、「スモン」と呼ばれる同様の内容を持つ口頭伝承が存在し、多くの人が助かっている [高藤 2015]。

6　CNN (AP通信配信) も同日に同内容をインターネット上に公開した。アジアの津波とは2004年インド洋津波のことを指している。The NationとCNNでは "Morgan"、朝日新聞では「モガン」という呼称が使用されているが、本章ではすべてモーケン (Moken) に統一した。

第8章 〈災害〉の経験

1. 南部6県の被災地域問題解決及び救援実行委員会
   (1) 外国人観光客支援小委員会
   (2) 被災者支援小委員会
   (3) 被災漁民支援小委員会
   (4) 失業者支援小委員会
   (5) 小規模事業者支援検討小委員会
   (6) 大規模事業者支援検討小委員会
   (7) 被災者用居住地確保小委員会
   (8) 被災児童生徒支援小委員会
   (9) 被災政府機関支援小委員会
   (10) 被災した9機関の復興支援予算及び準備金の底がついた機関の経費補償検討小委員会
   (11) 公務員に対する待遇検討小委員会
   (12) 南部6県の被災地域問題解決及び救援に関する情報網作成小委員会1
   (13) 土木及び建造物修復・復興小委員会

2. 地方行政機関に対する権限分配委員会
   (1) 南部被災地域問題解決のための一般支援金分配規定検討小委員会(仏暦2548年度予算)

3. アンダマン海岸における観光業復興委員会
   (1) アンダマン海沿岸域6県の観光業復興戦略枠に沿った共同作業計画小委員会
   (1-1) パンガー県スリン諸島国立公園、モーケンの生活復興計画
   (1-2) 観光客のための災害警報及びビーチ・ガード計画作業部会
   (2) 国立津波記念館建設計画実行小委員会

4. 天然資源と被災地域コミュニティの復興・開発委員会
   (1) 被災地域コミュニティ及び天然資源・環境復興枠組みと方向性策定小委員会
   (2) 被災地域の天然資源・環境復興のための国際間協力小委員会
   (3) 被災地域の天然資源・環境の被害査定小委員会
   (4) 天然資源・環境復興における市民協力振興小委員会
   (4-1) コミュニティ生活環境復興・開発計画作成のための市民社会及びコミュニティの連携作業部会

5. 職業復興及び雇用創出委員会

6. 早期警報システム調査委員会
   (1) 危険地域における警報システム構築小委員会
   (2) 早期警報システム使用のための電気通信システム構築・開発調査小委員会
   (3) 通信科学技術小委員会
   (4) 国立警報センター運営小委員会
   (5) 地すべり及び気象学に関する災害警報小委員会
   (6) 大波(津波)及び自震災害に関する情報小委員会
   (7) 空気汚染に関する災害警報小委員会
   (8) 水質汚濁に関する災害警報小委員会
   (9) 山火事による災害警報小委員会
   (10) 石油流出事故に関する災害警報小委員会
   (11) 津波発生計測機器小委員会
   (12) 農業に関する災害警報小委員会
   (13) 水害に関する警報小委員会

7. 津波被災地域で発生した事件に関する事実関係の調査委員会
   (1) 津波発生の事実関係調査小委員会
   (2) 大規模被災事業者の支援・復興小委員会
   (3) 寄贈物資管理及び被災者支援小委員会
   (4) 公共事業・通信・労働力に関する小委員会
   (5) 自然災害に対する市民の知識向上小委員会
   (6) 医療・看護・遺体鑑定に関する小委員会

表8-3　2004年インド洋大津波発生後に設けられた各種委員会
(内務省災害防止軽減局ホームページより作成)

いたら、消えた分量の水が戻って来る」という年長者の教えであった。モーケンは、過去から連綿と伝達される海に関する知識を共有していたことで、命が救われたというのである[7]。

　この報道の後、日本でも同様の内容が伝えられている。たとえば、朝日新聞［2005a］では「異常な引き潮を見たら、山へ逃げろ」という先祖からの言い伝えが島民を救ったと紹介している。タイ字紙上でも、「津波災害を免れたモーケンの方法[8]」という見出しが付けられ、「潮が早く引けば早く満ちてくる、潮が多く引けば大量の海水が戻って来る」という先祖代々伝わる口頭伝承を取り上げ、スリン諸島のモーケンが津波来襲を事前に察知していたことを報道した［Khom Chat Luek 2005］。

　タイにおける他の被災地では、突如干上がった砂浜に残された魚を漁る地元の人びとや、潮の引いたビーチで遊び続けた観光客が多く犠牲になったのだが［cf. The Nation 2004；朝日新聞 2004；柄谷 2010：142］、モーケンはそれらの人びととは正反対の行動をとっていたのである。確認される犠牲者数が急増する中で、スリン諸島のモーケンの逸話は世間の耳目を引いた。学識者の中には「海の民（モーケン）のような自然に対する意識が発達した文化こそ最良の警報システム」だと主張する者まで現れた［Surichai 2005］。

　ここで確認しておきたいことは、各報道で採用されている共通の語り口である。それは、津波が災害であることを前提としており、モーケンの口頭伝承を災害と関連付けている点である。しかしながら、インタビュアーに対してモーケンが発した言葉に災害や津波という単語は確認できない。それにもかかわらず、モーケンの口頭伝承と行動は、聞き取りを行なった記者によってアプリオリに災害と結び付けられて解釈されたのである。モーケン社会に災害文化――被災体験を通じて作り出される災害防衛のための知識体系［林春男 1988］――があると想定し、それを強調することで、自然環境の兆候に反応が鈍くなっている

7　過去にもアンダマン海域で津波が発生しており［Jankaew et al. 2008］、モーケンも小規模な津波を経験していることが分かっている［鈴木 2010：179-180］。そうした経験をもとに口頭伝承が伝えられた可能性がある。

8　タイ語のローマ字表記ではsuenami。当初、津波ではなく巨大波（kluen yak）という言葉が使用されていた。それまで、タイ社会において津波という現象はほとんど知られていなかったが、2005年に入るまでには発生のメカニズムや語源などの知識がメディアを通じて急速に普及していった。

現代社会に対し、警鐘を鳴らしていると解釈できる。報道におけるモーケンは、津波という災害に適切な対処をした人びととして描かれていると言えよう。

2. 語り

モーケン自身によって語られる内容は報道のそれとどのように異なるのであろうか。先に答えを述べると、私による聞き取り調査で明らかになったことは、報道で津波と伝えられていた出来事を、モーケンはラブーン（labun）として認識していたということである。

ラブーンとは、モーケン社会に代々口頭で伝えられるある神話の一部を指しており、全世界が海水で埋まるような洪水状態やそれを引き起こす巨大波を表すモーケン語の名詞でもある。物語の概要は、ラブーンに襲われたあとに1つの島が残り、そこにモーケン、タイ人、西洋人、インド人、日本人、それぞれ1組ずつ生き残ったという、モーケンの起源を伝えるものとなっている。この内容は、イヴァノフ［Ivanoff 2001：343-344］が収集した「鶏などを船に詰め込み、大波と強風の中を漂流し、ある島に辿り着いた後にモーケン、ビルマ人、華人、マレー人はそれぞれの土地へと散らばっていった」という「洪水とノミの島（The Flood and the Island of Fleas）」の話と重なる。この神話を記述するにあたり、彼自身はラブーンという言葉を記していないが、キリスト教の影響を受けた物語ではないかと推測しているように、われわれに旧約聖書の創世記に記された洪水神話を想起させる内容となっている。またベルナツィークは、次のようなモーケンの口頭伝承を記録している。

> むかしむかし、モーケン族は大陸に住んでいた。ところが、ある悪い精霊の娘が岩を海中に投げ込んだ。波は高まり、海は大陸を水浸しにし、動物たちは溺死してしまった。ただ島が1つだけ海上に頭をのぞかせていた。その時、モーケン族がある呪術を行なうと、海は後退し始めた。しかし、水は全く引いてしまったわけではなく、その時以来モーケン族は、洪水に

---

9 2009年2月10日のスリン諸島ボンヤイ村におけるドア（Doa）へのインタビューによる。私が日本人であることが、彼女の語りの中に日本を登場させたものと考えられる。
10 世界各地に伝わる洪水神話についてはフレーザー［1973］と篠田・丸山編［2005］に詳しい。

よって島と化した土地の上に住まねばならなくなった［ベルナツィーク 1968 (1938)：47-48］

　ここでも洪水と述べられているだけであり、ベルナツィークが聞き取りを行なったモーケンが、どのような言葉で洪水を表現したのかまでは知ることができない[11]。そうではあるが、この物語でも1つの島にモーケンが生き残るという、先にあげた話と同じような内容を確認できる。
　では次に、具体的にどのような語りを私に聞かせてくれたのか見ていくことにしよう。最も多く聞かされたのは、「潮が急に異常に引いたらラブーンが来る（*kaen chalek punamat labun nadin ka*）」という、メディアによる報道と似通った内容の口頭伝承であった。ただし、前述の記事内容と明らかに異なるのは、潮が引いた後に戻って来るのは「消えた分量の水」や「大量の海水」などではなく「ラブーン」と言明している点である。モーケンは海の異変状態に気付いてラブーンが来ると思い、高台に逃げたのであった。それにしても、洪水神話ラブーンがモーケンの日常生活にそこまで根付いていたものなのだろうか、という疑問を多くの読者は持つであろう。実は、神話内の出来事であるラブーンを、モーケンの現実世界に結びつけた強力な契機と理由があった。その答えは、津波が発生する以前にモーケン社会で流布したゴン（Gon）による遺言とサラマ（第5章第3節1.で個人史を紹介した人物）による夢語りの内容にある。ゴンとサラマは親子関係にある（図5-1参照）。
　ところで、スリン諸島のモーケン村落は他のモーケン村落に比べると規模が小さい。それ故に村落住民間での口伝による情報伝達が容易であり、人びとの考え方に影響を与えやすいという特殊な環境にある点を先に指摘しておく。また、国立公園化以降、観光客や役人といった本土の人間との接触が増えたこともあり、タイ語の会話能力を身につける者が増えていることも見逃せない趨向

11　ベルナツィークは、ランビ島、ゴンパ島（同定不能）、コンディジョン島（おそらくテナセリム島）、ドゥン島に暮らす語り手たちから口頭伝承を収集した。いずれもアンダマン海域北方に位置する島である。私に語ってくれたドアもドゥン島出身の女性である。私がモーケンの口頭伝承を教えてほしいと若者に頼むと、真っ先に連れて行った先が彼女であることから、北方域の島々で特に口述による神話が残されている可能性がある。

の1つである[12]。

　遺言は、2004年12月26日の約1ヵ月前に死亡したゴンのものである。彼は原因不明の病を患い、次第に身体が弱くなっていた。そして自由に身体を動かすことができない状態にまで達し、「もし私が死んだらラブーンがやって来るだろう(joi matai ka labun nadin ka)」と村落内住民に語るようになっていたという。とりわけ死ぬ間際の1週間は、頻繁に村人へ語っていたようである。シャーマン(orang poti)でもあった彼の言葉は村落内の人口に広まっており、村人は急激に引いた潮の光景を見てゴンの遺言を思い出し、急いで高台に向かったのであった[13]。

　夢語りの内容とは、村落を壊滅させるような黄色い強風(agin krang nunit)が吹くというものである。この夢を見た人物はサラマであり、スリン諸島モーケン村落において指導的立場にあった[14]。彼は12月24日に「黄色い風」の夢を見て、近い将来に災いが村を襲うという予知を妻子に伝えていた。そして妻子は近所にこの話を聞かせていたのである。サラマの息子のジョーク(Jok)は(図5-1参照)、父親の夢語りとゴンの遺言の内容から、近い将来にラブーンが訪れることを確信していたという[15]。

　このようにゴンとサラマという村落で影響力のある2人の発言が、神話世界の出来事を日常世界の出来事に結び付けるきっかけをつくったと考えられる。ここでは、遺言や夢語りの信憑性を問うことはしない。確認すべき重要な点は、モーケンが波の事象を、メディアで報道されていたような津波災害としてではなく、口頭伝承において獲得した知識体系におけるラブーンとして捉えていたということである。津波や災害という概念を持ち合わせていないモーケンにとって、眼前で発生した現象は、自らの社会において理解可能な範疇内にある事象、ラブーン以外のなにものでもなかった。それは、モーケンの日常生活の中に埋

12　元来「無文字社会」であったモーケン社会でも、本土の小学校でタイ語を学ぶ若年層が増えており、聞き話しはもちろんのこと読み書き能力も習得するようになっている。
13　2007年11月24日のスリン諸島ボンヤイ村におけるトン(Thon)へのインタビューによる。
14　過去形にしているのは、後に村落内において人徳を失っていったからである。その過程については、第11章第1節で論じる。
15　2007年8月27日のスリン諸島ボンヤイ村におけるジョークへのインタビューによる。ただしサラマに関しては、村の若年層からの信頼が年々薄くなってきている。その背景には、ポタオの資質をめぐる問題があるが、その点については第11章で触れたい。サラマによる「黄色い風」の夢の話は、[Nechan Sutsapda 2005：71-73]でも取り上げられている。

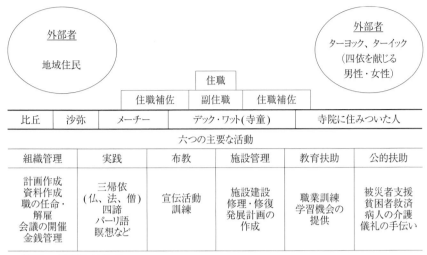

(住職への聞き取りより作成)

表8-4　S寺の組織と活動

め込まれた物語の具象化であり、物理的要因（地震や海底の地滑りなど）によって発生する災害などではなかったのである。モーケンの語りから見えてくるのは、現実世界に来るべき洪水（神話）へ対応した人びとの姿である。

第3節　〈津波〉概念の構築

1. 寺院への避難

　津波が発生した当時、スリン諸島には199名のモーケンが暮らしていた。杭上家屋47棟が全壊し、家財道具や船を損失するなど物的被害は大きかったが、人的被害はなかった[16][Narumon 2005]。高台へ逃げて助かったモーケンの多くが山の中で一晩を過ごし、翌27日に国立公園事務所が所有する船に乗り込みタイ本土へ向かった。パンガー県のクラブリー港に到着したモーケンは、同郡内では大規模の敷地を擁するサーマッキータム寺院（以下、S寺と略す）へ避難した（表

16　津波が直接的な原因ではないが、目の不自由な男性が1人死亡した。津波時、村人と共に逃げて助かったが、山を下って避難する際、他の村人に存在を忘れられ、置き去りにされて死亡した。

```
① CARE [Raks Thai Foundation]
仮設家屋24棟、便所3ユニット建設1,240,000B
② ADRA [Adventist Development & Relief Agency Internationl]
貯水タンク、排水溝設置、180,000B(ただし、貯水タンク設置の出費は含まない)
③ タイ赤十字、香港赤十字、Life Home Project [Mr. Jose L. Gay]
仮設家屋25棟50部屋、多目的あずまや1棟建設、2,190,000B
④ Farang Jaidee Foundation (西洋親切基金)
恒久家屋建設ラ島村32世帯に対しての支援、13,334,423B
⑤ Siam Star Co. Ltd. & Thai-Belgium Industrial Co. Ltd.
68隻分の船用材木、9,500,000B
⑥ Sikkha Asia Foundation (シャンティ国際ボランティア会)
子ども用図書館建設、350,000B
⑦ Phuanpung Foundation
Knock Down式仮設家屋28棟、便所2ユニット、電気設備、水道設備、580,662B
```

表8-5　S寺に訪れた主な支援団体と支援内容

8-4)。スリン諸島のモーケン以外にも、周辺海域で被災したタイ人やモーケンもS寺へ避難しており、2005年1月5日までに1000人を超える人びとで寺院があふれかえったという[17]。これらの人びとを援助するために、タイ政府関係者や国内外のNGOがS寺に訪れるようになり、同寺院は災害被災者の支援が行なわれる場としての役割を果たすことになった［鈴木 2008a］(表8-5)。

　スリン諸島から避難したモーケンは、寺院における支援を通じて巨大波 (khluen yak) や災害 (phai phibat) というタイ語の言葉と出会った。タイ語に堪能なグーイ (Goei) へのインタビューによると、寺院で住職やタイ人がラブーンを巨大波という言葉で表現していることを知り、次第にモーケン語で大波 (namat ada) にあたるものだと認識するようになったと回想している[18]。それから少し時間が経つと、支援団体を通じて「津波 (suenami)」という言葉が寺院内で流通するようになり、S寺前の道路脇には「津波支援センター」と書かれた看板が掲げられるよう

17　2005年3月6日のS寺における住職へのインタビューによる。
18　2008年8月10日のスリン諸島ボンヤイ村におけるインタビューによる。グーイはビルマ領サデッチー島周辺で生まれた直後、タイ領の島嶼へ移動し、本土の学校でタイ語教育を受けた。1999年頃からスリン諸島に定住するようになったという。

写真8-1　矢印の下にある木製の看板。消えかけた文字で「津波被災支援センター：グラータレー（海を恐れないの意）という名字を下賜されたプラトーン島行政区のモーケン族へのご支援をお願いします」と書かれている。

になった（写真8-1）。避難先の寺院が、スリン諸島のモーケンにとっては奇異で新鮮な記号に埋め尽くされた空間であったと想像することは難くない。「新しい」タイ語が寺院内に溢れ、モーケンは各種支援（テントや食料等）を受ける中で、自らが被災者（phu prasop phai）として扱われていることを自覚していったと考えられる。言語上の認識ではあるが、〈津波〉災害被災者としての自己を意識するようになったモーケンは、1月8日以降スリン諸島へ戻り始めることになった。

2. 認識の変化

避難先で知得した巨大波や〈津波〉という言葉が、モーケンの認識体系に組み込まれていった様子は、彼らが発言した言説を時系列的に追うことで確認できる。まず、被災直後に寺院で行なわれたインタビュー内容を見てみよう。

既述した「津波災害を免れたモーケンの方法」という1月4日付の記事では、既に第2節の「黄色い風の夢」で紹介したサラマによるタイ語の語りが取り上げられている。この記事で印象的なのは、記者が津波（suenami）という言葉を使用してモーケンの災害回避行動を解読しようとしているのに対して、サラマは津波という言葉を一切用いることなく、ただ「海水（nam thale）が大きく引いて満ち

た」としか説明していないことである [Khom Chat Luek 2005]。

また、同時期にモーケン語による複数人へのインタビューを行なったAPPリーダーのナルモン（Narumon Arunothai）は、モーケンがラブーン（labun）という言葉を用いて12月24日の出来事を説明していたことを伝えている [Narumon et al. 2006a：13]。少なくとも寺院への避難直後においては、スリン諸島のモーケンは巨大波や〈津波〉というタイ語を使用しておらず、自分たちが回避したものをラブーンとして捉えていた姿を確認できる。

ところが、それから半年以上が過ぎた頃には、言葉の使用に変化が見られる。私がクラブリー郡において津波被災者の体験談を収集していた2005年8月15日、体調を崩し病院に向かう途中のサラマに偶然再会し[19]、タイ語で聞き取りを行なうことができた。そこで彼が口にしたのは、12月24日にスリン諸島に向かって「巨大波が押し寄せてきた」ということや、「最近、ラジオで〈津波〉を注意する放送が流れるようになった」という新しい情報などであった（ラジオ情報については次節で論じる）。このように、巨大波や〈津波〉というタイ語を使用するようになっていることを確かめられる。私が津波に関する言説を集めていることが前提にあるとはいえ、新聞記者に対する説明で用いていた言葉とは異なる表現をしていることがわかる。

それからしばらく経った2007年には、〈津波〉という言葉がモーケン社会に浸透していたことを確認できる。先にも出てきたグーイは、スリン諸島に新しく設置された津波警報塔が誤作動を起こしたことに関して、「〈津波〉の警報がうるさい」と自分の言葉として〈津波〉を使用していた[20]。そして何よりも興味深いことに、サラマをはじめとする多くのモーケンが、2004年末にスリン諸島に押し寄せたのは「ラブーンではない（labun ha）」と発言するようになったことであった。グーイによると、「ラブーンは全世界を飲み込むような洪水」なのであり、「ラブーンであればわれわれ（モーケン）は皆助かっていない」というのである。だから、「あれは（タイ人が呼ぶような）〈津波〉だった」と私に語るのであった。ここに、ラブーンから〈津波〉への認識の変化を読み取ることができる[21]。

19　2005年3月8日にスリン諸島ボンヤイ村で会っている。
20　2007年6月12日のスリン諸島ボンヤイ村における会話。
21　2009年2月上旬にスリン諸島を訪問した際に、年長者の1人がラホープ（lahop）と表現している場面に出くわした。高波を意味するモーケン語らしいが、若年層に聞き取りをしても、この言葉を知

第4節 〈津波〉情報の共有

　それでは、スリン諸島のモーケン社会において〈津波〉という言葉は、2007年以降どの程度浸透しているのだろうか。また、〈津波〉に関する知識や概念をどのように認識し、共有しているのだろう。本節ではまず、前節でサラマも言及したラジオによる津波情報に注目し、2007年9月12日の出来事を事例として分析したい。そして、ブラジル人予言者による地震予知が、モーケン社会内で〈津波〉に結びついた2007年12月の出来事を検討する。

1. ラジオによる津波情報

　スリン諸島のモーケンはラジオをよく聞く。いくつかチャンネルがあるが、彼らが好んで聞くのはタイ語放送のMCOT Ranong 100.50FM（以下、MCOTと略す）である。この電波放送番組では、タイ全土に関わる情報のほか、ラノーン県周辺海域の天気や事件がニュースとして流される。単1電池を数個詰め込んだラジオの電源を入れた状態にして、ほぼ一日中放送を流している家庭は多い。実際、私が長期滞在でお世話になったグーイ家もそうであった。外が明るくなるとラジオの電源が入り（時には一晩中大音量でつけっぱなし）、MCOTが流れる。朝食を済ませ、外で作業することの多い昼時は電源を消しているのが普通だが、家にたまに戻ると再びラジオを聞きながら仲間とコーヒーを飲む。仕事を終え、暗くなる前に夕食と水浴びを済ませると、家屋の規模が大きいグーイ家に隣人が集まって、ラジオを聞きながら井戸端会議をする。そんな日常の一コマを過ごしていたある晩に地震・津波情報は流れた。2007年9月12日のことである（地震が発生した現地時間は18時10分）。以下、ラジオ情報を契機とした村落住民の動きを、時系列に沿って箇条書きにして示す。グーイの親族関係については図8-3を参照のこと。

る者はいなかった。ところが、私のこの聞き取りを契機として、若いモーケンの間にラホープという言葉が徐々に浸透してきている。今後は、ラホープに関する調査も実施する予定である。

第8章 〈災害〉の経験　　169

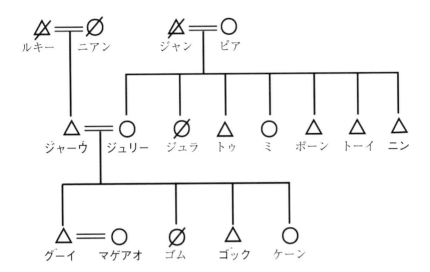

図8-3　グーイの系譜

19：43

　突如、グーイ家（以下、G家と略す）で寛いでいた人びとが「〈津波〉だ」と言って動き出す。皆家屋の外に出る。マゲアオ（Mangiao、グーイの妻）から「地震（phaen din wai）が発生したとラジオで聞いた」と伝えられる。

19：49

　ルヌング[22]（Lunung）家（以下、L家と略す）に人が集まりラジオを聴いている（写真8-2）。インドの方で地震があったらしい。タイは安全とのこと（実際はインドネシアのスマトラ島沖、後に修正情報入る）。

19：51

　自分の家に戻ろうとする私をマゲアオが追いかけてきた[23]。「（津波注意報が出て）ラジオで避難準備をしたほうが良いと言っていた」と伝えられる。村落が慌しくなる。皆が懐中電灯を手に持ち動き出す。

19：53

22　ルヌングないしドゥヌング（Dunung）と呼ばれる、村一番のシャーマンとされる初老の男性。
23　調査中は、基本的にはG家でホームステイをしていたが、2007年8月23日から12月26日の間は、G家の2軒隣の空き家に寝泊まりしていた。

写真8-2　左から2人目の左手の手元にあるのがラジオ。ルヌング氏は一番高い場所にいる人物。（2007年9月12日撮影）［鈴木 2011b：149］に「9月17日撮影」と書いてあるのは間違い。

　　G家へ行くと、別の家で飲酒していたゴック（Gok）[24]がG家に戻っていた。「きっと何も起こらないよ。日本では地震や〈津波〉がたくさん起こるんでしょ」と聞かれる。グーイは懐中電灯に新しい電池を詰めこんで、非常時のために備えている。

20：20頃

　　ラジオから「おそらく津波は発生しないでしょう」という音声が流れる。

20：31

　　L家に相当数集まっていた人たちが自分の家に戻りだす。一部の人は、貴重品を荷物にまとめてからG家に来ていた。

　これら一連の過程を追って気付くことが、少なくとも2点ある。それは、(1)地震発生後に津波が来るという因果関係を理解していることと、(2)災害国日本という知識を有しているということである。

　19時43分のラジオによる地震情報が〈津波〉発言に結びついた有り様からは、

24　グーイの実弟。独身で持ち家がないため、兄の家屋で寝泊まりすることが多い。

彼らが災害に関するタイ語を理解している事実を確認できるほか、地震に伴う津波発生という物理的現象の関係性を把握している様子が窺える。また、19時53分のゴックの発言からは、日本が地震と津波を多く経験している国であることを知識として持っていることがわかる。彼は、本土に暮らす両親の家（後述するC村）でテレビを見てそうした知識を得たという。

　ゴックが、「きっと何も起こらないよ」と言ったのには、単に酒に酔っていたわけではなく、それなりの理由がある。実は、それまでにもラジオから津波注意報が流され、その度に避難準備を進めるも何も起こらなかったということが3度あった。それらの日付は、2005年7月24日、2006年5月27日、2007年3月6日であり、それぞれニコバル諸島、ジャワ島中部、スマトラ島中部における地震発生後にMCOTで津波情報が流されたのである。ゴックは経験則からラジオ情報が信用に足らないと考えていたことがわかる。結局、2007年9月12日も幸いにして、ゴックの予測したとおり何も起こらなかった。結果として、スリン諸島のモーケンにとっては、ラジオから4回の「誤報」が流れたことになった。

2. ブラジル人予言者の報道

　次に、2007年12月の出来事を見ていく。端緒は、2007年12月12日にトゥンワー村（T村、表4-2の陸モーケン6番の村落）で開催された、NGO団体の女性基金（Mulanithi Phuying、以下MPと略す）主催の会議である。会議では、男性による女性および子どもに対する暴力問題が取り上げられた。近年、アルコールへの依存度の高い男性による暴力が目立つようになっており、パンガー県各地のモーケン村落から代表者が集まり、アルコール摂取の問題性について話し合われた。この会議に、チャイパッタナー村（C村、表4-2の島モーケン4番に付記している村落）に暮らすジュリー（Julie）が同村落およびスリン諸島村落の代表として出席していた。ジュリーは、グーイとゴックの母親にあたる。この会議が終わる間際に、MPが参加者に配ったものが写真8-3の新聞記事のコピーであった[25]。記事の概要は以下の通りである。

25　MPが配ったコピーは新聞記事の一部であった。全文では、津波に言及している箇所もある［Khom Chat Luek 2007］。

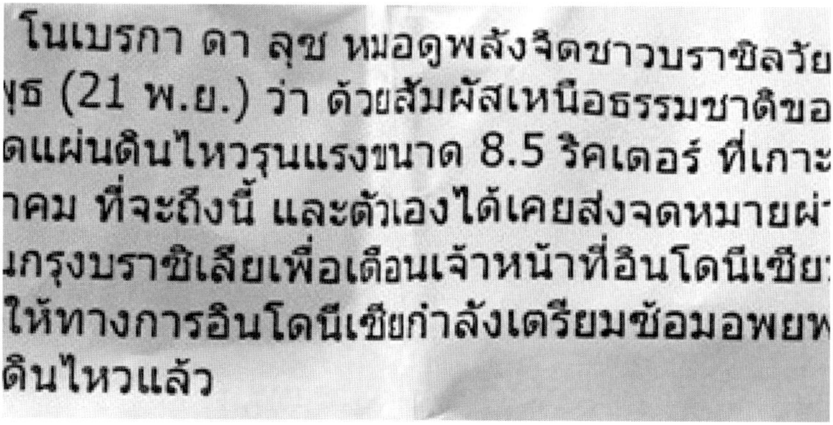
โนเบรกา ดา ลุซ หมอดูพลังจิตชาวบราซิลวัย
ุธ (21 พ.ย.) ว่า ด้วยสัมผัสเหนือธรรมชาติขอ
ดแผ่นดินไหวรุนแรงขนาด 8.5 ริคเตอร์ ที่เกาะ
าคม ที่จะถึงนี้ และตัวเองได้เคยส่งจดหมายผ่
นกรุงบราซิเลียเพื่อเตือนเจ้าหน้าที่อินโดนีเซีย
ให้ทางการอินโดนีเซียกำลังเตรียมซ้อมอพยพ
ดินไหวแล้ว

写真8-3　MPが配った新聞記事のコピーの一部。

「2007年11月21日、ブラジル人予言者[26]が、12月23日にスマトラ島沖でマグニチュード8.5の大地震が発生すると断言した。インドネシア当局はこの発言を受け、地域住民に避難訓練させる準備をしている。」

ジュリーはこの記事をC村に持ち帰り、内容を親族に伝えると一気に村落内を記事情報が駆け巡った。そして、村中で地震の話で持ち切りになっていた12月15日に、スリン諸島からC村へ移動した8名が記事内容を知ることになる。その中にはサラマとルヌングもいた。実は数日前にクラブリー郡の役人がスリン諸島のモーケン村落に訪れ、ガソリン代と引き換えに本土へ渡り選挙投票をするよう促されていたのである[27]。C村で一晩を過ごした8名はジュリーや他のモーケンからブラジル人予言者の話を聞かされたというわけである。

翌日16日に8名はスリン諸島に戻った。彼らはC村で入手した記事内容を、「外

26　ジュセリーノ（Jucelino Nóbrega da Luz）のこと。日本では、2006年12月30日放送の『ビートたけしのTVタックル』で紹介されて以降、各メディアに取り上げられている。彼は在伯インドネシア大使館に手紙を送って地震に警戒するよう忠告したところ、インドネシア政府が動いたのである。最初はインドネシア語やポルトガル語の新聞で取り上げられ、後にその内容が英語やタイ語に訳されたと考えられる。

27　2007年12月23日に実施された下院総選挙の期日前投票のこと。当時、スリン諸島村落においてタイ市民証を所持していた者は約20名。そのうち、8名が期日前投票に出かけた。選挙に興味があったというよりも、ガソリン代無料で本土に渡ることができ、米や雑貨の仕入れを可能としたことが彼らを投票に向かわせた。このことは、16日に実施した8名へのインタビューから明らかとなった。

人のシャーマン（orang poti khula）」が発言したものとして村人に紹介し、12月23日に〈津波〉がスリン諸島を襲うと話した。シャーマンであるサラマヤルヌング自身がブラジル人を「外人のシャーマン」と紹介したことで、予言は村人にとって馴染みある「託宣」として容易に受容されたと考えられる。狭い村落内の隅々まで噂は広がり、〈津波〉に対する危機感が急速に高まっていった。

　そんな中、18日深夜に突然、「〈津波〉だ！」と叫ぶ声が闇夜に響き渡り、村落は騒然となる。眠りについていた者そうでない者皆が家屋を飛び出し、一目散になって高台へ逃げだした。ところが、声の主が皆の前にゆっくりと現れ「嘘だよ」と自白したことで、各自ぞろぞろと家に戻ったのであった。この騒動を起こした張本人に話を聞いてみると「ふざけてやった」らしいのだが、村落住民が一斉に反応して動いてしまったので、嘘をついた本人が一番驚いたらしい。[28] この珍事件からも、スリン諸島のモーケン村落において〈津波〉がいかに身近なものとなっているかがわかる。

　悪ふざけによる混乱が落ち着いた後も、村落内では〈津波〉の話で持ち切りであった。いよいよ23日当日になると、荷物を整理して避難に備える者も現れた。この日は快晴で海も穏やかであり、漁撈には適した状況にもかかわらず、村人は「あの日（2004年12月26日）と同じような天気だ」と話し合っては、漁に出ようとしなかった。結局「外人」の予言は外れたのだが、24日になっても〈津波〉の話題は尽きなかった。

　25日になり、私がG家で朝食を済ませ、いつものように村人とコーヒーを飲んでいると、ここでも〈津波〉の話となった。そこでの会話は、津波警報塔やラジオ情報、そして「外人」の予言を否定する内容であった。つまり、これまで村落に入ってきたどの情報も当たったことはなく、信用ならないというのである。グーイに関しては、「外人の世界（phunga orang khula）」の情報ははずれるとまで発言した。外部社会から流入してきた津波に関する情報は、新しい〈津波〉概念を得たモーケン社会の中では頼りないものとして扱われるようになった。それでも、26日はインド洋津波発生からちょうど3年ということもあり、「外人の世界」から

---

[28] 12月23日に行なった村落住民への聞き取りによる。私は18日から5日間、APPのメンバーと一緒に、スリン諸島の一部のモーケンを連れて、他地域の海民村落を訪問するという、スタディ・ツアーに参加していた。

やって来ているはずの私に「〈津波〉来ないよね？」とたずねてくる者がいたのであった。

　ここで確認したいことは2つある。それは、スリン諸島のモーケンが遠くの（位置を知らない）国の「外人」の予知する地震を〈津波〉に関連して想起したということが一点、そしてもう1つは、外部社会とのつながりを認識しつつも、そこから入って来る情報を「外人の世界」として一定の距離を置いている点である。

　新聞記事には地震の予知が記されているだけであり、津波という言葉は一文字も出ていない。それにもかかわらず、C村で記事内容を知ったスリン諸島のモーケンは〈津波〉発生の予言として解釈した。彼らにとって〈津波〉とは、地震に起因するものとして既に理解されていたと考えてよいであろう。また、インドネシアで発生した地震が津波を引き起こし、スリン諸島に押し寄せてくるという発想は、ラジオから繰り返し放送された津波情報を共有した結果であると考えられる。外部社会で起きる現象が自分たちにも影響を与えることを十分理解していると言えよう。ところが、そのような外部社会とのある種のつながりを認めつつも、25日のグーイの発言に代表されるように、自分たちの世界と「外人の世界」との間に差異を見出していることも見逃すことができない。

第5節　洪水神話から出来事としての〈津波〉へ

　以上、津波被災直後におけるメディアの報道内容とモーケン自身の認識との間にある齟齬を確認し、モーケンが寺院で知得し、村落で発生した出来事を通して共有を進めてきた〈津波〉概念の構築過程について論じてきた。ここでは、メディアが報道した災害とモーケンが共有していった〈災害〉に着目することを通して、本章で論述してきた内容に考察を加えたい。

1. 2つの〈災害〉

　本章では2つの〈災害〉に注目してきた。1つは、メディア（主に新聞記者）によって報道された、モーケンが被ったとされる災害であり、もう1つはモーケンが出来事を通して共有していった、ラブーンという理解に取って代わるものとし

ての〈災害〉である。

　前者の災害は、2004年12月26日発生のインド洋津波を災害として位置付け、モーケンの口頭伝承を災害概念の枠組み内において理解するものであった。ところが、スリン諸島のモーケンにとっては津波などではなく、洪水神話が現実世界へ到来したものにすぎなかった。ある程度予測された、やがて訪れるラブーンとして捉えられていた。(少なくとも被災直後までは)彼らにとっては晴天の霹靂の災害などではなかったのである。そもそも災害なる言葉を初めて知ったのは、S寺への避難後のことであった。

　後者の〈災害〉は、外部社会とのつながりの中で、モーケン社会において認識され、共有されるようになった概念を指す。S寺における避難生活において知得した〈津波〉や〈災害〉という言葉は、その時点では抽象的なものでしかなかった。ところが、ラジオ情報や報道記事が導いた村落内の出来事を通して、モーケン社会で身近な事象として捉えられるようになり、概念化されたと言える。とはいえ、モーケン社会で流通するようになった〈津波〉という概念は、2004年インド洋津波を経験したタイ人や研究者が用いるものとは同一ではない。身近な者を奪い去られた者が言及する津波と、幸いにも死者を出さずにすんだ、いまだ記号以上の意味合いを持たない者が言及する〈津波〉が別次元に位置する言葉であることは当然であろう。それだけでなく、科学的知識をもとに地球環境を理解してきた者と、「土地の知恵」を科学的知識に置換(あるいは接合)したばかりの者が認識する災害概念がそれぞれ異なるということには留意する必要がある。スリン諸島のモーケンは、ラブーンとして把捉していた事象を〈津波〉と捉えるようになったのであり、もともとは災害としての津波という見方はなかった。出来事を通して認識され共有された、いわば意味や知識が後付けされた概念の〈津波〉であった。

2. 災害情報の越境性

　これら2つの〈災害〉は、それぞれ外部者と津波に被災した当事者が作り上げていったものであるという点においては違いを指摘できるが、いずれも2つ以上の地域社会を越えた接触(直接的であれ間接的であれ)がきっかけとなり生み出されたものであるという点において共通項を見出せる。また、特定の地域を起点と

する災害情報が、国境を越えて伝達した点も看過できない。

　前者の災̇害̇は、バンコクを拠点とする会社に所属したタイ人のメディア関係者が、タイの地理的にも文化的にも周縁に位置するモーケン社会に触れたことで作られたものである。タイ語を母語とする人間がそれを母語としない社会に入って取材をし、科学的な概念のもとモーケンの行動を理解した結果生まれた災̇害̇であった。モーケンの記事は新聞として大量に印刷されて国内市場に出回っただけでなく、電子媒体によって地球上を駆け巡り、それを読解可能な人間に対してモーケンの災̇害̇文化が伝えられた。タイ語、英語、日本語などを媒介として、災̇害̇は言語化されたデータとして増殖し続け、モーケンにとっては想像され得ない共同体内で記事情報が共有されていった。

　ここまでモーケンが注目された理由に、彼らが都市社会とは大きく異なる文化を持ち、タイ国家の中でもとりわけて辺境地帯に暮らす少数民族である、という背景があったことを指摘しておきたい。モーケンのように会話能力こそ持つものの読み書きのできない者が多く、国籍を有する絶対数も少ない人びとは記事や番組の対象にこそなりえても、読者や視聴者と想定されることはまずない。実際、モーケンが津波発生を事前に察知し助かったという事実は、科学による防災のあり方への批判・相対化材料としてメディアに取り上げられていた。そこで想定されている情報の消費者は、近代社会に暮らす科学的知識を有する人びとである。非近代的な社会で起きた事件は近代社会において希少性ある情報として扱われた。そしてその情報は、グローバルな市場で高い商品価値が付与されることを通じ、多言語を媒介して世界各地で消費されたのである。

　後者の〈災害〉は、モーケンが本土の寺院に避難し、タイ社会と接触を持ったことが契機となり認識されたものである。タイ語を理解するモーケンが軸となり、NGO関係者やラジオ、新聞記事などから得た外部社会の情報がモーケン社会に伝達された。ある時はインドネシアで発生した地震情報であり、またある時はブラジル人が予想した地震予知の知らせであった。それらの「新奇」な災害の情報がモーケンの日常生活に入り込み、彼らにとっての〈災害〉概念が作り上げられ、強化されていった。スリン諸島というタイの中でも非常に狭い空間が、災害情報を通じてグローバルな空間と接続してきた様子を確認できる。その意味で、モーケンはグローバリゼーションの中で〈災害〉概念を構築してきたと言

えよう。

　本章では、モーケンの災害に対する認識の変化という、いささか抽象的な議論を展開してきたが、次章では、モーケンが具体的に被災後の生活をどのように再建してきたのかについて、住まいの変遷に注目することで明らかにしたい。

第9章
「悪い家屋」に住む

　本章では、まず第1節において、モーケンにとって従来の住まいであったカバン（家船）について説明し、家船集団を率いていたポタオ（リーダー）を中心として、アンダマン海域でどのような生活が送られていたのかを描出する。第2節では、津波に被災する以前の家屋と村落の特徴について、モーケンの信仰内容にも触れながら説き明かす。第3節では、津波によってモーケン村落の家屋が全壊したことを述べ、その後に実施された行政主導による村落再建計画にどのような問題点があったのかを明らかにする。第4節では、村落再建によって生じた居心地の悪い住まいと村落において、モーケンはどのような対応をとってきたのかを考察する。

第1節　家船での暮らし

　第2章において、従来の海民が住まいとしていたのは家船であったことを述べた。モーケンもかつてはカバン・モーケン（*kabang Moken*、モーケン船の意）と呼ばれる船を住居にして、移動性の高い生活を送ってきた。アンダマン海域に浮かぶ島嶼間を移動するのに活躍してきた単胴船カバンは、その形態から新旧2種類に分けることができる。本節ではまず、1. において新旧両カバンの特徴と造船工程について述べる。2. では、年長者の語りに耳を傾け、家船での移動生活がどのようなものだったのかを確認する。

1. 旧型カバンと新型カバン
　旧型カバンは舷側に、浮力を得るのに優れたサラクヤシの葉柄（棕櫚の茎）と竹、それに籐紐が用いられていたこと、また航海には櫂と籐紐で編まれたパン

ダヌスの葉でできた帆が使用されていたことがわかっている［Paladej et al. 2006；Narumon 2000：503；ホワイト 1943 (1922)：51-60］（口絵参照）。サクラヤシの葉柄と竹で縦に重ねられてできた舷側には隙間ができるので、水が船内に入らないように樹脂を詰め込んでいた。甲板には編んだ竹が用いられた。主要な材料であるサクラヤシはモーケン語でゴーマン（*koman*、タイ語ではmai rakam）ということから、旧型カバンは彼らの言葉でカバン・ゴーマン（*kabang koman*）と呼ばれる。旧型カバンは、1910年頃にホワイトが確認したもので、全長は約25フィート、つまり7m62cmほどであり［ホワイト 1943 (1922)：53］、1930年代後半、同じく旧型カバンを観察したベルナツィークによる「7mから8mくらいの長さ」という記述と重なる［ベルナツィーク 1968 (1938)：28］。船の耐用年数は使用する木材によって異なるが、3年から8年持つと言われる。鉄製の釘を用いることなく造船できるが、サクラヤシの耐用期間は約半年であるため、頻繁に補修する必要がある。

　ナルモン［Narumon 1996：21］が「暗黒時代（Dark Age）」と呼んだ1939年より30年間は、モーケンに関する新資料がほとんど存在せず、カバンの変容過程を確かめられないが、1970年代初頭には、舷側に棕櫚ではなく厚板（単板）が用いられた新型カバンが出現しており（口絵参照）、1970年から1980年の間で旧型カバンは廃れていったことが分かっている［Ivanoff 1999：132］。アルーン［Aroon 2000：46］が確認した新型カバンの全長は7〜11mである。私がこれまでに確認した新型カバンの全長も7〜12mあり、船幅は1.5m〜2.1mと、長さに比例した広さとなっていた。このことから、舷側に厚板を用いることで船の巨大化が可能になったと考えられる。ただし、サクラヤシや竹とは異なり、板を多用するので重量が増してしまうため、櫂と帆だけでは十分な推進力を得ることができない。そのため、新たに小型エンジンを積むようになった。新型への移行が進んだ1970年代に使われていた船外機の馬力は5馬力程度だったらしいが、2000年

1　邦訳では15フィートと記述されているが、原著［White 1997 (1922)：41］の25フィートという記述を引用した。

2　ソーファー［Sopher 1977 (1965)：188］は、1930年代に一部のモーケンが既に舷側に厚板を使用していることを示した。おそらくソーファーのこの文章を読んだ薮内［1969：44］は、1930年代に旧型カバンから新型カバン（板船）への移行があったと論じるが、管見ではごく一部の地域における事態であり、大多数のモーケンは1960年代まで旧型カバンを使用していた。大きな移行が生じたのは、船外機を使用するようになる1970年代の出来事だと考える。

代以降は115馬力のYANMARのものが搭載されることが普通である。第10章とも話がつながるが、高馬力のエンジンを使用するようになってから、風が強く波が多少高くても出漁できるようになり、より多くの海産物を短期間に採捕することが可能となった。船の耐用年数は12 〜 15年であるという記録があるが［Aroon 2000：46］、これは怪しい情報である。私の聞き取りでは10年以上持つカバンはめったに存在せず、通常は6 〜 8年で船体が使いものにならなくなるという。ただし、手入れが緩怠な場合や、厚板の接合が拙劣な場合には2 年あるいは1年しか持たないものもある。

　カバンの他にもチャパン（*chapan*）と呼ばれる、艪や櫂で推進力を得る丸木船（単材刳船）を利用している。全長は4 〜 6 m、船幅は0.5 〜 0.7 mほどであり、海が穏やかなサンゴのリーフ内で漁撈をする際に用いられるものである。大きさの数値を見ればわかるとおり、住まいとしては用いられない。長距離の移動時はカバンにチャパンを載せるか、曳航するかして運び、潜水ポイントの近くまで来たらカバンを停泊させて、チャパンに乗り換えて漁を行なう。このように、外洋での移動はカバン、湾内での移動はチャパンと使い分けられている。

　カバンの造船工程は次の通りである。まず、船の基底を成す船体（*maat kabang*、刳りぬき材）となる巨木を選定することから始まる。基本的には、幹が真っ直ぐ伸びていて、材質に粘着性があり、木の中身が淡黄色であるという3条件に適う木が選ばれる。幹が曲がっていればその分屈曲した形の船になってしまうし、粘着性がないと船腹を広げる作業時に簡単に割れてしまう。淡黄色であるということは、木材を刳りぬく際に、堅すぎず、柔らかすぎない適度な堅さであることを示している［Paladej et al. 2006：7］。いずれの木材も山腹で刈り出された後に、その場で中身を刳りぬいてから砂浜へ運搬される。ただし、大木でなければ砂浜へまず運び、それから穿鑿(せんさく)作業に移ることもある。

　表9-1に、カバンの船体に用いられる木の種類を載せた。頻度とは使用頻度のことである。ガエー（*Kae*）はモーケン語で木を表す。最良の材質は堅くて軽く、なおかつ丈夫で長持ちし、水分が少ないものである。しかしながら、それらすべての条件を満たす樹種はない。それでも、船体として好まれる木がある。それはドゥングン（*dungun*）、アーパン（*apan*）、チャーティット（*chathit*）の3種類である。表の長所欄を見ると、いずれも堅くて丈夫であるが、それぞれ短所もあること

番号	モーケン名	学名	長所	短所	頻度
1	Kae dungun	Herictera sumatrana Kosterm.	堅い・丈夫	重い・水分多め	高
2	Kae apan	Artocarpus rigidus Bl.	堅い・丈夫	中心部割れ易い	高
3	Kae chathit	Litsea sp.	堅い・軽い	皮膚がかぶれる	高
4	Kae jam	?	堅い・軽い	運搬に難あり	中
5	Kae tabui	Hopea avellanea	堅い・丈夫	繊維が細かい	中
6	Kae pao	Swintonia schwenckii Tejism. & Binn.	堅い・丈夫	重い・割れ易い	低
7	Kae jangan	Hopea odorata Roxb.	—	霊力が強い	低
8	Kae tolan	Ficus sp.	—	細い・低い	低
9	Kae kibuang	Oncosperma sp.	堅い	水分多め	低

表9-1　カバンの船体に用いられる木の種類

がわかる。ドゥングンは水分が多いため重量があり、また乾燥させるのに時間がかかる。クスノキ科のチャーティットは、皮膚が触れると痒くなり、敏感な人だとかぶれるという。ジャム (jam) は同定できていないが、通常は高所に植生しているために運搬するのが比較的困難であるということが短所となっている。タブイ (tabui) の短所に「繊維が細かい」とあるのは材質のことであり、穿鑿すると細かく削れてしまい、ボロボロと砂のように穿鑿部に溜まってしまうので、刳りぬく作業で手間がかかるという意味である。ジャガーン (jangan) の短所に「霊力が強い」とあるのは、樹齢より若い者がこの樹木をカバンに使用すると、病にかかると信じられていることを表す。ギブアン (kibuang) は、旧型カバンにはよく用いられていたらしいが、新型カバンではまず使われない樹種である。水分を多く含み、重いので、舷側にサクラヤシを用いた軽量な旧型には使用できても、厚板を用いた重量のある新型には向かない。

　斧 (kapa) で木を刈り出し (ana)、刳りぬき (yakoi) 作業もひと段落して砂浜まで運ぶと、次はノミ (ajai) で船体の外縁を整え、刳りぬき部分を仕上げる。そしてそれが終わると、弱火で炙って木を柔らかくし、船腹を広げる作業に入る。船縁の基底部分となる場所に木材を結わえ付け、そこに縄と長い棒を通し、テコの原理を用いて両舷の外側に力を加える。舳先から見て左右均等に広がるように調節できたら、舳 (laku kolo) と艫 (laku burut) の部分を上下に口が開いたような形、つまり「ふたまたに分かれる (bifurcation)」ように加工する [Narumon 2000：503]。このような形にすることで波行性が向上し [伊藤亜人 1975：

写真9-1　船体(刳りぬき材)となる大木

写真9-2　船底を成す船体を穿鑿する

写真9-3　火入れをしながら、船幅を広げる作業

写真9-4　船体と舷側の厚板に肋材が打ちこまれた状態

写真9-5 樹脂と石灰を充填している作業　　写真9-6 完成された船

173]、船の乗降も容易になり、砂浜に船を上げる際に引っぱるのにも役立つと考えられている。船の乗降に関しては、とりわけ潜水漁の際に海から船に上がる際に効力を発揮する。しかしながら、そのような機能性だけが重視されているわけではなく、モーケンが人間の身体の一部（ふたまたに分かれた船首が人間の口のあたりに相当する）とみなすような象徴的なものでもある［Ivanoff 1999：109-113］。

　船体部分の加工が終了すると、次は舷側の取り付けにかかる。旧型の場合は、船縁の基底部分から上空に伸びるように細い木材を取り付け、そこにサクラヤシの葉柄を次々と差し込み上に重ねていく。ある程度重ねたら、籐紐でサクラヤシの葉柄をまとめてきつく縛り、隙間をなくすようにする。新型の場合は、新たに木を刈り出し、満潮時に海が浸かる高さの場所に5日間ほど放置し、柔らかくしてから曲線を帯びた厚板へと加工する。その厚板を船縁の基底部分の上に、肋材（pado）に釘を打ちこみながら接合していく。サクラヤシとサクラヤシの間や、厚板と厚板の間に隙間が生じるので、そこにフタバガキ科を燃やすことで採取した樹脂と石灰を混ぜたものを充填していく。それからは、新旧両型とも甲板（latai）、舷墻（bidai）、屋根（kajang）を造る（表9-2）。それに付け加え、旧型の場合は櫂（puwa）、新型の場合は船外機置き場を作製すれば完成

番号	モーケン名	学名	補足説明
舷側（新型カバンの場合）			
10	*Kae chathit*	Litsea sp.	堅くて軽いので良材
11	*Kae jichian*	Dipterocarpus grandiflorus Blanco	樹脂も採れる
12	*Kae apan*	Artocarpus rigidus Bl.	良材
竜骨			
13	*Kae baloi*	Hibicus tiliaceus L.	良材
14	*Kae baloi Kotan*	?	13番と同種だが、こちらの方が良材
15	*Kae chathit*	Litsea sp.	あらゆる部位に適用可能
屋根・壁・紐・甲板			
16	*Kra*	Flagellaria indica L.	屋根に使用
17	*Simuak*	?	屋根に使用
18	*Jechen*	Calamus sp.	屋根に使用
19	*Badau*	Korthalsia sp.	屋根に使用
20	*Jalo*	Calamus sp.	屋根と壁に使用
21	*Kadong*	?	葉を使用、屋根に使用
22	*Taban*	Calamus sp.	紐として使用
23	*Bubon*	Calamus sp.	紐として使用
24	*Kaun*	Phyllostachys	甲板に使用

表9-2　カバンの構成部位に用いられる木と植物の種類

である（写真9-1～写真9-6）。1隻のカバンを造るだけで多くの材木を必要とすることがわかると思う。しかし、むやみやたらに伐採するわけではない。表面が粗く滑らかではない樹木を使ってカバンを造ると、その所有者の皮膚に疾患症状が表れると信じているので、慎重に刈り出す木を選んでいる。また、たくさん木を刈り出したにもかかわらず、何かの理由で船を造ることを途中で止めてしまうと、木材を伐採した者の寿命が縮まるという信仰があるので、伐採にも注意を払わなくてはならない［Paladej et al. 2006：42］。

2. 緩やかな集団としての船隊

　第4章第5節において、家船集団（船隊）を統率する存在にポタオと呼ばれるリーダーがいることを述べた。サラマのライフヒストリーを紹介した中で（第5章第3節1.）、彼の父親にマーダという有名な人物がいたことを触れた（図5-1参照）

彼こそ、あらゆる船隊に名の通った人物であり、カバンを多数引き連れてアンダマン海域を移動していた最後の世代にあたるポタオである。また、スリン諸島に定着し始めた最初の世代でもある。彼とともにスリン諸島に移動した、推定年齢80歳以上の女性チレン（Chileng）の来歴を以下に載せる。丸括弧内に示す年代は、予想される数字であることを断っておく。

　　ドン島に生まれ、20年間くらいそこを拠点に生活をしていた。当時（1920〜1930年代）のドン島にはカレン人の世帯が約30世帯、モーケンの世帯が約5世帯あった。その頃は、乾季になるとカバンの上で過ごしながら、夫と一緒になって素潜りをして貝採集などを手伝っていた[3]。ある時（1940年頃）、マーダがカバンを多数引き連れてドン島にやって来た。マーダは「ここよりもっといい仕事があるよ（lakaw phuka kamoi top chunok bo kan、直訳すると〈ずっと先にあるわれわれの世界へ行こう、楽しい仕事がある〉）」と言い残し、マーダたちは南の方へ向かった。私たち（家船集団）も後から行くことを決め、南に移動してランピ島に辿り着いた。おっぱいナマコ（表10-1で言う Kaji tochoi）と白ナマコ（Kaji potiak）の2種類が仲買人に引き取ってもらえたので、それを採捕した。集めたものは、ランピ島に時々やって来る仲買人の華人男性ンギム（Ngim）[4]に渡して、米や砂糖などを得ていた。戦争が終わった後、夫が南に行くと言うので一緒についてった。サデッチー島に辿り着くと、マーダがいた。彼が率いる船隊に混ぜてもらい、一緒に白ナマコを採集した。それからマーダについていく形で、スリン諸島に移動した（1950年頃）。その頃は誰も住んでいる者がおらず、すべてが私たちのものだった。現在国立公園事務所

---

[3] 通常、素潜り漁は男性が行なうものだが、モーケンの中には彼女のように素潜りをする女性もいた。現在でもビルマ領のロードラフバラ島の女性は素潜り漁を生業としている。彼女らは男性モーケン顔負けの潜水能力を持つとしてスリン諸島において有名である。素潜り漁を行なう女性は、済州島や志摩半島に多くいることが有名であり［李 2001］、「海女は世界広しといえど、日本列島と韓国・済州島にしか存在しません」［海の博物館 2009：63］とまで言われるが、ビルマにも存在していることは大変興味深い。

[4] ンギムはラノーンの男性で、モーケン女性2人を嫁にしていたという。その2人は兄弟で、1人の名はミーチー（Miichi）、もう1人の名はオーン（Oon）という。ンギムはパヤーム島にも家があった。彼は既に死亡したが、今でもミーチーはパヤーム島に住んでおり、ラノーンと行き来しているらしい。オーンはラノーンに住んでいるという。このンギムであるが、第5章第3節 1. で宮谷内氏が語ってくれたスギャムと同一人物だと思われる。

が建つ場所に杭上家屋を建てて、そこを拠点として長い期間過ごした。採捕した貝類やナマコはラノーンで売っていた。その後、夫がプラトーン島のパークチョックにいる仲買人と知り合いになり、シミラン諸島で鉱山の仕事を紹介してもらったので、マーダの集団とは離れた。半年間、シミランで鉱山の仕事をした後、仲買人のいるパークチョックへ移動して、そこでも鉱山の仕事をした（1960年〜1970年頃）。パークチョックには長く住んだが、鉱山での仕事がなくなったので働き口を探しに南へ移動し、プーケット島の鉱山で約2ヵ月間働いた。それから北上し、ナムケム村で鉱山の仕事を見つけてそこに約3年間住んだ（1970年代）。ナムケムにはカバンで移動してくるモーケンが行き交っており、マーダたちがスリン諸島へ移動したことを聞きつけた。そして私たち夫婦もヤーダムの集団と一緒にスリン諸島へ移動し、ブフン（現在の国立公園事務所があるチョンカートの辺り）で生活するようになった。それからは、スリン諸島でずっと暮らしている。

　チレンという1人の女性の半生を見ると、ところどころにマーダが登場していることを確認できる。チレンが乗る家船は、マーダがポタオである船隊に混ぜてもらい、離れては再び仲間に入れてもらっていたことがわかる。基本的に拡大家族と親族で構成される船隊ではあるが（第4章第5節）、それが固定的なものというよりはむしろ流動的であり、緩やかにまとまっていた当時の様子を窺うことができる。

　チレン、そしてマーダがスリン諸島に腰を落ち着けた頃、住まいが家船から家屋へと移行する決定的な契機が訪れた。それは、第6章で明らかにした、タイ政府によるアンダマン海域の観光開発である。チレンたちがスリン諸島のブフンで生活するようになった時、既に同諸島は保護林地区に指定されていた。1980年代にアンダマン海域の国立公園化が進むと、多くのモーケンは船上での生活をやめて、陸地に家屋を建設するようになっていた。それでは、船造りに長けているモーケンが、どのような家屋を建てるようになったのか、チレンやマーダがスリン諸島に定着の度合いを高めるようになった1970年代から2004年インド洋津波に被災するまでの約30年間を次節で検討したい。

第2節　津波被災以前の家屋

　アンダマン海域の観光開発が推進されたことで、多くのモーケンは杭上家屋を建てた沿岸部を拠点にして生活するようになった。杭上家屋は時代によって構造や工法に違いを見出すことができる。そこで、その違いを分かりやすく提示するため、陸地定着の時期を3つに区分した。それは、初期（1970年〜1980年）、中期（1981年〜2004年）、そして後期（2005年〜2011年）である。本節では初期の家屋について簡単に触れた後、中期の家屋の諸特徴を中心に取り上げる。

1. 家屋の構造

　陸地定着初期の杭上家屋は、中期や後期のそれに比べて小さな構造体であった。まだカバンでの移動生活が中心であった時代の、雨季に建てていたような家屋（小屋）であったという。家屋の耐用期間は雨季の半年間をしのげる程度のものであり、カバンに使用している屋根を取りはずし、それをそのまま家屋の屋根としても使用できるほどの小さな建築物であった。そうした家屋に暮らす世帯は、1960年代以前に比べれば陸地に定住の度合いを強めるようになっていたものの、船を住まいにして移動する生活へ短期的に戻ることが多かった。1970年代にマーダやチレンがブフンに建設した家屋も簡素な造りで耐用性は低く、毎年つくりかえる必要があった。

　写真9-7は、陸地定着初期の典型的な家屋である。2007年12月にタート（Tat）が3日間で完成させたものである。彼はマーダより少し遅れてスリン諸島を拠点とするようになった人物であり、今でも北東モンスーン期には家族と一緒に家船で暮らすことがあり、津波に被災した後に建てられた家屋（次節で詳述）のように恒久的なものを必要としておらず、陸地定着初期につくっていた家屋を新しく海辺に建てたのである。通常、家屋を支える杭は9本あり、大人の男性の前腕くらいの太さの木が用いられる。タートが建てた家屋には、補助用として細い杭がさらに2本使われていた。床には断ち割られた竹が敷きつめられていた。彼が作るカバンの屋根は縦と横が長さ6ハット（表9-3）の正方形のものであ

写真9-7　陸地定着初期の家屋

モーケン語	説明
lepa	両腕を広げた長さ、日本語でいう尋 （手のひらを広げた時の中指と反対の手の中指までの長さ）
jalok	肩から中指までの長さ（片腕の長さ）
hat	肘から中指の先までの長さ
lapan	手のひらの長さ
chikam	親指と中指を広げた長さ
jangam	人差し指と親指を広げた長さ
tangum	握りこぶしの長さ
niao	人差し指の長さ
akhing jangam	人差し指の第一関節の長さ

表9-3　モーケンが使用する長さの単位

り、家屋にはそれを2枚かぶせていた。1ハットが約40cmとして、1枚の1辺が2.4mある計算となる。家屋の大きさは縦約4.6m、横約2mであり、ちょうどカバンの住空間をそのまま杭の上に乗せたようなものである。このような簡朴な住まいであればいつでも捨てることができ、またカバンに乗って島嶼間を移動する暮らしに戻ることもできたであろう。

ところが陸地定着中期になると、船上生活に戻る者は少なくなり、タートが建てたような陸地定着初期に見られた家屋は少なくなっていった。とりわけ、スリン諸島に観光客が訪れるようになり、国立公園事務所のもとで仕事ができるようになると、それまでの家屋よりも大きなものが建てられ、恒久的なものが増えていった。安定的に収入を得ることができるので、他の島や沿岸へわざわざ移動して、新しい仕事を探す必要がなくなったからである。もはや、前節でみたチレンのように、鉱山での職を探すために、家船に乗ってアンダマン海域を南北に往き来する必要はなくなった。

写真9-8　海水で満ちる床下（2004年5月、Paladej氏撮影）

　以下、陸地定着中期の家屋に関する諸特徴を箇条書きにする（写真9-8）。

①高床式の杭上家屋。満潮時に床下が海水で満ちる家屋は、ベランダから釣りをすることが可能。
②床に竹を使用し、隙間を設ける。そうすることで風通しが良くなり、屋内が高温多湿になるのを防ぐ。
③床が二段で構成されており、上段に寝床、下段に調理場と食事場所が設けられる。
④家屋は四辺形。一壁面が海に面するように建設する。
⑤家屋の耐用期間は約2年。［Aroon 2000：37］

　①と②と④の3点については、陸地定着初期に建てられていた家屋も同じ特徴を持つ。ところが、家を支える柱をより太いものを使用するようになったので、家屋はより大きくなり③のように調理場と食事場所を分けることができるようになり、耐用年数も長くなっている。家屋の柱に用いられる材木については**表**

番号	モーケン名	学名	頻度
1	*Kae dalak*	?	高
2	*Kae klai*	?	高
3	*Kae kolen*	Bouea oppositifolia Meissn. var.microphylla Merr.	高
4	*Kae kuning kapa*	Diospyros transitoria Bakh.	高
5	*Kae puyun*	Mimusops elengi L. var.	高
6	*Kae tutung*	?	高
7	*Kae biyat*	Aporusa sp.	—
8	*Kae chobalak*	?	—
9	*Kae chuai*	Elaeocarpus floribundus Bl.	—
10	*Kae kasui*	Palaquium gutta Baill.	—
11	*Kae khila*	?	—
12	*Kae lamen*	Harpullia aborea Radlk.	—
13	*Kae maleo*	?	—
14	*Kae molun*	Psydrax	—
15	*Kae puku*	?	—
16	*Kae sakwen*	Ilex sp.	—
17	*Kae yigin*	?	—

表9-4 家屋の柱に使用する木の種類

9-4に記載した。

　①から⑤までの特徴で注目したい項目は、次節で津波後に建設された家屋と比較する際に重要となる①と②である。満潮時にベランダから釣りができることもあり、モーケンは潮間帯に家屋を建てる傾向がある。海に近い場所では風通しも良く、ハマダラカなどの害虫が寄りにくいという公衆衛生上の利点があるほか、所有する船を家屋の杭に繋留することができ、管理もしやすいという機能的側面もある。床に竹を使用することで通気性を確保し、衛生面の安全性をより高めることが可能である。③で寝床の話が出たので付記しておくが、海岸線と並行になるように寝てはならないと信じられている。死人が海から岸へと流れ着いた場合、身体は海岸線に沿うようにして横になって打ち上げられるので、縁起が悪いとされるためである。また、死人を埋める際に頭を西風 (*agin balat*) が吹く方角に埋めるため、西に頭を向けて寝るのは不吉であると考えられているものの、全く気にしない者もいる。

2. 建て方・住まい方に関する信仰と禁忌

　スリンのモーケン社会には、住空間に関する信仰と禁忌が多く存在する。これまでにも、パラデート [Paladej 2003：51] やナルモン [Narumon & Elias 2005：6] らが部分的に明らかにしており、私による聞き取り調査と重なる内容がいくつか確認できた。それは⑥、⑦、⑧、⑨である。それ以外の項目は、本書で初めて明らかにされる点である。以下、村内で有力なシャーマン（*orang poti*）であるルヌング（第8章第4節で登場）との聞き取りから得た情報を項目ごとにまとめる。[5]

⑥水路や水溜りの上に家屋を建設してはならない。侵犯した場合、その家屋居住者は病を得る。

⑦古い切り株に家屋の支柱が触れてはならない。触れている場合、その家屋に暮らす成員は病に見舞われる。

⑧パパイヤの根がある場所に家屋を建てない。

⑨梯子の段数は奇数であること。偶数にしている家屋の者は、仕事がうまくいかない。

⑩汀線から見て、家屋が重なるように建設してはならない（部分的に重なることは問題なし）。重なっている場合、骨組みや建材の弱い方の家屋居住者に病人や怪我人がでる。あるいは、魂の弱い（*mangat pot*）者が病気や怪我を負う。

⑪自分の住む家屋の出入り口が、隣家屋の出入り口と重なり向き合ってはならない。これに反した場合、両家屋の成員が体調を崩す恐れがある。

⑫シャーマンを海側の家屋に住まわせること。シャーマンは村落外部からやってくる人間や霊を察知し、これに対処することができるから。

⑬祖父母、両親が暮らす家屋近辺に住む場合、年長者を海側の家屋に住まわせること。

⑭家屋の出入り口を南風（*agin paya*）が吹く方角に設けてはならない。仮に設置してしまい、住居人の誰かが病にかかった場合、誰も助けることができない。

　これらの項目の他、家屋を建てようとしている場所について、建設前にポタオやシャーマンから助言をもらうことが好ましいとルヌングは述べた。そうで

5　[鈴木 2010：179]の注27では、2009年9月10日のスリン諸島ボンヤイ村におけるインタビューと書いてあるが、実際には、2007年9月10日の間違いである。

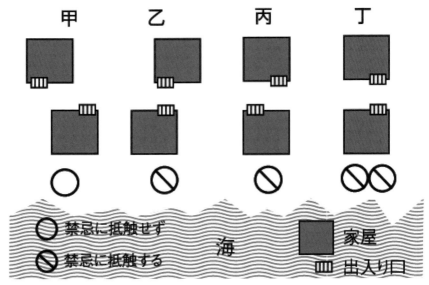

図9-1　住まいの俯瞰図

なければ、その家屋に暮らす世帯の成員に何か悪いことが起きても、シャーマンは原因を探れず、解決方法を教えることができないからだという。かつてはそのような考えがモーケン社会で共有されていたのかもしれないが、現在では、個人で勝手に家屋を建てる場所を決める者も多い。

　ここでは、本書で重要となる項目⑩と⑪について、俯瞰図を用いて説明する（図9-1）。まず、甲の事例を見てほしい。汀線から2つの家屋を望んだ際、家屋が完全に重なることはなく、出入り口も重なり向き合っていない。この場合、禁忌に抵触してはいないので安心して住むことができる。乙の事例では、家屋は重なっていないが、出入り口が重なり向き合っている。この場合、⑪に抵触しているので「悪い家屋（*oomak amon ha*）」とされる。逆に丙の事例では、出入り口に関しては問題ないものの、家屋が重なっているので悪い家屋とみなされる。丁の事例は、⑩と⑪の禁忌をいずれも抵触しており、最も良くない家屋のあり方の1つとされる。これらの「悪い家屋」が2004年インド洋津波後に次々とスリン諸島に建てられていった。その経緯については津波被災後に寺院へ避難した日まで遡り、次節において明らかにしていく。

第3節　津波被災後の家屋と村落

被災前と被災後のボンレック村の様子は**写真9-9**、**写真9-10**のとおりである。

1. 行政主導によるモーケン村落再建

　第8章第3節において、津波に被災した後、本土にあるS寺へ避難したことを述べた。そこでは緊急時の支援がなされており、テントと食料が避難者に対して配給されたが、モーケンの中には慣れない食事にお腹をこわすものもいた［鈴木2008：79］。そうした環境で避難生活を数日続けていたところ、天然資源・環境省の役人が寺に訪れた。スリン諸島のモーケンに対して、早くもとの場所へ戻るよう指示を与えるためであった。そして、モーケンのための住宅再建支援計画が持ち上がり、乾季のスリン諸島でプライマリー・ケア・ユニットに関わっていたクラブリー郡公衆衛生局が指揮をとることとなった。そこで中心となった人物がポップ氏（仮名）である。彼が責任者となり、新しく造成する住まいに関する計画が進められた。ポップ氏はスリン諸島国立公園事務所のトップであるソムチャイ所長（仮名、表11-1参照）と相談した上で、①モーケンをボンヤイ（*Bon Yai*）湾へ集住させること（注　津波被災前は、サイエーン湾とボンレック湾の2ヵ所にモーケン村落があった）、②本土から運んだ建材を使用すること、③潮間帯と潮

6　こうして省庁の人間がわざわざ寺院まで訪れて、モーケンをスリン諸島に戻そうとしていた背景には、住職が支援物資の横領を試みていると役人が考えていたことがあるという［The Nation 2005b］。つまり、モーケンが寺院にいれば、タイ人よりも「貧しく」、「可哀そう」な少数民族を助けるために国内外から支援団体が多く訪れるようになり、より多くの支援物資と義援金が集まるので、住職がモーケンを利用して金銭を横領しているというのである。しかし、この新聞記事の内容だけで、役人の行動を判断してはならない。実は、タイ政府はスリン諸島を含むアンダマン海域をUNESCOの世界遺産への登録を目指しており、同地域の文化的価値の評価を高めるためにモーケンの存在を重要視している。この点については、表8-3の「3.アンダマン海岸における観光業復興委員会」において、スリン諸島のモーケンが取り上げられていたことからもうかがえる。つまり、天然資源・環境省は、モーケンが寺院から親族が暮らす他の村落へと散り散りに移住する前の段階に、なんとしてでもモーケンをスリン諸島に繋ぎとめておきたかったのである。

7　ポップ氏からの聞き取りからは、ソムチャイ所長との話合いによってモーケンの家屋建設の方向性を決めたというが、国立公園側によると、十分な話合いも行なわれずに、ポップ氏主導で勝手に家屋建設が進められたという。

写真9-9　被災前のボンレック村（2004年11月、Paladej氏撮影）

写真9-10　被災後のボンレック村、杭のみが残る

下帯における家屋建設禁止、④格子状配列による同規模家屋を並列することの4点を決めた。

ポップ氏によると、モーケンを集住させる村落建設地にボンヤイ湾を選んだのには理由があった。それは、「国立公園事務所からそれほど離れておらず、建材を本土から運び、一度に多くの家屋を建設するには最適の場所である[8]」というものであった。つまり、2ヵ所別々の場所で住宅支援を行なうことは効率的ではないというのだ。実は、それ以外にも理由があったと考えられる。スリン諸島を含むパンガー県広域をアセアン遺産公園(ASEAN Heritage Parks)へ申請するため、10ヵ年計画(2007年～2016年)が立てられており、その報告書内にあるゾーニング・プランの地図を見ると、別の理由を推察できる[DNP n.d.: 67](図9-2)。

本来、国立公園内に人間が住むことは国立公園法により禁止されている。ところが、モーケンは先住民であるがゆえに、政府はいまのところ「やわらかい保護[9]」のもとモーケンを管理している。とはいえ、政府としては、自然が豊かに残る場所に人を住まわせるわけにはいかない。ゾーニング・プランの地図における、①ストリクト・ネイチャー・リザーブ・エリア(Strict Nature Reserve Area)、②プリミティブ・エリア(Primitive Area)、③リカバリー・エリア(Recovery Area)という3つのエリアを擁するプリミティブ・ゾーン(Primitive Zone)がそれにあたる。

したがって、新しく村落を形成する場所として認められるのは、ツーリズム・ゾーン(Tourism Zone)かサービス・ゾーン(Service Zone)のどちらかとなる。地図を見て分かることは、この2つのゾーンは互いに重なっているということである。その場所の名前をあげると、サイエーン湾、マインガーム湾、チョンカート湾、ステープ湾、ボンヤイ湾の5つである。この地図で示されたチョンカート湾広域には、国立公園事務所と海軍駐屯所が存在し、村落を形成することはできない。マインガーム湾は観光客のための宿泊施設が建設されている。したがって、残される場所はサイエーン湾、ステープ湾、ボンヤイ湾の3つとなるのだが、サイエーン湾はポップ氏の「国立公園事務所からそれほど離れておらず」という考えにあてはまらない。またステープ湾は、南西モンスーンの影響を強く受けるため、

---

8 2007年12月11日のスリン諸島ボンヤイ村におけるポップ氏へのインタビューによる。
9 第7章第1節でも触れたが、タイ東北部、パーテム国立公園内に位置するゴンカム村を調査した藤田[2008]が、タイ社会の特質として提示した概念である。

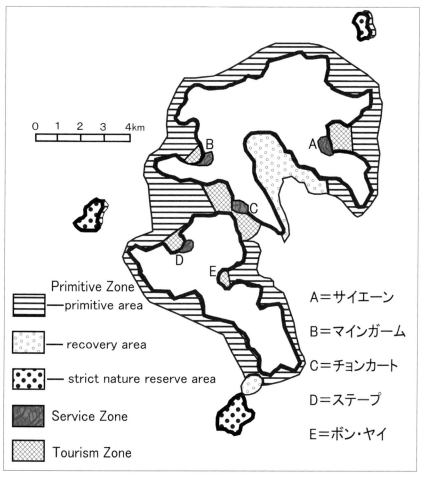

図9-2　ゾーニングプラン(2007-2016)地図

村落建設地として適当ではない。こうした背景のもと、ボンヤイ湾に決定されたと考えられる。役人の立場からすれば、モーケン村落と国立公園事務所の距離が近いことは、モーケン社会を監視・管理する上でも理にかなっていると言える。

　ここで注目したいのは、ポップ氏が中心となって進めた住宅再建支援計画にモーケンの主体性を見出せないことである。計画段階において、住み手となるモーケンの存在が完全に無視されていたのである。その結果、行政によって一

方的に進められた住宅再建支援は、モーケン社会にさまざまな問題を引き起こすことになった。

2. 住空間の変容——「悪い家屋〈oomak amon ba〉」

それでは、具体的にどのような問題が発生したのか、被災以前の家屋、つまり陸地定着中期の家屋と津波後（陸地定着後期）のそれと比較しながら記述する。

（1） ボンヤイ湾への集住

津波に被災するまでは、サイエーン湾とボンレック湾の2ヵ所にモーケン村落が存在していた（図0-3参照）。ところが、前項で推察したように、ポップ氏を代表とする役人の都合により、モーケンはボンヤイ湾に集住させられることになった。2ヵ所あった村落が1ヵ所になったことで、モーケンの多くから聞かされるのは「窮屈 (paiit)」という言葉である。

ナルモンは、調査中に起きた実話をもとに、一定の海域に2つ以上の村落が併存することで、意見の相違や喧嘩といった理由で村落に居づらくなった際、もう1つ他の村落へ移動することができる利点を、争いの解決方法の1つとして紹介している［Narumon 1996：101-102, 123-124］。「窮屈」という言葉からは、物理的空間上の認識のみならず、暮らしにくくなったという心理的な意味合いをも読み取ることができる。

さらに、一地域に人口が集中したため、村落近辺の自然環境に負荷がかかるようになった。家屋や船を建造・補修するためには木材を採取する必要がある。その場合、たいていは村落に近い森林資源が多用される。ボンヤイ湾に人口が集まったことで、自然資源の再生供給可能量よりもモーケンの需要量が高まってしまい、バランスが崩れているのである。その結果、モーケンは村落近辺で採取できなくなった資源を、他地域に求めるようになっている。

（2） 本土からの建材を使用——合板を床板に使用

津波に被災するまで、モーケンは家屋や船の材料となる木材を、スリン諸島内の自然資源の恵みから得ていた。ところが、行政の決断により、すべての建材が本土より運ばれることになった。このことは、国立公園法によって自然資

源を保全する義務がある行政としては、当然の決定であった。

確かにこれまでは、スリン諸島が国立公園に指定・公布されているとはいえ、「やわらかい保護」のもと、モーケンが諸島内で建材用に木材を伐採することは黙認されてきた。ところが津波で全家屋がなくなり、スリン諸島内で建材をすべて用意するとなると、一度に大量の木材を伐採することになり、さすがに「やわらかい保護」を適用できるレベルではなくなった。そうして運ばれることになった建材の1つに、ベニヤ板の合板がある。

写真9-11　本土から運ばれたベニヤ板の合板床

津波前までは、モーケンは床板に竹を使用することが普通であった。だが、行政により用意された床板はベニヤ板の合板であった。高床式の家屋にとって、竹の床板は風通しを良くするだけでなく、食べこぼしや食べかすなどを、犬猫がいる床下に落とすことができるという実用的な側面がある。スリンのモーケンはそれまでベニヤ板を家屋の材料に使用したことはない。合板の床板は家屋内の温度と湿度を高め、多くのモーケンにとって居心地の悪い住まいとなった（写真9-11）。

(3) 潮間帯と潮下帯における家屋建設禁止

モーケンが潮間帯に家屋を建てることを好むことは既に述べた。ところが、満潮時であろうが、海水に接する場所に家屋を建てることが禁止された。どうして禁止する必要があるのか、その理由をポップ氏に聞いてみた。彼の説明では、「海から離れた場所に家屋を建てることで、再び津波に襲われた時に被害を軽減することができる」というものだった。

しかし、新しく建設された場所は砂浜の上であり、津波被災時に建てられていた家屋の位置と高低差はさほどない。津波被害の軽減を第一目的としている

とは到底考えられない。もちろん、モーケンの安全も考慮に入れたのかもしれないが、どうやら本音は別のところにありそうだ。国立公園で働く職員の1人は、「観光客をモーケン村落に連れてくる際、家屋が海に出ていると船を停めにくい」と不平を漏らした[10]。第6章において、モーケン村落を見物にやって来る観光客がいると述べたが、彼らの多くは村落に上がる際に海水に濡れることを嫌う。月齢や訪問する時間帯にも左右されるが、家屋が潮汐帯になければ船を砂浜に上げることができ、観光客は海に入ることなく村落に上陸できる。しかし、家屋が潮汐帯にある場合は、船を海上でいったん停泊しなければならないため、観光客は腰まで水に浸かりながら村落を目指すことになる。その意味で、船を停めにくいという事情だけでなく、観光客の利便性をも考慮に入れた発話と捉えることができよう。また、次項目（4）とも関連する発言として、「（家屋を）陸地に整然と並ばせた方が景観も良く、観光客にとって歩きやすいから」とも答えた。つまり、海岸の潮上帯に家屋の建設場所を限定することで、モーケン村落の観光地化を進めたい、というのが本音であろう。モーケンの身の安全よりも、観光による経済効果を高めることに重点が置かれた決定であったと考えられる。

いずれにせよ、ベランダからの釣りはもちろんのこと、船を家屋の杭に繋留することができなくなった。また、以前よりも山側寄りの風通しの悪い場所に住むことで、蚊やネズミといった害虫の家屋内への侵入が増えるといった、公衆衛生面の悪化が生じたと考えられる。

(4) 格子状配列による同規模家屋の並列

行政はまず、モーケンを集住させるボンヤイ湾の土地をグリッド状に線引きした。そうして設けられた画一的な区画内には本土より運ばれた建材が運び込まれ、ほぼ同じ大きさの家屋が建てられることになった（図9-3の2005年3月の図を参照）。このことは、行政が被支援者の家族構成を考慮に入れていなかった証左である。行政にとっては、モーケンが2人家族であろうが、10人家族であろうが関係なかった。家屋を用意すればとりあえずそれでよかったのである。

格子状配列による同規模家屋の並列は、より深刻な問題を引き起こした。それは、家屋の建て方・住まい方に関するモーケンの信仰と禁忌に関わる。本章

10　2007年9月8日の海軍駐屯所における国立公園事務所職員サムリへのインタビューによる。

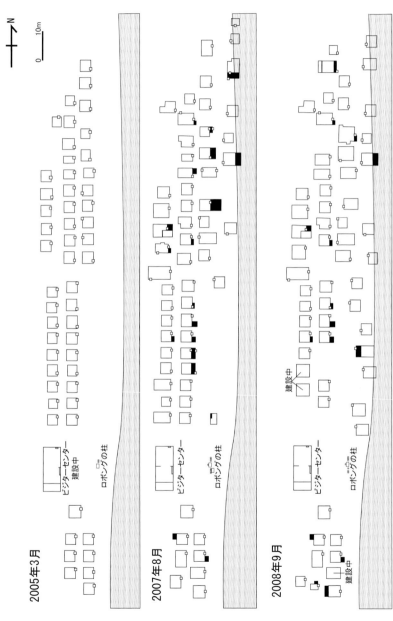

図9-3 村落の鳥瞰図

第9章 「悪い家屋」に住む

写真9-12　家屋と出入り口が向かい合っている二つの家屋

第2節2.であげた項目⑩「汀線から見て、家屋が重なるように建設してはならない（部分的に重なることは問題なし）。重なっている場合、骨組みや建材の弱い方の家屋居住者に病人や怪我人がでる。あるいは、魂の弱い者が病気や怪我を負う」に抵触するからである。中には、項目⑪にも抵触するという、二重に禁忌を犯した家屋に住む者もいた[11]（写真9-12）。

第4節　人びとの対応

1. 建材を選ぶ

　津波被災後に用意された家屋は、スリン諸島のモーケンにとってさまざまな禁忌に抵触するものであり、「悪い家屋」と呼ばれるものであった。だからといって、モーケンは「悪い家屋」が集合する居心地の悪い村落で黙々と過ごしてい

---

[11] 2007年9月1日、二重の禁忌を犯す家屋に住むボネン（Bonen、図5-1参照）が死亡した。すると、「悪い家屋」が死因だという噂が村内に広まった。その他にも、呪術やエイズなどが因果関係にあると説明する村人もいる。この出来事を扱うには、人類学で古くから議論されてきた災因論を考察の対象に入れなければならない。本書では、家屋に関する出来事として紹介するにとどめる。

たわけではない。新しい環境に適応、あるいは改良するために積極的な対応をとってきていた。

　たとえば、再建された家屋に移り住んだ当初、家屋内が高温多湿になるという理由から合板の床板をひどく嫌っていたあるモーケン男性は、しばらくすると床板の一部を竹に替えた。なぜ床板をすべて取り替えないのか理由をたずねると、「調理場と食事場には竹床が適し、寝る場所には合板がよい」という答えが返ってきた。調理場では水が使用され、生モノを含むさまざまな食材が扱われるし、食事場でも食べかすが出てくるため、床にこぼれたものが床下の砂浜に落ち易い竹床の方が良いというのである。床がベニヤ板であれば隙間がないため、こぼしたものは小まめに掃除しなくてはならない。ベニヤ板に汁モノをこぼした場合、その箇所をすぐに拭かなければ水分を含んでしまい腐食するのも早い。調理場と食事場の床板の建材を竹に替えたモーケン男性は、竹がベニヤ板よりも水に強く、管理に手間がかからないことを知ったのである。

　そうではあるが、私が不思議に思ったのは「寝る場所には合板がよい」という回答であった。なぜなら、竹を敷けば隙間が生じ、風が入り易くなるので涼しくなる。熱帯地域に暮らすモーケンが、家屋内の温度と湿度を下げる効果が期待される竹ではなく、風を通さないベニヤ板を選んだことを意外に感じた。だが、直に竹床の上に寝てみて分かったことだが、仰向けで寝た場合、節のあるゴツゴツした表面が背中を刺激し、慣れなければ寝付きにくいし、起きた時に体が痛くなる。血流が活発になり健康には良いのかもしれないが、表面に凹凸のないベニヤ板の方が寝心地が良いということは、私も同感であった。機械で整えられ、均等な厚みを持つ合板を床板に使用するようになったことで、モーケンは建材の選択肢を増やしたと見ることができよう。床1つ見ても、家屋の構造を部分的に変化させることで、新しい環境に対応しているモーケンの姿を確認できる。

2. 家を壊す、変える、作る

　村人が床板を竹に替える行動をよく目にしたのは、復興住宅に住むようになって数ヵ月間の出来事である。しばらくすると、床以外の構造物にも手を加えるようになっていった。人数に合わせて家屋を拡張する世帯が現れたり、隣人

同士で喧嘩が起きたのを契機として、当事者間で他の場所に家屋を建てて移り住む世帯も現れたりした。

　そして、2007年の雨季に入ると、多くの世帯が潮間帯に家屋を建設しはじめた（図9-3の2007年8月の図を参照）。もちろん、行政は許可などしていない。ではなぜか。まず、家屋の耐用年数である約2年が経過したことが契機となっていることを指摘したい。さらに南西モンスーンが吹き荒れる雨季という時期が、モーケンの行動を理解する上で重要である。雨季の間は観光客がスリン諸島に訪れることはなく、国立公園で働く事務所職員が少ない。そのため、外部の人間がモーケン村落に訪れることは少なくなり、事務所による公園監視の目も弱まる。モーケンはこのことを熟知しており、きわめて短期間で木材を伐採し、潮間帯に家屋を完成させていた。職員が数日ぶりに村へ訪れた時には潮間帯に家屋が建ち並んでおり、こうした勝手な行動を注意はするものの、強制的な家屋撤去を行なうことはない。

　モーケンの住空間が変容していることは、鳥瞰的に村落を眺めるだけでなく、虫瞰的に村落を見渡し、家屋を見上げても確認できる。津波に被災した後に建てられた家屋は正方形に近く、一辺の長さは4〜4.5m程度であり、地表から床下までの杭の長さは約1.5mである。ところが、新しく潮間帯に建てられた家屋で大きいものは、縦8m、横4.5mの長方形で、地表から床下までの杭の長さも、海側の杭が2.5m、陸側の杭が2.25mと規模が大きくなっている。また、格子状に並んだ家屋間の距離は2m程度であるものが多いが、新築された家屋は他の家屋から最低でも3mの距離を置いている場合が多い。

　波打ち際に建てられた家屋の前には紺碧の海原が広がり、正面から吹いてくる潮風を遮るものは何もなく眺望も風通しも良い。高くした床下からは潮っ気のある新鮮な空気が屋内に入り込み、白砂を洗う波の音に包まれて心穏やかになる。熱帯林から侵入してくる害虫に注意を払い、目の前に建造物が立ちはだかって見晴らしも風通しもよくない家屋に住むよりも、海沿いの家屋に住みたくなるのは、何もモーケンだけではないだろう。彼らにとっても居心地が良いから海沿いに家屋を建てるわけではあるが、国立公園側の意向に背き、注意を無視してまでも行動に起こすのは、やはりモーケン社会において家屋に関する信仰と禁忌が存在することが1つの重要な契機となっているように思われる。

空間上の制約があるため、すべての世帯が潮間帯に家屋を建設することが可能となったわけではない。だが、津波に被災してから2年以上が経ち、多くの世帯が家屋を新しく建て替えた。それまで使用していた杭を新しいものに替えたり、補強したりするだけでも家屋の耐用期間は延びるのだが、新しく建てかえることで家屋の立地場所を変更し、格子状に家屋が配列された村落空間を「歪める」ことに成功した（図9-3の2008年9月の図を参照）。その結果、「悪い家屋」は減っていった。行政の監視が行き届いていない雨季に家屋を建てかえるということは、モーケンの戦略的対応と見ることができるだろう。スリン諸島が「絶海の孤島」と化す雨季は、モーケンにとって自分たちが住み心地の良い生活空間に村落を再編成する好機となった。

第10章
2004年インド洋津波後の潜水漁

　第7章において、国立公園に指定された前と後におけるモーケンの漁撈活動の変化について論じた。本章では、モーケンにとって主要な現金獲得源であるナマコを対象とする雨季の漁撈活動に焦点を当てることで、津波に被災したあとの漁撈活動の実態について論じる。

第1節　モーケンが認識する自然環境

　ナマコ漁の実態を探るにあたり、本節ではモーケンが認識する風、地形、海中空間の3点を取り上げる。

1. 風

　漁撈において、モーケンが最も注意を払っているのは風である。船を出す前に、風がどの方向から吹いているのか、これからどのような風に変化する可能性があるのか、風量はどの程度かなどと、風の状態を把握することはモーケンにとって常識である。アンダマン海域に吹き込む風には、大きく北東モンスーンと南西モンスーンの2つがあるが、モーケン社会ではその他の風にも独特の名前が与えられており、それぞれの風が吹く季節や特徴を認識している。
　図10-1を用いながら説明しよう。まず真ん中にポラオ・ラタ（*Polaw Lata*）という字が見えるが、これはモーケン語でスリン諸島を表す。ポラオは島という意味であり、ラタ島といった意味になる。この文字を囲んだ丸の範囲をラタ島、つまりスリン諸島と考えてほしい。このラタ島を基準とした場合、おおまかに5種類の風が島に向かって吹いてくるとされる。北東モンスーンをマルーイの風（*agin malui*）、南西モンスーンをバラートの風（*agin balat*）と呼び、その他にも北風

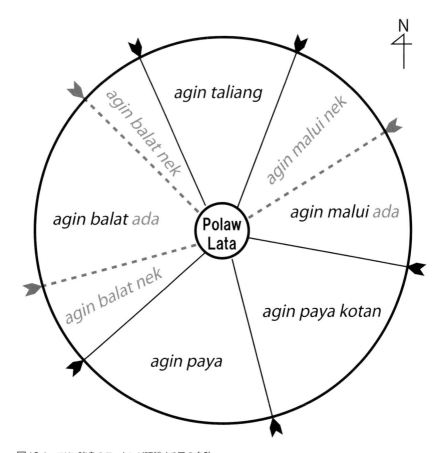

図10-1　スリン諸島のモーケンが認識する風の名称

のタリアンの風（*agin taliang*）と南風のパヤーの風（*agin paya*）、それに南東のパヤー・コタンの風（*agin paya kotan*）がある。なお、マルーイの風とバラートの風は、その強弱によってさらに「大きい（*ada*）」と「小さい（*nek*）」を意味する単語がそれぞれの名称の後につく。これらの他にも、島全体が黒い雲に覆われ、激しい雨が降る際に四方から吹いてくる風をアギン・ワップ（*agin wap*）と呼んでいる。

　かつてはマルーイの風が吹く乾季において特殊海産物の採捕を行なっていたが、現在では、強烈な西風のバラートの風が吹く雨季が活動時期となっている。乾季においては、パヤー・コタンの風が吹く日もあるが、いずれも雨雲をもたらすことは少なく、波もそれほど荒れないので潜水漁には適している。その

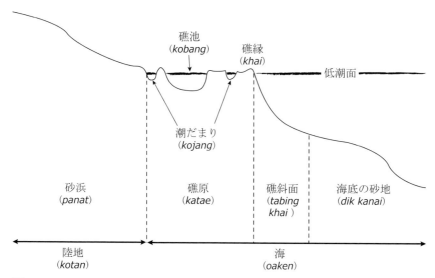

図10-2　モーケンが認識する微地形の名称

一方でバラートの風の時期は、強烈な風とともに雷雨がやってくることが多く、波が荒れるので潜水漁には適していない。しかし、国立公園に指定されている今日において、スリン諸島周辺海域で特殊海産物の採捕を目的とした潜水漁は、このバラートの風の季節のみ行なわれる。天候状態にも左右されるが、大きいバラートの風が吹くときにはモーケンは警戒し、出漁を控えることが多い。他方、小さいバラートの風の際は、注意深く漁場を選択して漁に出ることが多い。では、具体的にどのような場所でナマコ漁をするのか、次項で確認しよう。

2.　地形

　図10-2は、モーケン語による微地形の名称を示したものである。陸地をコタン（*kotan*）、海をオーケン（*oaken*）という。海の地形はさらに、礁原（*katae*）、礁斜面（*tabing khai*）、海底の砂地（*dik kanai*）に分けることができる。この図では低潮時の状態を表しており、ナマコは砂浜（*panat*）や礁原の潮だまり（*kojang*）と礁池（*kobang*）、それに礁斜面の岩や海底の砂地に棲息している。

　ナマコは種類によって棲息場所は異なるのだが、砂地の上や中だけでなく、岩の上や下にいることもある。そこで岩の名称についても確認しておく。図

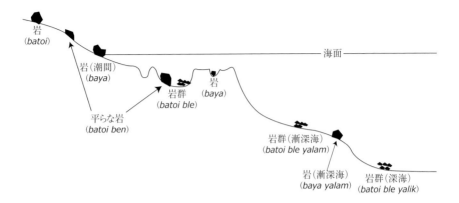

図10-3　モーケンが認識する岩の名称

10-3は、モーケン語による陸や海中に存在する岩の名称である。陸上にある岩はバトイ (*batoi*)、潮間帯にある岩はバヤ (*baya*)、海中にある岩にはバトイとバヤの両方がある。陸地でも海中でも平らな岩をバトイ・ベーン (*batoi ben*) と呼び、小岩が集まる岩群をバトイ・ブレー (*batoi ble*) と呼ぶ。あとは、岩や岩群の名称の後に深度を表すヤラム (*yalam*) やヤリック (*yalik*) がつくことで、漸深海にあるものなのか、深海にあるものなのか分類される。では、深度をあらわす名称には、他にどのようなものがあるのか次項で確認しよう。

3. 海中空間

モーケンは海中空間を深度によって、おおまかに5つの空間に分類して認識している。汀線 (*chia*) から礁原、あるいは礁斜面の上端部分の浅海[1]はオーケン・カテー (*oaken katae*) と呼び、礁斜面の中深海をオーケン・ヤーラム・ネー・ハ (*oaken yalam ne ha*)、緩い斜面の漸深海をオーケン・ヤーラム、海底が砂地であることの多い深海をオーケン・ヤリック (*oaken yalik*) と呼ぶ。モーケンが潜水漁を行なうのがこれら4つの空間であり、クローン (*khrong*) と呼ばれる外海では通常行なわれない (図10-4)。

浅海に用いられているカテーという用語は本来、大潮期の干潮時に海が干

---

[1] モーケンにとっての浅海を指す。通常、動物相を基準にした場合、深海は水深200m以深を、浅海は水深200m以浅を指す。

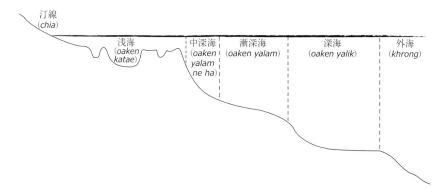

図10-4　モーケンが認識する海中空間の名称

上がった状態を指すものである。したがって、日常生活でオーケン・カテーという言葉が使用された場合、海の深さは膝下くらいの非常に浅い海を指すのだが、潜水漁でこの言葉が用いられる際には、膝下よりももっと深い海、だいたい1～2mまでの深さを示している。他の海中空間については、中深海は3～9m、漸深海は10～19m、深海は20～30m程の深さがある空間と認識されている。外海はそれ以上の深さであり、海底に太陽光が届くことはなく、サンゴ礁も存在しない。

　しかしながら、ここで示したメートルの数値は、あくまで読者に理解してもらうために便宜的に設けた目安であることに注意してほしい。実際には、モーケンは数値を指標として海中空間を分類しているわけではない。彼らは数値を測ることで深度を認識するのではなく、経験や身体感覚を基準にして深度を測っている。たとえば、ひとかきすれば海底に手が届くほどの深さをオーケン・カテー（浅海）と呼んだり、水面から見下ろした時に海底がかすかに見えるくらいの深さをオーケン・ヤリック（深海）と呼んだりしている。そのため、海中空間の名称を使う人や、潜水漁を行なう時の自然条件（太陽光の強さや海の透明度など）によっても、上述したメートルの数値は多少変化してくる。以上のことを理解した上で、ナマコ漁の実態を次節で検討したい。

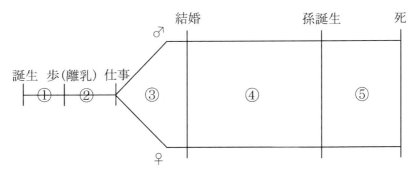

図10-5 モーケンのライフサイクルにおける呼称

第2節 ナマコ漁の実態

1. ナマコを捕るということ——社会的評価

　　　ナマコを捕れて、夜光貝を捕れて、カバンを造ることができれば、もう
　　1人前の男性だ！　妻を娶ることができる（*meanap kaji moi meanap iakchon moi bo kabang moi bujan ka! mean binai ka*）

　上記の文章は、私が調査中にモーケンの大人たちから幾度となく聞かされた言葉である。現代の日本社会において、安定した職について家族を養えるだけの収入があれば結婚できると考える男性は多いと思う。モーケンの場合も、ナマコや夜光貝を安定的に確保できる能力があるかどうかが結婚条件として重要である。モーケンと一緒に出漁し、私が深いところに棲息するナマコを捕ると、「ユーキ（モーケンから呼ばれていた私の名前）、女をもらえるぞ」とよくからかわれたものである。

　さて、図10-5は、モーケン社会において生まれてから死ぬまでの間に、どのような名で呼ばれるのかを示した図である。①がブルアン（*buruang*）、②がアナート（*anat*）、③が男性の場合はブジャン（*bujang*）、女性の場合はダーラ（*dala*）、④がアー（*aa*）、⑤が男性の場合はエバープ（*ebap*）、女性の場合はエブーム（*ebum*）

となっている。ブルアンは、生誕から歩けるようになるまで、あるいは離乳するまでの間の呼び名で、日本語で言う「乳児」に相当する。アナートは、離乳後から仕事を一人前にできるようになるまでの呼称で、「子ども」にあたる。男性の場合ならば、ナマコと夜光貝を捕れて、カバンを造れればブジャン、つまり大人（成人男性）とみなされ、女性の場合は、「貝を探すことができ、おかずをつくれて、ご飯をたける（*wang iak moi bo chobai moi dot jong moi*）」ならばダーラ、つまり大人（成人女性）とみなされる。アーは、結婚して息子や娘を授かり、その息子や娘が子どもを持つまでの比較的長い期間に用いられる、日本語で言う「おじさん」や「おばさん」に相当する。孫ができた後は、男性の場合はエバープ、女性の場合はエブームと呼ばれるようになる。

　この図で示したいことは、男性が②から③へ移行する時、つまり子どもから大人へと呼び名が変わる際に、モーケン社会においてナマコを採捕できることが1つの鍵となっている点である。第5章において、特殊海産物に注目しながらモーケンの歴史を振り返った。現在のところ最古の資料とされる1825年の記録において既にモーケンがナマコを採捕していたことを確認できるように、ナマコはモーケン社会にとって重要な意味を持つ動物なのである。

　ただし、単にナマコを採捕すれば良いというものではない。ナマコにはたくさんの種類があり、その棲息場所も売値も同一ではない。私が「女をもらえるぞ」とモーケンにからかわれる時は決まって、深い場所に棲息しており、高い値段で売れる種類のナマコを捕れた時だけであった。このことからも、モーケンがナマコの種類によって見出す価値が一様でないことが明らかである。では、モーケンが認識するナマコにはどのようなものがあるのか、次項で確認してみたい。

2. 採捕対象種

　モーケンが採捕対象とするナマコは25種類ある。ナマコはモーケン語でガジー（*kaji*）ないしヤチー（*yachi*）という。**表10-1**は、各ナマコに番号をふり、棲息する場所や多寡、値段や自家消費されるか否かを表したものである。その他の欄には、棲息場所や生態に関する情報を記した。名前は学名ではなく、モーケン名である。邦語では、種類を表す際には「××ナマコ」のように後ろにナマコがつくが、モーケン語ではその逆で「ナマコ××」のようになる。ナマコの各名

No.	名前	深度	多寡	値段	消費	その他(いる場所など)
1	babui batoi	B	b	200B/匹	△	礁斜面の岩に棲息。
2	babui kanai	C-D	b	200B/匹	△	砂の中に棲息。深海に多い。
3	chaba*	D	a	50B/匹	×	漸深海の砂地に多く棲息。安値で買い取られるので好んで捕らない。
4	chonan	A	a	―	◎	浅海の砂の中に棲息。25種類中最多。
5	danang	A-C	a	1300-1500B/kg ; 50-60匹	×	砂地の上、岩やサンゴ礁の下などどこにでも棲息。特に、礁斜面の岩群周辺に多い。島全体に分布。
6	khamat melat	C	d	500B/kg; 15-20匹	△	漸深海の砂の中に棲息。探しにくい。ビルマ海域に多い。
7	khamat tadong	C	d	500-600B/kg; 5匹	△	漸深海の砂の中に棲息。島全体に分布。
8	khulung khlong	C-D	c	1200B/kg; 14-15匹 (3000B/匹)	△	深い海のサンゴと砂地の境目に棲息。島全体に分布。Oot(18,19,20番)と一緒に発見されることが多い。
9	kulung melat	B	c	1200B/kg; 14-15匹 (3000B/匹)	△	サンゴ礁の下に棲息。懐中電灯を使い、夜間だけ漁をする。
10	kola	D	b	200B/匹	×	深海の砂の中に棲息。
11	kopan	D	d	200-300B/kg; 6-7匹	×	深海の砂地の上に棲息。多くは2匹1組でいる。
12	korong	A-C	b	400-500B/kg; 15匹	△	あらゆる深度に棲息するが、特に多いのは浅海・漸深海の岩群にも棲息。
13	lepan	D	b	500B/kg; 5匹	×	深い場所の斜面の砂地に棲息。
14	loha	D	b	400B/kg; 15-20匹	×	深海の砂の中に棲息。
15	muyu ketam	A	c	180B/kg; 40匹	×	礁地の砂の中に棲息。
16	muyu melat	A	a	250B/kg; 30-40匹	△	普段は岩下にいるが、上潮時は外に出てくる。潮だまりで集団で棲息。
17	muyu oot	A	c	300B/kg; 40匹	×	普段は岩下にいるが、上潮時は外に出てくる。潮だまりで集団で棲息。
18	oot kari	C	b	500B/kg; 7-10匹	×	漸深海の砂の中や潮だまりに棲息。上潮時は外に出てくる。
19	oot melat	C	b	500B/kg; 7-10匹	×	漸深海の砂の中や潮だまりに棲息。上潮時は外に出てくる。
20	oot muluang	C	b	500B/kg; 7-10匹	×	漸深海の砂の中や潮だまりに棲息。上潮時は外に出てくる。
21	pango	B-C	a	180-300B/kg ; 20匹以上	×	礁斜面のサンゴ礁の上に棲息。島全体に分布。
22	potiak	A-D	d	(小)500B/kg; 60匹 (中)1000B/kg; 20-30匹 (大)2000B/kg; 5匹	○	海藻のはえる砂地に棲息。古い文献に載る「白ナマコ」と考えられる。
23	Tochoi batoi	B	b	900-1000B/kg ; 10-13匹	△	漸深海の砂地に棲息。
24	Tochoi karang	B	b	900-1000B/kg ; 10-13匹	△	礁斜面のサンゴ礁に棲息。島全体に分布。夜間に捕る。
25	yata	A-C	b	1000-1200B/kg ; 10-15匹	×	サンゴ礁の下に棲息。浅海に多い。島全体に分布。

*3番のナマコは、ガイ(kai)やガショット(kachot)と呼ばれることもある。

表10-1　スリン諸島のモーケンが採捕するナマコ一覧

称の前にはガジー（ヤチー）がつくが、表では省略していることを断っておく。

　棲息する深度については、前節で取り上げた水中空間の分類を用い、浅海をA、中深海をB、漸深海をC、深海をDとした。たとえば8番のナマコを見てほしい。棲息する深度帯はC−Dと書いてあるが、これは漸深海と深海で多く見られることを示している。つまり、10mから30mの範囲に多く棲息するナマコを意味する。ただし、このように分類したからといって、すべてのナマコがAからDで示した一定の深度帯内に棲息するわけではない。あくまで、その深度帯に多く棲息する傾向があることを表している。7番のナマコのようにCのみを記してあったとしても、必ず10mから19mの深さに棲息するというわけではなく、深度帯AやBにおいても発見できる。

　このように、ナマコは種類によって棲息する深度帯の傾向や場所が異なるが、共通していることがある。それは、基本的には深度が深くなればなるほど、個体の大きさが増すという点である。たとえば5番は深度レベルAからCまでと生態域が広いが、Aに棲息するものよりCに棲息するものの方が大きい。このことは、夜光貝などの潜水漁で採捕する貝類にも当てはまることであり、モーケンは「小さいものは陸寄り、大きいものは沖の方に棲息する（*chala nya aem kotan, da aem taaw*、直訳では〈生まれたばかりのものは陸側にいて、大きくなったものは海側にいる〉）」という表現をする。

　多寡については、モーケンが水中で遭遇する頻度を参考にして（2011年3月現在）、「かなり多い」をa、「多い」をb、「まあまあいる」をc、「ほとんどいない」をdとした。

　値段については、2010年10月時点における仲買人の買い取り額を表している。天日干しがすんで水分が抜けきり、小さく固くなった干しナマコ（イリコ）の値段である。値段のあとに「B」と書いてあるのは、タイの価額単位であるバーツ（Baht）の頭文字である。その後ろに斜線が引かれ「kg」ないし「匹」が書いてあるが、前者の場合は干しナマコ1kgあたりの買い取り額を、後者は干しナマコ1匹あたりの買い取り額を示している。[2] つまりナマコの買い取りは、重量を単位とするのか、数を単位とするのか種類によって異なる。重量を単位とするナマコの場合、kgの後ろにセミコロンが付され数詞が続くが、この数字はその干し

---

[2]　8番と9番の値段欄の丸括弧内に記したものだけは、干しナマコではなく、生ナマコ一匹の値段である。

ナマコがどのくらいで1kgに相当するのかを表している。6番のナマコを例にあげるならば、干しナマコ15から20匹の量が1kgに相当し、500バーツ（1500円）で買い取られることになる。中には7番のように、1kg当たり500バーツから600バーツ（1800円）の買い取り額となっており、個体の大きさや質によって、買い取り額に多少の変動がある。

　特殊なものとしては22番のナマコがある。この種のみ大中小と個体の大きさによって買い取り額が異なる。このことは棲息する深度が関係している。深い場所に棲息するナマコほど大きいと先述したが、このナマコはAからDまでと生態域が広い。そのため、個体の大きさにばらつきが認められるのである。また、4番のナマコも特殊である。スリン諸島周辺海域で最も多く見られる種であるにもかかわらず、仲買人に買い取られることがないので、すべてモーケンによって消費される。

　消費の欄については、特殊海産物として売られるだけでなく、モーケンによって自家消費されるか否かを示した。◎は頻繁に食す機会があるもの、〇はごく稀に食す機会があるもの、△は通常食べずに売るが、食糧が他に何もないなどの相当な理由がある時のみ食すもの、×は食すことはせず、すべて特殊海産物として売られるものを指している。

　近年、仲買業者からの要望で、これまでは採らなかった種類のナマコも採捕するようになった。たとえば、1990年代後半から採り始めるようになったシカクナマコ（*kaji danang*、5番のナマコ）とリュウキュウフジナマコ（*kaji yata*、25番のナマコ）、2004年インド洋津波の被災後に採り始めたクロエリナマコ（*kaji pango*、21番のナマコ）などがある。

　では、モーケンはこれらのナマコをどのように採捕しているのだろうか。

3. 生産現場

　かつて年間を通して行なわれていたナマコ漁は、現在においては雨季（5月～10月）の半年間のみが漁期となっている[3]。その直接の契機となったのが、アンダマン海域の国立公園化であった。国立公園に指定された海域には、乾季にな

3　実際には、9月中旬から10月上旬の間に国立公園当局からナマコ漁禁止の通達が出されるので、実質5ヵ月間の漁期となる。

写真 10-1　潜水前の船上の光景

ると観光客が押し寄せるようになり、地先漁民によるリーフの利用が規制されるようになったためである。漁民にとっての海は水産資源が産出される場所なのだが、政府にとっての海はそうではなく、観光客を引き寄せるための観光資源として見出されたのであった。スリン諸島の先住民族であるモーケンも他地域の沿岸部に暮らす漁民と同様に、海域における漁撈活動に制限が加えられた。制約がある中での漁撈活動は、特殊海産物の採捕活動に顕著である。本来は適期である乾季におけるナマコ漁を控えるようになり、観光客が訪れない雨季にのみ漁が行なわれるようになった。

　毎年4月下旬から5月初旬頃になると、雨雲を伴った風が南西から吹いてくるようになり、国立公園は閉園を宣言する。観光客に対応する必要がないので事務所スタッフの数は減り、スリン諸島とその周辺海域はモーケンによる資源利用が優先される場所へと変わる。閉園になり島内に静けさが満ちると、モーケン男性は一斉に船に乗り込み、大海原へと繰り出す。悪天候で海が荒れた日は出漁しないが、それ以外の日は、男性陣はこぞってナマコ漁へ出かける。その日の風向きと潮の流れを考慮してダイブポイントが決められ、1つの船に複数人

4　潜水漁は男性が専門に行なうが、浅瀬における手摑みによる採捕は、女性や子どもたちも手伝う。

写真10-2　シュノーケル用水中メガネを使用する若いモーケン　写真10-3　潜水中の光景

が乗り込んで移動する（私が一緒に出漁した船には、最低2名から最高20名以上が乗っていた）（写真10-1）。

　いよいよダイブポイントに到着すると、水中メガネを装着して海に飛び込む。水中メガネには沖縄のウミンチュが発明したミーカガンとそっくりな水中メガネ（*chaming ada*）とシュノーケル用水中メガネ（*chaming ada*）の2種類があるが、40代の男性は前者のメガネを用い、10代から30代の男性は後者のメガネを使うことが多い（写真10-2）。シュノーケル用水中メガネの使用は、フランス人研究者イヴァノフがスリン諸島で調査を終えた際に、ポタオであるサラマの子どもに与えたのがはじまりである。その後、国立公園に訪れる観光客が置き忘れていったシュノーケル用水中メガネやフィン、あるいは岸辺に流れ着いたものを修理して用いるようになった。

　着水する直前に、「シール（*siru*）」と独り言のように呟く者が少なからずいるが、これは「ナマコが採れますように（*bo moi kaji*）」と願う、モーケンのおまじないである。ナマコに限らず、夜光貝や高瀬貝を採捕する際にも同じ言葉が発話される（写真10-3）。

第10章　2004年インド洋津波後の潜水漁　　217

写真10-4　海水をたっぷり入れた鍋でナマコを煮る

写真10-5　トタンの上に載せられたナマコ

　男性は1日のナマコ潜水漁が終わると、大量のナマコを積んだ船に乗り、意気揚々と村落に帰ってくる。ポリタンク一杯に入れられたナマコは、男性が肩に乗せて女房のいる砂浜や家の裏まで運ぶ。ここまでが男性の仕事であり、加工は女性に任せられる。

　ナマコの加工工程は以下の通りである。まず、ナマコの胴体に切れ目を入れて腸を取り出し、胴体の方を海水がたっぷり入った大鍋に投入してぐつぐつと煮る（写真10-4）。それから微温火の上方に設置したトタンに載せ、時間をかけて水分をとばす（写真10-5）。最後に天日干しを何度も繰り返すことで干しナマコ、いわゆるイリコが出来上がる。ここまでの加工をモーケンが行ない、仲買人に買い取ってもらう。イリコの商品価値はその形の美しさ、強度（水分が抜けている程良いとされる）によって決まる（写真10-6）。そしてその後は、世界中に散らばる華人市場へ運ばれることになる。

　このように、雨季はモーケンによるナマコ漁が集中的に行なわれるのだが、必ずしも毎日なされるわけではない。天候が関係することはもちろんのこと、潮の満ち引きが大いに関係している。

　表10-2はナマコ潜水漁の適期を、潮汐との関係で表したものである。ここで

写真10-6　天日干しによるナマコの乾燥具合をチェック

は潮汐を、大潮、中潮、小潮、長潮、若潮の5種類に分けた。また、「潮」の項目の下に「前期」、「中期」、「後期」の項目があるが、これはナマコ潜水漁を実施する5ヵ月間を3つの時期に分けたものである。つまり、国立公園が閉園してから約1ヵ月半を前期、それから約1ヵ月半を中期、そして禁漁が命じられるまでの残りの期間を後期としている。横の欄には丸や三角記号が並んでいるが、これはどの潮汐の時期がナマコ漁に適しているのか、あるいは適していないのかを表している。ここでは「◎」を最適期、「○」を適期、「△」を可能時期、「×」を不適期として示した。

　前期の場合、長潮と若潮の時期がナマコ漁の最適期であることがわかる。モーケンによると、この時期は彼らの言葉で「ウェーン・タマ（*wean ta ma*）」にあたると認識されており、「潮の干満がゆっくりしている（*baye ngai kun ngai*、直訳では〈潮が満ちるのが遅く、引くのも遅い〉）」と話す。潜水漁では潮の流れに影響を受けやすいため、潮の流れが弱い長潮と若潮の時期が漁の最適期と考えられているのである。しかもそれだけではない。長潮と若潮の両期は、大潮期ほどではないが潮がある程度引く。干潮時を狙えば、ある程度深い場所で漁をすることが可能となる。また干潮の時間帯が長いため、長時間に渡って漁を続けることができ

第10章　2004年インド洋津波後の潜水漁

旧暦	1	2	3	4	5	6	7	8	9	10	11	12	13	14	15	16	17	18	19	20	21	22	23	24	25	26	27	28	29	30
月	新月							上弦							満月							下弦								
潮	大潮	↑	↑	中潮	↑	↑	↑	小潮	↑	長潮	若潮	中潮	↑		大潮	↑	↑	中潮	↑	↑	↑	小潮	↑		長潮	若潮	中潮	↑	大潮	↑
前期	○			○				◁		◎	◎	○			○			○				◁			◎	◎	○		○	
中期	○			◁				×		○	○	◁			○			◁				×			○	○	◁		○	
後期	◁			×				×		×	×	×			◁			×				×			×	×	×		◁	

表10-2　ナマコ漁・夜光貝漁と潮の関係を示した表

るのもナマコ漁を行なう者にとっては魅力的である。このように潮の流れと干満が指標となり、前期においては、長潮と若潮が潜水漁の最適期と認識されている。

その他には中潮と大潮、それに小潮があるが、これらの時期においてナマコ漁の適期か否かをはかる指標となっているのは潮の干満差のみである。大潮や中潮の時期は潮の流れが急ではあるが、潮の干満差が大きく、普段は漸深海（C）の場所が中深海（B）となり、深く潜らなくても容易にナマコを採捕できる。浅海（A）ならば岩礁が水面上に露出するほど潮が引き、潜ることなく歩いて採集することが可能である。その一方で小潮期は、潮の干満差はなくなってしまうので、潜水漁には不向きとされる。さらに付け加えると、大潮や中潮では特にいえることであるが、干潮時といえども下げ潮にある時間帯に漁は行わない。身体が沖に持っていかれる危険性があるからである。潮が最大に引いた後、上げ潮に変わった頃に潜水漁が行なわれる。

中期は小潮期に出漁しなくなる。なぜなら、前期の間に中深海（B）に棲息するナマコをほとんど捕りつくしており、より深い場所へ潜るためには潮の干満差が大きくなる他の潮期でなくてはならないからだ。それでもやはり、潮の流れが弱い長潮と若潮の時期はまだ、ナマコ漁に

適していると考えられている。

　後期は大潮期のみが潜水漁の可能時期である。その理由は、前期と中期の間に浅海 (A) や中深海 (B) に棲息するナマコのほとんどを捕りつくしてしまい、通常9月には漸深海や深海に棲息するナマコしか採捕できなくなってしまうので、深度が最も浅くなる大潮期の干潮時を狙って潜るようになるためである。大潮以外の時期では、深い場所に棲息するナマコに手は届かなくなってしまう。

　ところが近年では、9月ではなく8月の段階で既に、大潮期が唯一の潜水可能時期となることがある。このことは、前期と中期の期間が短縮する傾向にあることを示唆する。では、どうしてナマコが減少する時期が早くなってきているのだろうか。ナマコの個体数が減っている可能性も考えられるが、それよりも2004年インド洋津波後におけるスリン諸島村落における船の増加が深く関係している。

第3節　フアトーン船

　2004年インド洋津波後、スリン諸島には国内外の援助団体が村落を訪れるようになった。援助団体はモーケンに各種支援をするようになるのだが、彼らが特に重視していたのはモーケンの生活再建であり、モーケンが漁撈活動に再び戻れるようにと、次々と船を寄付していった (写真10-7)。その結果、津波被災時にあった船の数はフアトーン船7隻とカバン・モーケン6隻の計13隻であったが [Narumon 2005]、2007年9月にはフアトーン船23隻とカバン・モーケン4隻の計27隻へと2倍以上増えていた。タイ本土の船大工職人が造ったものを購入して寄贈されたのがフアトーン船であり、造船に用いられる工具や木材をモーケンに与えて造らせたものがカバン・モーケンである。フアトーン船というのは、タイ南部のタイ人漁民の間で一般的に使用されている、舳先の長い外見的特徴を持つ船である (写真10-8)。従来のモーケンにとっての船とはカバン・モーケンであり、村落 (あるいは家船集団) 内の男性が木を伐るところから協力して、時間をかけて造りあげるものであったのだが、現在ではほとんど造船されることがない。

　そのようになった背景には、大きく2つの理由があると考えられる。1つは、

第10章　2004年インド洋津波後の潜水漁　　221

写真10-7　援助団体による船の寄贈風景

写真10-8　フアトーン船

政府による国立公園の管理が強化されていることを指摘できる。国立公園指定地域においては、そもそも木を伐採することは法律上許されていない。しかし、モーケンはスリン諸島が国立公園に指定される以前から同諸島を利用し、一時的に居住してきた先住民であると国立公園事務所から認められており、2000年頃までは造船のための木材伐採が黙認されていた。ところが2005年の初めの頃より、国立公園当局はモーケンによる森林資源の利用に対して厳しい態度をとるようになってきている。2004年インド洋津波後に、ビルマからスリン諸島に移住するモーケンが増えており、自然環境への負荷が高まっていることを懸念した国立公園事務所が、木材伐採に対する監視の目を強めるようになったためである。

そしてもう1つは、モーケン自身がカバン・モーケンよりもフアトーン船の方を好んでいるというものである。2つの船に乗って漁に出ると、両者の違いが判然とする。フアトーン船はカバン・モーケンよりも安定感があり、横波にも強い。また、第9章第1節1.においてカバンの耐用期間が8年未満であることを述べたが、フアトーン船の場合は10年程度持つと言われている。フアトーン船の方が高い耐久性を持ち、カバン・モーケンのように頻繁に砂浜へ揚げて手入れする必要がなく、長期間かけて苦労して造船しなくていいことも、モーケンにとっては魅力的である。

ただし、カバン・モーケンを造らなくなるということは、船の材料となる植物や造船に関する知識が、モーケン社会で伝承・共有されなくなることを意味する。モーケン自身がフアトーン船の使用を求めているのに、それを止めさせる権利は誰にもないが、長年かけて育まれてきた海民文化の多様性が失われつつあることも見逃すことができない。いずれにせよ、津波後に援助団体が船を寄贈したことによって、スリン諸島のモーケンは津波前よりも多くの船を所有するようになった。

ここでようやくナマコの減少の話とつながる。船の増大はモーケンの出漁機会を増やし、短期間でナマコが捕りつくされるようになったのである。特に浅海（A）、中深海（B）に棲息するナマコは早い段階で個体数を減らし、表10-2で示した前期と中期の間隔は短くなってきている。1シーズン内におけるナマコの減少スピードが加速しているのである。

第4節　監視の死角と間隙

1. 穴場で潜る

　2007年は、それまでのシーズンに比べると、ナマコが減るペースが特に早かった。8月中旬の段階で漸深海（C）（図10-4）に棲息するナマコまでもが捕り尽くされてしまう事態となった。そのため、この年は事務所からナマコ採捕を禁じる通達が早く下された。国立公園事務所職員は不定期にダイビングを行なって海中の様子を確認しており、ナマコが急減したことを把握していたのである。例年ならば、9月中旬から10月上旬の間にナマコ採捕の禁止が伝えられるのだが、この年は通達が出されたのは8月24日のことであった。同日午後、スリン諸島国立公園ダム所長補佐がスタッフを村落に遣わし、ナマコの採捕を禁じる旨を伝達してきたのである。

　この通知に対するモーケンの反応は大きいものであった。私が18時頃にその日の夕食を済ませ、いつものように砂浜に出て男性集団と一緒にいると、国立公園事務所への不満が口々に発せられた。しばらくは、「海は国立公園のものではない」とか「どうやってここで暮らせというんだ」などの、国立公園側の決定に反発的な意見が多かったのだが、太陽が落ちて闇が濃くなると話をやめて、それぞれの家に戻っていった。翌日からは、天気が良く絶好の潜水漁日和であっても、男性陣はナマコの採捕に出かけず、船を修理したり浅瀬で魚介類を獲ったりして過ごしていた。既に不満を漏らす者はおらず、国立公園側の指示に素直に従い、今年はこのまま潜水漁をせずに終わるのかと思っていた。しかし、その矢先に、ナマコ漁は再び行なわれた。通知から1週間後の8月31日のことである。

　それは朝食時に、あるモーケン男性が、突如ナマコを捕りに行くと言い出したところから始まる。彼は潜水技術に長けていることで村落内で知られており、青年男性の中で信望を集める人物である。彼は家屋の外に出て風の状態を確認し、潮の流れをみた後、昼過ぎに出漁することを決めた。

　そして14時をまわった頃、彼は2人のモーケン男性を引き連れて村落を発

った。船は時計回りに進んでタオ湾とパッカート湾を過ぎ、カイ島を抜けると、南スリン島南西部の海域へ向かった（図0-3参照）。私はそれまで幾度となくモーケンと一緒に潜ってきたが、その場所で潜るのはこの時が初めてであった。この時期は南西モンスーンが吹き荒れる時期なので、通常は、風を避けることのできる島の東側や風の影響を受けにくい入江で潜るのが普通である。南西モンスーン期にしては風がなかったとはいえ、それでも普段潜っている場所に比べると波が荒れており、水深も深い。南西からの風がインド洋から直接吹き込む地点であり、波が島の岸壁を削り、サンゴも育ちにくい場所である。そのような場所は潜水ポイントとして適していないことは明らかであった。この海域は他の潜水ポイントよりも波が強いために、普段よりも強い水かきとキックが水中で必要とされた。その頃までには私の潜水能力はモーケンの仲間たちから1人前と認められていた。しかし、このポイントで潜水を行なうのは体力の消耗が激しいだけでなく、運が悪ければインド洋の沖の方へ運ばれてしまう危険さえあり、精神的にも疲弊してしまった。

　だがそのことこそが、彼らがこのポイントを選んだ理由であった。同行したモーケンは、「ここは水深が深いから海底まで潜れる人は少ない」、「ここなら国立公園事務所も見てないよ」などの発言をした。つまり、潜水漁に向かない場所だからこそ、潜水技術の高い者だけしか海底深くに棲むナマコを採捕することができず、また当局の監視も甘くなっているというのである。

　この日の漁は17時過ぎに終わり、18時頃に村落へ戻った。そして、潜水漁を行なった者が親族や知人にこの日の出来事を伝えた結果、翌日から南スリン島南西部の海域へ向かい、潜水漁をする者が続出した。モーケンは国立公園事務所による管理が地理的にどの程度行き届いているのかを把握しており、スタッフの監視の目をかいくぐりながら潜水漁を行なっていた。こうして、同ポイントにおける潜水漁は、ナマコが捕り尽くされるまで続いた。

2. 他領域で潜る

　本項で取り上げるのは、9月5日から6日にかけて行なわれた、X諸島海域における貝類の採捕を目的とした潜水漁の話である[5]。X諸島は、スリン諸島とは

5　場所の特定を避けるため、島名をX諸島とY島とする。

別の海洋国立公園に指定されている領域である。以下、2日間の出漁の記録を、フィールドノートをもとにまとめる。

　朝7時前に起床し、いつものようにモーケン男性たちがコーヒーを飲んでいるところに座って会話を聞いていると、ちょうどこの日は大潮期にあたり、風もなく天気が良いので、X諸島へ出かけようという話になった。X諸島の海は深いので、潜水漁は大潮期の干潮時にしか行なえないという。
　11時過ぎ、21名の成人男性が1つの船に乗り込んだ。出発したが、21人は多すぎたのか、波の変化によっては船が沈む恐れがあるというので、1時間ほど進んだところで村に引き返す。結局、2隻体制で行くことになった。私が乗り込んだ船には14名が同乗しており大変窮屈であったが、モーケン男性はお互いの身体の上に足をのせるなどして、狭い空間をうまく利用して横たわっていた。船の操舵手と調理担当者の2人以外は、眠って体力を温存する者とフィン（足ひれ）の手入れをする者とに分かれていた。
　出発から5時間半ほど経った頃（Uターンの時間を含めれば7時間が経過、既に時計の針は18時頃をさしていた）、Y島に到着。島から西方20m程のところに錨を下ろして船を停める。同乗者たちは我先にと海へ飛び込み、船の上には操舵手だけが残った。それから1時間ほどかけてY島を1周しながら潜水漁を行なった。この時は夜光貝を捕れた者はおらず、高瀬貝しか捕れなかった。その後、空が暗くなりかけている中X諸島へ向けて船を進め、あらかじめ調理しておいた夕食を船上で食べる。白飯のおかずは、唐辛子をエビペーストと砂糖で炒めただけの質素なものだった。暗闇の中X諸島が遠くに見えてきた頃、エンジン音を小さくするためにスピードを落として走る。それから30分後には、船を目立たなくするために屋根をはずした。さらに30分すると、ようやくX諸島の最北端にある島に到達した。
　潜水をする第1ポイントが決まると、船上にいたモーケンが慌ただしく準備にとりかかる。改造した懐中電灯を手に取り、次々と静かに着水する。水中に入ってから照射面を水底に向けて電源をつける。ある者が間違って照射面を上向きの状態で電源を入れた瞬間、皆から「下へ向けろ」と一斉に非難されていた。これまでに同行した漁では経験したことのない緊張した

空気が張りつめていたので、私は、第1ポイントから第3ポイントまでは一緒に潜水することを控えた。

　どのタイミングで着水をし、1つのポイントでどれくらいの時間を潜水漁にあてるのか、漁の流れが大体わかったので、私も第4ポイントで潜ることにした。しかし、スリン諸島で行なう夜間の潜水漁とは勝手があまりにも違う。スリン諸島では、夜間に潜水漁をする場合は浅瀬のみで活動するため、懐中電灯の弱い光でも水中の様子をある程度視認できるが、X諸島で潜る場所は深すぎて光が水底まで届かず、ほとんど何も見えない。懐中電灯で照射している部分は黒いままなので方向感覚を失い、下に潜っているのか、横に泳いでいるのか、上に浮上しているのかさえわからなくなってくる。水面に顔を出し、水中からかすかに洩れる光をたよりに泳いで彼らについていくのが精一杯だった。

　第5ポイントでは着水せず、操舵手と共に船上に残り周囲を見張っていた。すると突然、操舵手が注意を促す声をあげた。どうやら国立公園の監視船が近づいてきているとのことだった。息継ぎのために水上に顔を出していたモーケンが操舵手の注意に気づき、他の者にも次々と伝える。水中にいる者は懐中電灯をすぐに消し、泳ぎながら船を押して、近くにある岩陰へと隠した。操舵手が注意を呼び掛けてから船を岩陰まで移動させるまで、おそらく3分もかかっていない。船上で静かにしていると、ほのかな赤い灯りを放つボートが目の前をゆっくりと西方へ向かっていった。同行していたメンバーによると、あと2ポイント別の場所で潜る予定だったらしいが、すぐにX諸島での潜水を切り上げて、急遽Y島に引き返し、そこで再び潜ることになった。

　Y島に着くと9人が潜った。この時点で既に24時半をまわっていた。約2時間半の潜水漁を終えた後、3時過ぎにY島をあとにし、一路スリン諸島へ向かう。操舵手を除くモーケンの皆はぐっすりと眠っていた。明るくなってしばらくしてから皆起きて朝食をとる。そして朝食後は、各自が捕った夜光貝の大きさや形を批評し合い、スリン諸島には10時頃到着した。

以上が、私が同伴したX諸島への漁の一部始終である。まず、モーケンが遠

征しに行くのは、大潮期であることがわかる。このことは、X諸島の海深が関係していた。スリン諸島からX諸島までの所要時間は約7時間だが、その途中に位置するY島でも潜水漁を行なっている。X諸島では場所を変えて複数ポイントで潜っていたが、国立公園の監視船によるパトロールが厳しかったので早めに切り上げて、Y島に場所を変えて潜水漁をしていた。あるモーケン男性曰く、「X諸島はスリン諸島とは別の国立公園なので、管理している役人も異なる。頻繁にX諸島で漁を行なっているわけではないので、仮に見つかってもうるさく言われないはず」。つまりモーケンは、アンダマン海域に存在する複数の国立公園間の違い――ここでは管理のあり方――を見出すことで、生業のための場を広範囲にわたって確保してきたわけである。彼らは生活拠点のスリン諸島周辺海域で潜水漁が行なえなくなったとしても、他所で採捕できる対象種や潜水ポイントの海底地形などの特徴を知識として蓄え、共有することで、自らの生きる場所を拡大してきたと見ることができる。

3. 目の前で潜る

　南スリン島南西部におけるナマコを捕り尽くした後、天候の悪い日が続いたこともあり、X諸島へ出向いたほかは、船に乗って出漁するモーケン男性はいなかった。村落では、刳木船のチャパンの造船、家屋の改築、船の手入れをする人の他に、砂浜に座っておしゃべりをしたり、セパタクローやマークルック[6]に興じたりして過ごす人の姿が見られた。潜水漁をしないということ以外に何か特別変わったことはなく、静かで穏やかな時間が流れていた。

　ところがその状態に変化が生じたのが9月21日の昼過ぎのことである。国立公園事務所へ頻繁に出入りしているモーケン男性が、この日の早朝に所長補佐を含む国立公園事務所の職員数人が、スリン諸島を発ち本土へ向かったという情報を村人に伝えたのがきっかけである。その後、誰が声をかけたわけでもないのだが、モーケン男性が砂浜に集まって中腰で座りながら、深夜に行なうナマコ漁の話を始めていた。この時期、全部で3人いる所長補佐のうち1人だけス

---

[6] 日本の将棋に似たボードゲーム。縦8マス×横8マス＝合計64マスの盤上で、6種32枚の駒を用いる。日本の将棋と大きく異なる点は、相手から取った駒を自分の駒として使用できないことである。古代インド発祥のボードゲーム「チャトランガ」が発展したものだと言われる。

リン諸島の公園事務所に滞在していたが、その彼も本土へ上がったことでスリン諸島を管理する実行力のある人物がいなくなった。国立公園事務所職員の多くは国家公務員ではなく、クラブリー周辺に暮らす一般人が賃金労働に従事しているだけの者であり、所長や所長補佐に比べるとモーケンの漁撈活動に対して寛容な姿勢をとっている。モーケンもそのことを知っており、所長と所長補佐がいないこの機会に乗じて、夜間にこっそりと漁を行なう計画を立てたわけである。

しかし、2007年は8月の時点で、浅海から漸深海にかけて棲息するナマコを捕り尽くしたはずである。私は、スリン諸島周辺海域では潜水漁を行なえる場所は既にないはずだと思いながら、夜になるのを待った。そして時刻が22時を過ぎた頃、いよいよ出漁することになり砂浜に出ると、8人の男性が6隻のチャパンに分かれて乗り込み始めた（口絵参照）。普段ならばフアトーン船やカバン・モーケンに乗って潜水ポイントまで移動するのだが、この時は違った。チャパンを使用する時点で、潜水漁を行なう場所が村落からそれほど離れていないということがわかった。私もチャパンに乗せてもらい、どこへ行くのか尋ねると、ブフンへ行くという。ブフンとはモーケン語で、北スリン島と南スリン島に挟まれた海域一帯を指し、ここは国立公園事務所の目の前にある浅瀬である（図0-3参照）。大潮期の干潮時には海底にある岩やサンゴ礁が露わになり、一般の成年男性ならば、腰を海水に浸すことなく歩いて渡ることができるほど浅い。かつては猿が岩伝いに南北の島を往き来していたほどである[7]。

私はてっきり、船が頻繁に通る浅い海域のため、ナマコも棲んでいないから潜らないのだと勝手に思い込んでいたが、どうやらそうではないらしい。このブフンの海域にはリュウキュウフジナマコ（表10-1の25番 *Kaji yata*）が多く棲息しているらしいのだが、国立公園事務所の真正面に位置するため普段は潜らないのだという。国立公園事務所は漁の禁止通達を出すまではモーケンの潜水行為を黙認しているものの、それでもやはり、国立公園事務所の「眼前」で堂々と漁を行なうのは憚るべきことであるらしい。

---

[7] 1990年代にスリン諸島国立公園の事務所スタッフとして働いていたノック（Nok）によると、1990年代中頃まで、北スリン島と南スリン島に分かれて暮らしていた猿集団が、大潮期の干潮時になるとブフンに集まり、よく喧嘩をしていたようである。

私は出漁時、モーケンがチャパンを使用するのは、潜水ポイントが村落からそれほど離れていないからだと思っていたが、他にも理由があった。フアトーン船とカバン・モーケンでは船外機を使用するため、大きな音をたてることになるので、潜水漁を行なっていることが国立公園事務所職員にすぐに気付かれてしまう。オールを漕ぐ際に出る音くらいならば波音で消されるし、チャパンの高さは低く幅も狭いので暗闇に紛れ込むことができる。あるモーケン男性は、海中で用いるライトの明かりに注意を払いさえすれば、ナマコ漁を国立公園事務所職員に気付かれることなく行なうことができると自信を見せた。結局この日は1時間半超の潜水漁を行ない、参加したすべてのモーケン男性が満足するほどの大漁であった。ただし、ブフンにおけるナマコを一晩である程度捕り尽くしたらしく、この夜を最後にして、2007年のナマコ漁は本格的に幕を下ろすこととなった。

第5節　新しい道具の導入

1. ナマコ漁専用の銛

　2008年も前年同様に、ナマコの減少スピードは早かった。7月下旬の段階で既に、**表10-2**で言う後期の状態になってしまった。つまり、5月と6月、それに7月中旬までの2ヵ月間半だけで、スリン諸島の広域の浅海に棲息する多くのナマコを採捕し尽くしたことになる。このままでは、国立公園事務所による禁漁の通達がさらに早くなると感じたモーケンは、この年の同月に新しい道具を開発し、用いるようになった。それがナマコ漁専用の銛である。[9]
　国立公園が閉園している時期は、国立公園の施設となるバンガローなどの構

---

[8] 国立公園事務所職員が、ブフンにおけるモーケンの潜水漁に気付いていた可能性はある。本当は気付いていたが、所長や所長補佐が傍にいないから注意しなかったということも考えられる。スリン諸島の国立公園事務所の職員として10年以上働いているタイ人のアルン（Arun）は、「モーケンはナマコを捕らなければ生きていくことはできない、可哀そうな人びとなんだ」（2011年3月5日のフアトーン船上における発言）と、モーケンに対して同情的な発言をしているが、彼のような意見は他の職員からもしばしば聞かれた。

[9] 銛には、海中で用いる魚用銛（*leam bak ekan*）、海上と海中で用いるナマコ用銛（*leam bak kaji*）、海上で用いるミドリガメ（ウミガメ）用銛（*lon bak pinyoi*）の3種類がある。

写真 10-9　竹を選定し伐採している様子

写真 10-10　竹を火で炙る様子

写真 10-11　ナマコ専用銛

造物が建設されることがあり、本土から運ばれた鉄の材料が余ることがある。モーケンはそれを拾ってくるか、あるいは少量分けてもらうことで入手し、自ら鍛冶作業をして漁具をつくる。これまでにも、小型の魚を狙う銛や水面近くに泳ぐ魚を狙う箭（ヤス、モーケン語でchum bak ekan）などを作ってきたが、新たにナマコ用の銛が作られるようになった。

銛の先端部は鉤状に加工されており、刺したナマコが簡単には抜けないようになっている。構造は、小型魚用の銛とほとんど変わらないもの

写真10-12　専用銛を用いた潜水漁の風景

である。大きく異なる点は、小型魚用の銛が鉄だけを用いるのに対して、ナマコ用の銛は鉄以外に竹を使用するところにある。細長い柔軟性のある竹を刈ってきて、それを火入れして矯めるようにする（写真10-9、写真10-10）。竹は太すぎず、すっと真っ直ぐ伸びているものが好まれる。矯めの作業は、水分が抜けて固くなるまで何度か繰り返され、竹を徐々に真っ直ぐに形づけていく。そして鍛冶で加工した銛を竹の芯に挿入し、紐でかたく結び付けたら完成である。写真では見えにくいかもしれないが、真ん中に1本細い線が垂直に立っているのがそうである（写真10-11）。左下の女性の身長が約150cmなので、比較してみるとその長さがわかる。写真の銛は平均的なものであり、約8mの長さがある。この長さを活かして、干満差を気にすることなく深度をかせごうという目算である。こうして大潮期以外の時期においても、深度21m以上の深海に棲息するナマコを採捕できるようになった（写真10-12）。

2. 近代的潜水用具の使用

2010年には、さらに新たな道具が導入されることになる。それは潜水用具一式（コンプレッサー、送気チューブ、専用マスク）である。モーケンから海産物を買い

取っている仲買人が、モーケンに貸与したのがきっかけとなった。この年も、5月から7月までは例年通り素潜りでナマコを採捕していたのだが、8月にそれまでに貯蔵した干しナマコを売りに本土へ行った際に、仲買人から潜水用具一式が2台渡された。これは、ちょうど浅海から漸深海までのナマコを採り尽くした時期と重なる。この頃までには既に、ナマコ専用銛を用いても深海における作業には限度があった。そのことに気付いていた仲買人は、潜水用具一式を用意していたわけである。

　潜水用具一式をモーケン語ではイェンポム (*yen pom*) と呼ぶ。コンプレッサーからチューブを通してマスクへ酸素が送られる仕組みとなっており、モーケンはこれを使用することで長時間の潜水漁が可能となった。コンプレッサーは、同時に2人のマスクへと酸素を送ることができ、1回につき15〜30分間続けての潜水漁を可能とさせる。それまでの素潜りではせいぜい2分程度が限界だったので、これは大きな変化である。それだけではない。素潜りでは今まで到達できなかった深度まで潜ることができるようになり、それまであまり見つけることのできなかった11番 (表10-1) のナマコを大量に採捕することが可能になった。さらには、深海よりさらに深い、40 mや50 mの深さの遠海でも潜れるようになった。潜水時には、体が浮き上がらないための重りとして、大きな石を持ちながら海底でナマコ捕りを行なう。コンプレッサーを使用して潜水漁を行なっている男性へのインタビューによると、国立公園事務所の職員が目を光らせているのはサンゴのリーフがある漸深海までであり、深海や外海での活動は厳しく取り締まっていないのだという。つまり、モーケンは新しい道具を導入することで、より深い空間へと潜水ポイントを移動させて、生業の場所を確保していたのである。

　ただし、スリン諸島のモーケン全員がこの新しい道具を使用するわけではなかった。イェンポムを使用するのは10代から20代の若者が多く、30代以降の男性はあくまで素潜りにこだわっていた。こう書くと、彼らが伝統的な漁のあり方に誇りを見出しているように聞こえるが、どちらかと言えば、初めて目にする不気味な物体に対して嫌悪感を示したと言う方がより的確かもしれない。若い世代は物怖じすることなく新奇な道具を操るようになった。明らかに水揚げ量が増大した若い世代に対して、年上のモーケン男性たちは、「機械使用者たち

にすべて捕りつくされてしまった」と嘆いていた。他方で、イェンポムを使用する者の言い分は、「深い場所でしかナマコを採捕していないので、浅い場所には多くのナマコが残っている」というものであった。

　ところが、イェンポム使用者の中にも、不満を口にする者が少なからずいる。それは、イェンポム使用者は、イェンポムを管理する2人のモーケンに対して、使用する対価として、バブイ (*babui*)、ローハー (*loha*)、オート (*oot*) のいずれかのナマコ (表10-1の1、2、14、18、19、20番のナマコ) を使用したその日に10匹渡さなければならないというのである。表を見ると、どのナマコも漸深海か深海に棲息するナマコであることに気付く。仮にオートを10匹渡したら、500バーツ (1500円) を支払うことと同じであり、バブイの場合なら2000バーツ (6000円) にも達する。これを1日に10名から受け取るとしたら、本人が潜らなくても十分な稼ぎを得ることが可能である。こうしたことから、イェンポムを1回使用しただけで、再び素潜り漁に戻った者もいる。イェンポム利用後に素潜り漁に戻った1人であるグーイが、「来年の雨季は、イェンポムを使った潜水漁は誰にもさせない (*takon balat pakea oan nap ha ka yen pom*、直訳すると〈次のバラートの風が吹く頃には、イェンポムによる潜水漁はさせない〉)」と私に語ったのが印象的である。

コラム3
海と民話と高台と

　スリン諸島のモーケンは、海沿いに建てた杭上家屋に暮らし、出漁時以外も頻繁に海を観察している。そのような海と共に生きる彼らの社会には、海に関する民話が多く残されている。そのうちの1つに、第8章で紹介した「潮が急激に引いたらラブーン（世界中が海水で埋まるような高波）が来る」というものがあり、2004年インド洋津波発生時も、異常な引き潮を見てすぐに高台へ逃げたことで津波の直撃を免れた。このような「引き潮伝承」は、インドネシアのスマトラ島沖西方に位置するシムル島、それに日本の佐渡島や東北沿岸でも残されている。スリン諸島のモーケン社会は、災害文化が発達しているとして世界中のメディアに取り上げられ、研究者の中には、津波警報塔を建てるよりも、モーケンのような自然に対する意識を発達させた文化を育むべきだと主張する者も出てきた。こうして、海に関する知識や過去の経験の伝承を持つという、災害文化を評価する声が高まっていった。

　しかし、気をつけたいことがある。それは、津波が発生する前に、必ずしも潮が大きく引くとは限らないということである。プレート境界型地震の場合、強い引き波を伴うことが一般的だが、プレート内部の破裂によって発生するスラブ内地震は、必ずしも大きな引き潮を伴うわけではない。2011年3月11日の津波に被災した一部の住民は、事前に潮があまり引かなかったために避難しなかったとも言われている。ソフト面の防災のあり方を評価するのは重要だが、それだけでは不十分なのである。

　スリン諸島のモーケンが助かった背景には、村落のすぐ裏に高台があった事実も見逃すべきではないだろう。以下に、2人のモーケンによる津波来襲時の状況についての語りを確認したい。

　潮が遠くまで引き、ウツボや魚が砂浜に残されて、シャコが一斉に穴から出てきた。そのあと急いで、ラブーンが来ると思って裏山に逃げた。

　通常ならば、潮が満ちてくる時間帯だったが、なぜか引いていた。これはおかしいと思い、あれ（ラブーン）が来ると気づいて、村人に伝えて山を駆けあがった。

いずれの語りにも、「裏山」や「山」という発言があることに注目してほしい。つまりは、すぐ近くに高台があったことを示すものである。タイで大きな被害を出したパンガー県のナムケム地区にも多くのモーケンが暮らしているが、その多くは高

ナムケム村に打ち上げられた漁船

台に逃げることはできなかった。衛星写真を見るとわかるが、ナムケム地区では海岸から短いところで2km、長いところで4km内陸に入らなければ高台と呼べる場所に辿りつかない。それに比べてスリン諸島のモーケン村落を衛星写真で見てみると、村落から50mも離れないすぐ後ろに木々が茂る、急勾配の小山が形成されていることがわかる(カバー写真表参照)。

　また、スリン諸島のモーケン村落が比較的小規模であり、情報を共有しやすい環境にあったことも、災害文化を醸成する上で良い方向に作用していた。第8章で取り上げた、近代的科学知識に基づく〈津波〉や〈災害〉概念を、モーケンが短期間で認識し、共有したことも、そうした文脈で理解する必要がある。人文社会科学系の研究者は、ともすると災害文化などのソフト面の事象に目がいきがちである。しかし、災害文化を防災に活かすためには、ハード面の高台をいかに確保していくのかが、災害文化を創造・保持することと同様に大切である。また、人の移動が常態化する現代において、特定の地域で語り継がれる災害に関する過去の経験や知識を、どのように広く共有していくのか——特定の事例を必ずしも一般化するのではない方法——を考えることも、人文社会科学系の研究者が取り組むべき課題の1つであろう。

第 4 部

シリントーン王女からの寄付金によって運営されているモーケンの子どもたちのための学校

国家との対峙

第11章
国立公園事務所との緊張関係

　スリン諸島のモーケンにとって身近な行政機関、それは彼らが暮らす領域を管理している国立公園事務所、それにスリン諸島を管轄するクラブリー郡役所である。2004年インド洋津波がアンダマン海域を来襲して以降、国立公園事務所とクラブリー郡役所はモーケン社会への介入の度合いを強めるようになった。そのことは、第3部において論じたモーケン村落の再建やナマコ漁の禁止通達の場面において、垣間見ることができる。

　本章では、スリン諸島が国立公園に指定されてから長い間維持されてきた、国立公園事務所とモーケンとの間で見出すことのできた、「微妙な調和」（第7章第1節）が成立していた関係に変化が生じてきていることを論じる。第1節では、精霊の宿るロボングの柱（*lobong*）がポタオによって引き抜かれた事件を紹介する。その背景を調べるために、引き抜いた当事者とそれ以外の人物の語りに耳を傾けることで、国立公園事務所がどのように事件と関わっているのか考究する。第2節では、2004年インド洋津波後に所長に就いたソムチャイ（仮名）の存在と、2010年度の国立公園事務所の方針が、モーケンの国立公園事務所に対する不信感を高めている状況について説き明かす。

第1節　ロボング引き抜き事件

1. ポタオの権威の失墜

　第4章第5節で、従来の家船生活において重要な役割を果たしていたポタオの存在について述べた。移動が常態であった頃には先頭に立ち、外部者が来訪した際には誰よりも先に接触を持ち、仲間が病に倒れればこれに対処した。海で生きる知恵と豊富な人生経験に裏打ちされた知識をもとに皆を統率する存在、

写真11-1 ロボング

それがポタオであった。ところが、陸域との関係性が強まるにつれて、ポタオの存在感が急速に弱まりつつある。陸地に定着したことで、家船による移動時に発揮していたリーダーシップは消失し、国立公園指定地域で暮らす現在は、すべてのモーケンが観光客を代表とする見知らぬ他者と接するようになり、病を患った者は本土の病院へ足を運ぶことが多くなったためである。もはやポタオがいなくても、嵐の中を航海することも、マレー人の海賊に怯えることも、疾患に倒れる恐れもなくなった。

　スリン諸島の村落では、既に本書で何度も登場しているサラマが長い間ポタオを務めてきた。ポタオが世襲制というわけではないのだが、サラマがポタオとして認められてきたのは、彼の父親であるマーダの存在があったことが大きい。死してもなお語り継がれる偉大なマーダの血を引き継ぐものとして、サラマにはポタオとしての恵まれた資質があるとみなされていた。第5章第3節1.で取り上げた彼のライフヒストリーを見てもわかるように、実に多くの経験をしてきている。タイやビルマ領のアンダマン海域のみならず、漁船に乗り込んでインドの領海にまで進出し（第12章第2節）、逮捕された後は国際線旅客機に乗ってタイの地へ戻っている。サラマの特異な体験は、それを経験したことのない者たちにとっては興味がかきたてられるものであり、他の大人よりも経験豊富な年長者として若者の目に映るのに一役買っている。

　しかし、2004年インド洋津波後に起きたある事件がきっかけで、サラマのポタオとしての資質が問われるようになった。それ以前から、サラマの大酒飲みが理由で、村人の中には彼をポタオとすることに疑問を抱く者もいた。[1]だ

---

[1] あるモーケン男性の話によると、サラマは酔っていなければ良い人間だが、酔うと手が付けられなくなるという。その人物は、酔ったサラマに突然股間を強く握られ、捻られた経験を持つ。彼の他、

が、ポタオの権威を失墜させた決定的な出来事は、津波被災後に起きた。それが、私がここで述べる「ロボング引き抜き事件」である。

　ロボング (lobong) とは、モーケンが村落に立てる精霊の柱である。時代と場所によって柱のサイズや形状はバラエティに富んでいる (写真11-1)。たとえば、アンダーソン [Anderson J. 1890：15] が1882年に確認したものは6m (twenty feet) 程であり、ベルナツィーク [1968 (1938)：32] が1936年頃に目にしたロボングは5m強あったとされる。現在スリン諸島で見られるものは、人間の姿に似せた2m程度のロボングである。ロボングは2本彫刻され、それぞれにモーケン男性の精霊 (ebap) と女性の精霊 (ebum) が宿るとされる。[2] ベルナツィークはロボングを以下のように紹介している。

　　彼ら (モーケン) は精霊にすみ家を用意してやっている。乾燥期の初めにドゥラングの木 (不明) の花が咲くころ、ロボングと呼ばれる5m以上の柱が、2本彫刻され、小さな聖堂の隣に立てられる。シャーマンは、善霊を呼び寄せ、これらの美しい柱をすみ家とするように誘うため、彼らに供犠すると約束する。同様に、それより小さい柱が2本立てられ、悪霊の《自由にまかされる》。さて、この場所はパパドゥ (寺院) と呼ばれ、ここでは精霊が助力と貢献をしてくれるように、常に供物が捧げられる。これらのロボングはまた、若干の孤島の密林の中に立っている。島が永久に見捨てられても、ロボングは朽ち果てるまで取り去ってはならないのである。[ベルナツィーク 1968 (1938)：32-33]

　ベルナツィークが言及している「善霊を呼び寄せる供犠」とは、1年に1度開かれる祖霊祭 (ne en lobong) のことだと考えられる (写真11-2)。かつては乾季の終わりが近づくと、複数の家船集団のポタオ同士が話し合って儀礼の執行場所と月日を決めていたが、陸地定着化が進んだ現在のスリン諸島のモーケン村落で

　　多くのモーケン男性が股間を捻られ、痛い思いをしていた。モーケンのある男性は、「ポタオは子どもたちに口頭伝承を伝える責務があるのに、サラマが酔っ払いだから、子どもたちは耳を貸さない」と嘆いていた。
2　若くして亡くなった子どもたちの霊が宿るための柱も、祖霊祭の時に同時に立てることがあるという話が、2011年2月の調査時に聞かされた。

写真11-2　祖霊祭の風景

は、毎年4月に行なわれている[3]。また、村内の誰かが重い病気にかかった時も、シャーマンが精霊にお供えをして治療法を尋ねることになっている。子どもが若くして亡くなった場合、新たにもう1本立てることもある。

「ロボングは朽ち果てるまで取り去ってはならない」と記述されている通りなのだが、ベルナツィークはそれにもかかわらず、高額の金をモーケンに半ば強引に渡すことでロボングを博物館の蒐集品の1つとして掘り出した。その後、精霊の怒りを鎮めるためにモーケンは新しいロボングを立てて「私たちが古い≪ロボング≫を異国人に与えたことを、もうこれ以上怒らないで下さい。見て下さい。私たちは、今あなたのために、ずっと美しいのを作りました。そしてあなたの機嫌を直すために、私たちの最上の供物を持ってきました。私たちの贈物をお受け取り下さい。そして、これからも全ての危険から私たちをお守りください」［ベルナツィーク 1968 (1938)：37-38］と語ったという。このモーケンの発話からもわかるとおり、ロボングとはモーケンを危険から守ってくれる存在でもあるわけである。

3　太陰暦5月に行なわれると紹介されることが多いが［Narumon et al. 2006b：4］、単なる太陰暦ではなく、閏年を挿入した太陰太陽暦のことだと考えられる。

第11章　国立公園事務所との緊張関係　　　　　　　　　　243

写真11-3　引き抜いたロボングを担ぐサラマ

　このように、モーケン社会において「守護神」としての重要な意味を持つロボングを、サラマは地面から引き抜いてしまった。2007年11月11日、昼過ぎのことである。私がモーケン男性に交じってコーヒーを飲んで寛いでいた時にそれは起こった。泥酔したサラマがわけのわからない奇声をあげながらロボングに近づいていた。そして全身の力を込めてロボングを揺らしはじめ、砂浜から引き抜いて倒してしまった。それから船外機用のガソリンを持ってきて、ロボングにかけはじめた。周囲に集まった村人は唖然とし、ごく少数のモーケンが遠くから声をかけてサラマの行為をやめさせようとした。火はつけなかったものの、サラマはロボングを抱えて船に載せ（写真11-3）、海上に出て行った。それまで押し黙っていた村人は口々に「良くないことだ」と漏らしていた。

2.　祖霊との隔たり

　それから1時間が経過した頃、サラマは船に乗って平然と戻ってきた。既にサラマの一連の行動は村落全体に知れ渡っていたが、彼に話しかけようとする者は1人もいなかった。そこで私がサラマに近づき、どうしてロボングを引き抜いたのか尋ねると、「多すぎるからだ」という答えが返ってきた。それだけでは意

図11-1 これまでに村落を設けた場所 [Narumon et al. 2006a：10]をもとに作成

味を理解できなかったので詳しく聞いてみる。すると、「村落に立っているロボングの数が多すぎて、精霊同士が喧嘩してしまう。だから、精霊とうまく交信できないのだ」という説明がなされた。

　家船による移動生活をしていた時代には、ロボングの儀礼を行なう場所は年によって異なるのが普通だった。そのため、ロボングはアンダマン海域の島々に分散されていた。スリン諸島に定着するようになってからも、病の流行や死人が出たことを契機として、村落を建てる場所をあちこちと変えてきたので（図11-1）、ロボングも諸島内に分散されていた。また津波に被災する前は、サイエーン湾とボンレック湾にそれぞれ村落があったので、交互に儀礼が執り行なわれていた。ところが2004年インド洋津波後は行政に村落の場所を指定され、2つあった村落が1ヵ所にまとめられてしまい、儀礼がボンヤイ湾で毎年行なわれるためにロボングが増えてしまったのである。さらに津波発生から3年の間に、若くして亡くなった子どもたちのためにロボングを2本作ったので、2005年、2006年、2007年の祖霊祭で作った6本を合わせて、8本のロボングが同じ場所に立つということになった。サラマによれば、これだけの数のロボングが1つの村落に立てられたことはないという。またその原因について彼は、国立公園事務所がボンヤイ以外の場所に村落の設置を認めないことにあると語った。彼によるロボングの引き抜き行為は、国立公園事務所に対する不満を背景とし、精霊間の関係を安定させるために行なわれたのであった。

　いずれにせよ、彼はこの事件を契機としてポタオの権威を失墜させてしまった。この事件の直後には、グーイが「もはやポタオはこの村落にはいない。サラマはポタオではない」と私に語ったのが印象的である。他方で、サラマの行為を非難すべきではないと語るのは、これまでにも数回登場したシャーマン、ルヌングである。彼は毎年行なわれるロボングの祖霊祭祀において、儀礼をサラマと一緒に執り行なっている。ルヌングによると、サラマが奇妙な行動を起こした背景には、ロボングが〈津波〉から村落を守ってくれなかったことにあるのだという。〈津波〉の来襲を事前に察知できたことで、スリン諸島のモーケン村落では人的被害が出なかったものの、それでも家屋や船などすべての所有物を失った。儀礼を毎年欠かさず行なってきたにもかかわらず、ロボングが危険を村落から遠ざけることができなかったために、サラマはロボングを引き抜いたと

写真 11-4　ウミガメに代わって供犠される鶏

写真 11-5　ウミガメに代わって供犠される鶏（拡大写真）

解説したのである。

　さらにルヌングは、ロボングが本来の力を発揮できなかった背景には、国立公園事務所の存在が大きく関与しているという。第7章第2節2．において、スリン諸島が国立公園に指定されて以降、ウミガメ、ロブスター、シャコガイの3種類の海棲生物の採捕が厳しく制限されるようになったことを述べた。国立公園事務所は、「ウミガメは国王の所有物であるから」とモーケンに理由を説明して漁を禁止しているのだが、実はこのウミガメがロボングの儀礼の際に供犠するものとして必要不可欠なものなのである。供犠されるウミガメには、シャーマンがトランス状態に入りやすくするための、また精霊との交信を促すための役割が担われている［Bernatzik and Jaques 2005：60-61］。現在では仕方なく、ウミガメに代わるものとして鶏肉を供犠しているのだが（写真11-4と写真11-5）、これでは精霊は満足しないし、うまく交信できないのだとルヌングは言う。祖先との関係性が弱まってしまい、だからこそ〈津波〉が襲ってきた際にロボングに宿る精霊は村落を守ることができず、「裏切られた」と感じたサラマは、ロボングを引き抜いたというわけである。

　2人の説明内容は異なりを見せるものの、いずれも国立公園事務所の決定（村落の場所を指定、特定の海棲生物採捕の禁止）が、精霊と交信することを困難なものとする契機となったという解釈には類似性が見出せる。次に、2004年インド洋津波後の国立公園事務所とモーケンとの関係について詳しく見てみたい。

第2節　国立公園事務所との軋轢

　スリン諸島のモーケンにとって、国立公園事務所職員は非常に身近な存在である。スリン諸島が国立公園に指定されてからというもの、これまでに幾度となく国立公園事務所はモーケンの生活に介入してきた。モーケンの好物であり、儀礼にも欠かすことのできないウミガメの捕獲を禁じたり、乾季における漁撈活動を制限したりしてきた。その一方で、自給自足できるだけの魚介類の採捕と雨季における漁撈活動に対しては、寛容な姿勢を示している。観光客が訪れる乾季にはナマコ等の特殊海産物の採捕を禁止するが、モーケンに観光業

番号	氏名	在任期間
1	スメート・アヌパック	1981年-1985年
2	ディサタポン・チョークカナーピタック	1985年-1992年
3	キアッタイ・ムックトーン	1992年-1995年
4	チャイポーン・ウォンスープカーウ	1995年-1996年
5	ソムポン・ジラーラルーンサック	1996年-2003年5月24日
6	ナリット・サミティナン	2003年6月2日-2005年3月14日
7	スッキー・カムヌアンシン	2005年3月14日-2005年4月1日
8	(仮名)ソムチャイ・タールアン	2005年4月1日-2008年12月1日
9	ウィロート・ロージョンジンダー	2008年12月1日-2009年3月11日
10	ソーポーン・ペンプラパン	2009年3月11日-2011年3月7日現在

表11-1 スリン諸島国立公園の歴代の所長

の賃金労働を提供するという、必ずしも排他的とは言えない態度で国立公園事務所スタッフはモーケンに接してきた。そのためモーケンも、自由な漁撈活動が認められないことに対して国立公園事務所に不満を抱きながらも、そうした感情を吐露することはあまりなかった。

ところが近年、モーケンは国立公園事務所に対して嫌悪感をあからさまに示すことがある。特に2004年インド洋津波発生後は、その傾向が顕著である。その背景を考察するにあたり、ここでは所長に対する不満と2010年度の国立公園側の方針の2つに分けて考えてみたい。

1. 所長に対する不満

スリン諸島国立公園の歴代の所長を**表11-1**にまとめた。1981年に国立公園に指定されてから2011年までの31年の間に、10人が所長を務めてきた。所長は天然資源・環境省(MNRE)、国立公園・野生動物植物局(DNP)に所属しており、バンコクにある省庁から地方に派遣される。林学や植物学の学位を修得し、公務員試験に合格しなければならないため、タイ社会においては比較的学歴が高い者が多い。事務仕事を3年から5年経験した後、国内にある複数の国立公園で所長補佐として10年程度働き、着実に業績を積んでいくと、国内のいずれかの国立公園の所長に任命される。所長を務めることになった10名も、公務員として着実に出世してきた過程においてスリン諸島に赴くようになったわけである。

政治的に不安定な状況にある時や他のポストが空いた時に、上司の命令に従い異動することになるので、在任期間にばらつきが見られる。また、所長とはいえ、常にスリン諸島で過ごしているわけではなく、大半は本土における仕事に追われている。現場における業務については、3人いる所長補佐に任されている（第6章の註12参照）。

　スメートが初代所長に就任してから、モーケンの生活において最初に変化したことは漁撈活動のあり方であった。それまでモーケンは、ダイナマイト漁（bo bum ekan）をスリン諸島周辺海域で行なってきたが、全面的に禁止された。ダイナマイトは、第2次大戦後のスリン諸島に大量に残された不発弾を分解し、火薬だけを取り出してマーダが中心となって製造していた［鈴木 2008a：73］。2代目のディサタポンは、当時からスリン諸島に暮らしているモーケンの高齢者の間で評価が高い。彼はオラン・ローターの女性を妻に娶っていたので（のちに離婚しタイ人ムスリム女性と再婚）、海民の生活がどのようなものかを理解していた。モーケンによる漁撈活動にも寛容な態度を示し、彼らが採ってきたタカラガイを買い取ってくれたという。[4] 3代目と4代目の所長は、スリン諸島に足を運ぶことはほとんどなかったらしく、モーケンはどのような人物だったかを記憶していない。5代目のソムポンは、ディサタポンと同じく7年間もの長期にわたって所長を務めた人物で、モーケン全員から好かれていた。彼は在任中に何度もスリン諸島までやって来ては、モーケン村落に立ち寄り物資を届けてくれたという。年末になると、子どもたちのためにお菓子をたくさん用意してくれ、テレビを国立公園事務所で見ることがとても楽しかったと当時子どもだったグーイは回想する。6代目と7代目は所長の任期が短く、モーケンはほとんど接触の機会を持っていない。ここまでが、モーケンが国立公園事務所と比較的友好的な関係を築いていた時期である。

　そのような関係性が一変するのが、8代目の所長にソムチャイが就いてからである。ソムチャイは、2004年インド洋津波の直接的・間接的影響で、アンダマン海域に観光客がほとんど来なくなった頃に所長として赴任してきた。[5] スリン

4　2007年6月9日のパンガー県クラブリー郡C村における、ジャーウへのインタビューによる。
5　具体的には、直接的影響とは観光客向けの飲食店や宿泊施設の破壊、大勢の命が亡くなった場所への渡航の忌避などであり、間接的影響とは津波被災とは関係ない地域や産業にまで波及する風評被害［Ichinosawa 2006；市野澤 2009a］などである。

諸島においても観光客は減ったが、支援団体が次々とモーケン村落に訪れるようになり、モーケンの要望を聞いてまわるようになった。その際にモーケン男性は船が欲しいと訴えていたが、なかなか支援されることはなかった。そこでモーケン村落において噂になったのが、ソムチャイ所長による支援金の着服疑惑である。その噂の発信元はモーケンではなく、サイエーン湾にある漁業局事務所に勤めるタイ人職員であった。彼は1998年よりスリン諸島で働いており、サイエーン湾にモーケン村落があった頃にモーケンと親密な関係を築いた人物である。サイエーンとボンレックに存在した村落がボンヤイへ1つにまとめられた現在においても、物々交換をするために尋ねてくる数人のモーケン男性と関係を維持している。タイ人職員が話す内容とは以下の通りである。[6]

　　津波が起きる前までは、所長職に就く者がモーケンに対して興味を示すことはほとんどなかった。それが今では、モーケンに特別の関心を払っている。なぜなら、国内外からモーケンを支援したいとNGOがこぞってやって来るからだ。NGOはたくさんお金を持っている。ソムチャイ所長はそこに目をつけたわけさ。彼はNGOに、モーケンにお金を管理する能力はないと説明し、国立公園事務所に支援金を預けるように指示する。でも実質的には、国立公園事務所がお金を管理するわけではなく、ソムチャイ所長が1人で管理している。彼はずいぶんとたくさんの支援金を自分の財布に入れている。

　これと同様の内容を一部のモーケンが聞き、それを村落で広めたようである。タイにおいては自らの社会的立場を利用して支援金を着服したという話は事欠かないが、[7]漁業局職員が語る内容が事実かどうかを確かめることはできない。ただし、NGOが村落に多く訪れ、支援を申し出ていることを知っているモーケンにとっては、なかなか支援が実行に移されない理由とするのには都合が良かった。

6　2007年6月16日の漁業局事務所(サイエーン湾)におけるインタビューによる。
7　たとえば、2004年インド洋津波に被災したトラン県のある村落では、県庁職員と懇ろな関係にあった村長が村に支給された支援金を着服したという話がある[小河 2005]。

2005年の雨季が近づいた頃、国立公園事務所からモーケンにようやくフアトーン船が渡された。しかし中古品であり、補修が必要であった。その一方で、同時期に国立公園事務所には新品のフアトーン船が納入された。この事実を知ったモーケンの人びとは、本来は自分たちのところに寄贈されるはずだった新品の船が、国立公園事務所に奪われたのだと解釈し、不満を高めていった。それからしばらくすると、APPや個人支援者などが国立公園事務所を介さずにモーケン村落に船を支援する動きがあり、高まった不満も落ち着きを見せていった。

　ところが、それも束の間であり、再びモーケンの人びとが不満を爆発させる事件が発生した。ソムチャイ所長がモーケン男性の頭に小銃を押し付けたのである[8]。このモーケン男性の名はスタットといい、スナイの息子にあたる。2007年4月初旬、スタットが国立公園事務所の水道タンクから水をバケツに汲んでいたところ、ソムチャイ所長がいきなり小銃を向けて「泥棒め (ai khamoi)」と言い放ち、水汲みをやめさせたのである。現在は国立公園事務所の敷地となってはいるが、ここはもともとモーケンが杭上家屋を建てていた土地であり、水汲みをしていた場所でもある（図0-3参照）。それを1981年に王立森林局（当時の国立公園を管理していた省局）に譲ったのである。しかしこの事件からは、ソムチャイ所長がスリン諸島を古くから国家が所有する地域とみなしており、モーケンが自由に利用できる場所とは考えていないことを読み取ることができる。事件からしばらく経った後、グーイは以下のように私に語った[9]。

　　ソムチャイ所長はこの島の歴史を何も知らない。もともとは、私たちが先に見つけ、暮らしていた土地だった。現在国立公園事務所が建つ砂浜は、私たちの居住地だったところを譲ってあげた場所だし、水が湧き出る場所を役人（国立公園事務所）に教えたのも私たちだった。津波がやってくる前までは、チョンカートとマインガーム（図0-3参照）、それにタオ湾以外の砂浜なら自由に杭上家屋を建てることが認められていたが、ソムチャイが所長[10]

8　所長が押し付けたものが小銃であったかどうかは不明である。ここでは、スタットの発言に基づいて小銃と記述することにした。
9　2007年8月26日のスリン諸島ボンヤイ村におけるインタビューによる。
10　チョンカートとマインガームの砂浜は、国立公園事務所と観光客の宿泊場所として利用されており、タオ湾はウミガメの産卵場所として人が近づいてはならないことになっている。なおマインガームは、

になってからはボンヤイにしか住むことを許されていない。このままだと、島はすべて国立公園事務所のものになってしまい、そのうちモーケンは全員島から追い出されてしまうだろう。

　ここでは所長が国立公園事務所を代表する存在としてグーイに認識されており、今後もモーケンはスリン諸島に住み続けることができるのか将来への不安が吐露されている。所長から小銃が突き付けられた事件を契機として、一部のモーケンの間で国立公園事務所に対する不信感が増していることを読み取れる。

2. 2010年度の国立公園事務所の方針

　モーケンと国立公園事務所との間にできた溝は、2010年の観光シーズンに突入すると、さらに広がりを見せるようになった。その原因となったのが、2010年度に国立公園事務所が打ち出したモーケンに対する方針である。端的に述べると、国立公園事務所が観光シーズンに雇用するモーケンの人数を大幅に減らしたのである。例年だと40人以上雇っていることが普通だが、この年は28人だけであった。その理由をターイ所長補佐にたずねると、大きく分けて（1）所長の方針、（2）観光客の減少、（3）仕事に対する態度、という3つの答えが返ってきた[11]。以下は、各項目の詳細である。

（1）所長の方針

　モーケンが観光シーズンを通して国立公園事務所に雇われるようになったのは、ソムポンがスリン諸島国立公園の第5代所長として着任してからのことである。前項で紹介した通り、彼は歴代の所長の中でもモーケンから最も好かれている人物の1人である。ちょうど彼がスリン諸島の所長を務めた1990年代半ば以降は、観光客の数が大きく増した時期と重なっており（表6-3参照）、観光客に対するサービスに従事する人員のさらなる確保が必要とされた。そのソースを本土のタイ人に求めても良いのだが、ソムポン所長はスリン諸島に長く暮らす

　　増え続ける観光客に対応するために、2003年に新しく開設された宿泊場所である。
11　2011年3月7日のスリン諸島チョンカートにおけるインタビューによる。

モーケンに求めたのであった。ところが、所長の座にソムチャイが就くと、彼はモーケンを雇用することに反対意見を述べたという。それが9代所長になっても実行に移されることはなかったものの、とうとう10代所長になると削減する方針が打ち出された。ターイ所長補佐曰く、「モーケンをどれだけの人数を雇用するかどうかは、その時の所長の意向に左右されるものだ」。

(2) 観光客の減少

モーケンの労働に対して支払われる賃金は、スリン諸島の国立公園事務所が独自に販売している物品の売り上げ、それに観光客が募金箱（写真11-6）

写真11-6　スタッフ用とモーケン用に分けられたチップボックス

に入れていく現金で捻出している。ところが、今シーズン（2010年）は観光客が少なく、売り上げが少ないので例年通りの人数を雇うことができないという。販売している物品には、菓子、ドリンク類、服、バッグなどがある（写真11-7）。観光客は国立公園事務所で現金をクーポンに換えることで、スリン諸島における飲食やシュノーケリング等のアクティビティに参加することが可能となっており、スリン諸島国立公園事務所の売り上げのほとんどが物品販売で成り立っている。

なかでも酒類の販売が国立公園事務所の懐を潤していたのだが、それもある事件が発生したために国立公園で販売できなくなってしまった。2010年12月26日にカオヤイ国立公園（世界遺産にも登録されている、東北タイを代表する国立公園）のテントサイトで起きた、酒に酔った大学生による刺殺事件である。これを受けて天然資源環境省は、翌27日から国立公園内で飲酒する行為を禁止した。そのため、国立公園への酒の持ち込みだけでなく、園内で販売することもできなく

写真11-7　国立公園事務所の土産物屋

なった[12]。ターイ所長補佐によると、「行政機関として当然の処置をとったことである。しかし、国立公園で休暇を過ごす大人の楽しみの1つとして適度な飲酒行為があったことも事実である。それができなくなったことで、国立公園に訪れる観光客が減る傾向にある。その結果として売り上げが減り、募金箱に入る金銭も微々たるものとなってしまい、雇う人数を減らしている」のだという。

(3) 仕事に対する態度

「所長の方針」と「観光客の減少」もモーケンの従業員を減らすことになった重要な原因の1つであることは確かであるが、おそらく、モーケンの「仕事に対する態度」が主要因である。私はターイ所長補佐の口調からそのように感じた。彼の話す内容は、主にモーケンの女性に対する意見となっている。具体的には以下の3点に分けることができる。①時間通りに仕事場に集まらない（近年は朝の集合時間に遅刻することはなくなったが、お昼休みの後に指定時刻から仕事を始めない女性が多い）、②細かく指示しないと仕事ができない（たとえば、箒で落ち葉を掃くように指示

12　2012年に訪れた際は、観光客による酒の持ち込みは禁止されたままであったが、園内における酒の販売は再開されていた。

すると、落ち葉は取るが、その他のゴミを拾わない。その都度、プラスチックボトルや空き缶も拾えと丁寧に指示しなければならない）、③集中力がない（どんな仕事を与えてもすぐに飽きて、どこかへ行ってしまう）。これらの他、昨年までの働きぶりを勘案して、酒ばかり飲むものや、怠惰な者を今年は雇っていないという。

　このような国立公園事務所の決定に対して反発心を高めているのが、2009年度まで国立公園事務所のもとで働いていたにもかかわらず、2010年度から急に雇われなくなったモーケンたちである。そのうちの1人である男性ニン（図8-3参照）は次のように語る。[13]

　　（スリン諸島が）国立公園になったから、マルーイの風の時期に漁撈できなくなった。国立公園（事務所）が入ってくる前までは、ナマコや夜光貝を自由に捕って、本土で売ることができた。でも今ではそれができない。だからマルーイの風の時期は、お金を稼ぐために国立公園（事務所）で船の操舵手として働くようになった。毎朝7時過ぎには船で仕事場へ向かい、毎日（シュノーケリング・ツアー用の船を出す）9時と14時前には船で待機するようにしている。（国立公園の）仕事を始めたばかりの頃は、時間に遅れて仕事場に着くこともあったが、今ではそんなことはしない。それなのに今度は、国立公園（事務所）は私を雇わないと言う。（国立公園事務所の）職員は、時間通りに仕事場に集まらないことをその理由としてあげているが、それは嘘にすぎない。おそらく色々な理由をつけて、これから少しずつモーケンの雇用人数を減らしていくつもりなのではないだろうか。

　このニンの言い分には、少なくとも2つの主張が隠されている。1つは、そもそもスリン諸島が国立公園に指定されていなければ、マルーイの風が吹く乾季においても漁撈で生計を立て続けることができたはずだというものである。そしてもう1つは、2010年度に自分を船の操舵手として雇わなくなった国立公園側の理由は正当性に欠けているというものである。漁撈活動が制限されたから国立公園事務所の提供する仕事に従事するようになったにもかかわらず、再び

13　2011年3月2日のスリン諸島チョンカートにおけるインタビューによる。

国立公園側の一方的な論理から仕事を奪われた、そのようにニンには考えられているようである。

ニンとは異なり2010年度も例年通り雇われた別のモーケン男性は、「今年（2010年度）は船の操舵手にタイ人が多く雇われるようになった。私たちの代わりにタイ人が雇われている。来年は私が捨てられる（雇用されなくなる）番かもしれない」と語った。[14] 2人の発言だけを見ても、雇用されなくなった者と雇用されている者との間で、国立公園事務所がモーケンを雇用しない方針を採っているという認識を共有していることが分かる。国立公園事務所側にもモーケンを雇わない、あるいは雇えないさまざまな理由があるとはいえ、2010年度の方針が、モーケンの人びとの間で国立公園事務所に対して不信感を急速に増す要因となっていることは確かである。

第3節　高まる緊張関係

本章第1節では、サラマによるロボングの引き抜き事件を取り上げた。かつての船上生活において重要な役割を果たしていたポタオは、モーケンが陸地に定着した現在では昔ほどのリーダーシップが必要とされなくなったこともあり、存在感が急速に薄くなりつつある現状を説明した。その1人であるサラマも、ポタオとしての資質がありながらも、リーダーとは必ずしも認められていない不安定な状態にあった。そんな中、サラマは酒に酔い、モーケン社会において大切な柱であるロボングを引き抜くという事件を起こした。この出来事により、ポタオとしての面目を失ったサラマではあったが、ロボングを引き抜いたのには彼なりの理由があった。それは、2004年インド洋津波後に進められた、行政主導による村落再建のあり方（第9章）が関係していた。津波に被災する以前は、村落を設ける場所はある程度自由に決めることができた。しかし、被災後はボンヤイ湾に集住させられることが決められ、他の場所に村落を移すことができなくなってしまった。その結果、ロボングの柱がボンヤイ湾1ヵ所に集中して立ってしまい、サラマはロボングを通じた精霊との交信が困難になったのだという。

14　2011年3月6日のスリン諸島チョンカートにおけるインタビューによる。

第11章　国立公園事務所との緊張関係

他方、年に1度行なわれる祖霊祭祀をサラマと共に執り行なってきたルヌングは、サラマによる引き抜き行為について別の解釈を示した。ルヌングによれば、国立公園事務所がウミガメを捕ることを禁止しているために、ロボングの儀礼の際に精霊に供犠するためのウミガメさえも用意することができないと不満を漏らしていた。鶏を代用品として供犠しているものの、それでは精霊は満足せず、交信もうまくいかないのだという。そして、精霊との交信がうまくいかないので、本来モーケン村落にとっての「守護神」である精霊が、2004年インド洋津波来襲時には守る働きをしてくれなかったと語った。そのような背景があり、サラマは怒ってロボングを引き抜いたのだとルヌングは説明した。

サラマとルヌングの語り方は異なるものの、いずれも精霊との交信がうまくいかないことを述べている。サラマは〈津波〉襲来の原因を精霊に求めたわけではなかったが、津波被災後の行政による村落再建地の指定が1ヵ所におけるロボングの集中を招き、精霊間に不和を生じさせていると考えていた。ルヌングはウミガメを供犠することができなくなったために精霊との関係性が弱まり〈津波〉の襲来を避けられなかったと考え、それを怒ったサラマがロボングを引き抜いたのだと解釈していた。

もちろん、ロボングを引き抜いた理由は、引き抜いた本人であるサラマの意見を受け入れるべきであろう。しかし、ここで重要なことは、当事者ではないルヌングが、サラマが起こした事件の契機を、国立公園事務所の存在を引き合いに出して説明していた事実である。実はこの出来事が起きる前にも、私がロボングの儀礼に関する聞き取りをルヌングに対して行なっていた際に、ウミガメを精霊に供犠できないことを彼が嘆いていたことがある。国立公園事務所がウミガメの捕獲を禁止してからは、「密漁」する際にウミガメのことを鶏（manok）と呼ぶようになったが、モーケンが両者に見出す社会的価値は同等ではない。ロボングの儀礼において、鶏ではウミガメの代わりは務まらないのである。そうした、ウミガメを精霊に供犠できないという現状において、ルヌングの国立公園事務所に対する鬱積した個人的な批判的感情が、サラマのロボング引き抜き事件をきっかけとして表出したのではないだろうか。サラマによるロボング引き抜き事件は、国立公園事務所の存在がモーケンの生活に与えている影響を無視して語ることはできない。

本章第2節では、2004年インド洋津波後に就任したソムチャイ所長と2010年度に打ち出された国立公園側の方針について取り上げた。スリン諸島が国立公園に指定されてから、国立公園事務所の所長にどのような性格の人物が就くかによって、モーケンの生活のあり方は左右されてきた。海民としてのモーケンの生き方に理解のある者が所長に就いた場合、貝類の販売を認めたり、乾季においてモーケンを雇って観光産業の賃金労働に従事させる機会を与えていた。観光客が訪れる乾季はモーケンによる漁撈活動は厳しく制限されるが、一方で雇用の機会が与えられるという、微妙な力学のもとに成り立っていた国立公園事務所とモーケンの関係性であるが、それが大きく変化しつつある。

　そのきっかけの1つとなったのは、ソムチャイ所長による支援金着服疑惑である。2004年インド洋津波がスリン諸島を襲い、モーケンが被災したことで国内外の支援団体が同諸島に集まってくる中で、その噂は広まった。NGOが次々と村落に訪れ支援を申し出ているにもかかわらず、なかなか実行に移されないためにモーケンの所長に対する不信感は高まっていった。そして、とうとう船が寄贈されることになったが、モーケンに中古品が与えられた一方で、国立公園事務所には新品が回ったことが分かると、モーケンの国立公園事務所に対する不満はさらに募っていった。さらに追い討ちをかけるように、ソムチャイ所長がモーケンに小銃を突きつけるという事件が発生し、モーケンは所長と国立公園事務所に対する不平を漏らしたのであった。またそれと同時に、スリン諸島が国立公園事務所に独占されるのではないかという、将来に対する不安も述べていた。それは、「このままだと、島はすべて国立公園事務所のものになってしまい、そのうちモーケンは全員島から追い出されてしまうだろう」というグーイの発言が簡潔に示していよう。

　2010年度に入ると、国立公園事務所がモーケンの雇用人数を減らす方針を打ち出した。所長補佐によると、それが所長の意向であり、観光客の数が減少して収入が少なくなっていることが背景にあり、何よりもモーケンの働く姿勢に問題があることを、モーケンの雇用を減らす理由としてあげていた。ところが、2010年度に雇用されなくなった男性は、その理由に納得していなかった。国立公園事務所が指摘する、モーケンが時間通りに仕事をしないというのは、彼の場合は当てはまらなかったからである。それにもかかわらず急に雇用されなく

なり、彼は国立公園事務所の決定を不当であると主張するだけでなく、漁労活動を奪ったことに関しても不平を述べていた。また、2010年度も例年通り雇用された男性でさえも、国立公園事務所が来年も雇用してくれるか疑念を抱いており、スリン諸島における今後の生活を憂慮していた。

　スリン諸島が国立公園に指定された1980年代の時点で、モーケンと国立公園事務所との間に緊張関係が生まれていたことは、モーケンの漁撈活動が制限されるようになったことからも容易に想像できる。しかしながら、現在の二者間に見られる緊張関係は、以前のものとは質が異なるように思える。なぜなら、新しく関係を持つようになった他者との間で生じる緊張関係と、既に係わり合いを持ち、「微妙な調和」のもと関係性を維持している他者との間で生じる緊張関係とでは、それぞれの緊張関係のレベルが変わると考えるからである。スリン諸島が国立公園に指定された当初は、急に漁撈活動が制限されたことで、モーケンの中には国立公園事務所に対して反発感情を覚えた者も多かったであろう。ところが今日では、スリン諸島に生活の拠点を置いているモーケンは既に、アンダマン海域が、乾季は観光客が優先して利用する場所であることをとりあえず是認しており、漁撈活動ができない代わりに国立公園事務所が提供する賃金労働に従事していた。

　しかし、その賃金労働の雇用人数を減らすという国立公園事務所の一方的な決定は、かつて漁撈活動の自由が奪われた時のように、生業を奪われることの不条理を再びモーケンに突きつけている。そのため、モーケンが国立公園事務所に対して抱く不信感は以前にも増して高まっており、モーケンと国立公園事務所はこれまでにない緊張関係にあると言える。

第12章
境域で生きる

　本章では、スリン諸島のモーケン男性たちの語りに重点をおきながら、彼らのタイの外側への移動を描いていく。その具体的な目的は、国境に関するモーケンの複雑な心情を読み解くことにより、近代国家の境域で生きる彼らのジレンマを示すことである。

　ここでの境域とは、「国家の最周辺部かつ国境地帯という地理的空間と同時に、国家と社会、優位民族とマイノリティ、国民と非国籍保有者など、複数の異なるシステム、アクターが日常的に接し、交渉・拮抗しあう社会空間」を指している［長津 2010: 473］。長津一史は、フィリピンと国境を接するマレーシア・サバ州に暮らす海サマ人を取り上げて、境域における開発が彼らの社会でどのように経験されたのかについて、当事者の語りを引用しながら論じた［長津 2010］。現代の海民を論じる上で、国境が重要なキーワードの1つであることがわかる［e.g. 村井 1994; 長津 2001, 2004, 2010］。

　タイのモーケンにとって、国境を接する最も身近な「外国」はビルマである。第5章で論じたように、1900年代半ばまで彼らは、気軽にビルマ領海までナマコや夜光貝などの海産物を採捕しに出かけていた。その頃のモーケンで国籍を持っている人は少なく、国境を越えて移動するという感覚は希薄であったと思われる。ある場所で捕れなくなると、別の場所へ移動して漁をする。その行動様式は、山中で畑を次々と開拓していく焼畑農耕民に近かった。しかし現在ではモーケンも、所定の手続きを経ないで国境を越えることは、国に罰せられる「違法」行為であると理解している。それにもかかわらず、国家から見て違法な越境を続けるモーケンは今も少なくない。では、なぜ彼らは国境を越えるのだろうか。他方で、ある人びとはなぜ国境を越えようとしないのか。本章では、モーケンの越境移動にかんする多様な言説を取り上げることで、境域に置かれたモーケン社会が国家のはざまでいかに揺れ動いてきたのか、2004年インド洋津波の影

響も視野に入れ、その変化の一端を描く。

　第1節では、タイ‐ビルマ間の国境を越える移動生活の動態について、モーケンの越境に関する肯定的な語りと否定的な語りを取り上げつつ考えてみたい。第2節では、タイからインドへ密漁に出かけたことのあるモーケンの語りを紹介する。また、インドで海域管理が厳しくなる中で、2007年に生じたインドでの拿捕事件をとりあげる。その記述の中で、モーケンが国境や国籍への意識を高めている状況を説明する。

第1節　タイ‐ビルマ間の越境移動

1. 肯定的な語り

　ここで紹介するのは、ビルマへの密入国を繰り返してきたモーケンの語りである[1]。彼らは一様に、ビルマの海はタイの海よりきれいで、魚もたくさん泳いでいると話す。そこには、モーケンの主な現金収入源であるナマコや夜光貝も多く棲息する。つまり、彼らにとってビルマの海は、絶好の漁場として捉えられている。そのことを理解した上で、以下の3人の語りに目を通してほしい。

■リンジョン（29歳、タイ・プラトーン島出身）

　　タイでは、漁をする上でたくさんの制約がある。たとえば、スリン諸島では、ロブスター、ウミガメ、シャコガイの採捕が禁じられている。なぜなら、これらの生物は観光客が見て楽しむものだからだ。国立公園事務所の職員がそう言っていた。また、シミラン諸島では、国立公園事務所が漁撈活動そのものを認めていない。スリン諸島では漁が黙認されているが、それは観光客を受け入れていない雨季の半年間だけだ。一方、ビルマでは年間を通して漁ができるしタイよりも多くの夜光貝を捕ることができる。

■ゴット（34歳、ビルマ・サデッチー島出身）

---

[1] 本節で取り上げる語りは、2008年7月14日から16日にかけて、スリン諸島において収集されたものである。年齢の記載がないものは「主な登場人物」を参照されたい。

タイでは乾季になると漁を自由にできない。だけど、ビルマでは、ダイナマイト漁〔浅瀬の海に爆発物を投げ入れ、爆破の衝撃により死んで、あるいは気絶して水面に浮かんだ魚を捕獲する漁〕の仕事がある。たった3日間働くだけで、3万チャット〔約3000円〕も稼ぐことができる。スリン諸島だと、国立公園事務所が与えてくれる仕事をしても、3日間で300バーツ程度〔900円〕しか稼げない。しかも、観光客が島にやってくる乾季の間だけである。

■グーイ（ビルマ・サデッチー島出身）
　通常、タイ人がビルマ領に入るには、パスポートやビザ、あるいは特別な許可証を持っている必要がある。一方で、モーケンであれば、パスポートなどの証明書がなくても両国の間を自由に往き来できる。カバン・モーケン〔モーケンの伝統的な船〕に乗ってさえいれば、軍人はモーケンだと気付いてくれるので、許可証はいらない。ただし、フアトーン船〔南タイの漁民が乗る一般的な船〕に乗っていたら、軍人にかならず停められる。軍人はその船に乗っているのはタイ人だと思うからだ。カバン・モーケンに乗るモーケンは、軍人に国籍を持っていないと思われているので、航行中に停められることもなく、簡単にビルマに入ることができる。

　リンジョンとゴットの語りに共通する内容は、乾季のタイにおける漁の不自由さである。このことは、リンジョンが言及した、ロブスター、ウミガメ、シャコガイの3種類が、スリン諸島で採捕禁止対象種になっていることにも関わりがある。乾季にアンダマン海域を訪れる多くの観光客は、シュノーケリングやダイビングを目的としており、国立公園事務所は観光客の視覚的欲求を満たすために一部の魚介類を保護しようと考えているからである〔鈴木 2011a: 65〕。ウミガメについては、1977年にタイマイの種全体が附属書1に掲載されたことにより、世界的に捕獲が規制されるようになった背景とも関連がある。
　また、タイにおける漁撈活動が制限される一方で、ビルマでは漁が比較的自由にできるというのも、彼らに国境を越える動機を与えている。ゴットは、ダイナマイト漁が違法な行為であると知っている。警察に見つかれば逮捕されるリスクが高い。しかしそれでも、タイで働くよりも短期間で現金を稼ぐことがで

きる。その点を、ゴットは肯定的に評価している。そのほかにも、モーケンがビルマ領における漁を高く評価している背景には、タイ‐ビルマ間の移動のしやすさも関係している。グーイが語るように、国境を越えるためには、通常ならばパスポートが必要であり、煩雑な手続きを経なければならない。しかしモーケンは、カバン・モーケンという伝統的な船に乗ることで越境できるのである。

2. 否定的な語り

　次に紹介するのは、上記の越境する人たちとは対照的な3人の語りである。いずれのモーケンも、過去にビルマ領海の島で生活をしていた経験がある。彼らの語りの中で注目したいのは、モーケンと軍人との関係性である。

■ジペン（タイ・プーケット島出身）

　　ビルマでは、何をするにも軍から制約を受ける。たとえば、ビルマにある島で木材を伐採すると、その伐採量に応じて軍人に現金を支払わなければならない。また、杭上家屋を1棟建てるための木材を伐採するには、5000チャット〔約500円〕を、カバンを1隻造るための木材を伐採するには、1万チャット〔約1000円〕を軍人に手渡す必要があった〔2000年頃〕。もちろん、ビルマ政府が徴収する税ではない。各島にいる軍人が勝手に決めたものである。だから、払った現金はすべて軍人の個人的な収入になる。時には、私たちが獲った魚をお金を払わずに全部持っていくこともある。それでも、私たちは不満を言うことはできない。

■テープ（タイ・スリン諸島出身）

　　ビルマは怖いところだ。とにかく軍人が多い。彼らは私たちを奴隷のように扱ってきた。人使いが荒く、無償労働を課してくる。たとえば、この前襲った激しい風〔2008年5月初旬にビルマを襲った大規模サイクロン・ナルギスのこと〕の後、サデッチー島に暮らすモーケン男性が木材伐採の労働に駆り出された。ビルマ本土の崩壊した橋を再建するために、政府は大量の丸太を必要としており、〔モーケン〕男性1人に対し40本の伐採を命じてきた。これを3日以内に完遂できない場合、本数が達成されるまで妻子が人質にとら

れた。しかも、抑留中は食べ物の配給がなかったと聞いている。魚はタイよりたくさんいるが、ビルマには行かない方が良い。

■スナイ（推定年齢80歳、ビルマ・ドン島出身、生業は年間を通して漁業）
　ビルマの若い軍人は、モーケンに暴力を振るうことがある。カバン・モーケンを見つけると、ふざけて発砲してくる者がたまにいる。ふつうの漁船ではないので、彼らはモーケンが乗船していることを知りながら撃ってくる。そのほかにも、酒に酔った若者がモーケンの女性をレイプする事件が何度か発生している。干潮時の砂浜で貝を採集している女性が犠牲になったこともある。私たちの目の前でレイプ事件が起きたこともある。しかし、武器を持っている軍人には何も言えない。殺されるかもしれないからだ。それに比べるとタイでの生活は安全だ。国立公園に指定されたため、漁ができない時期もある。しかし、軍人に暴行を加えられる危険はない。漁にしても、ビルマではダイナマイト漁に巻き込まれて死ぬ人もいるが、タイではその恐れもない。私の知人には、ダイナマイト漁で腕をなくした人もいる。そうなったら、ナマコも捕れなくなる。

　3人の語りに共通しているのは、ビルマの軍人に対する恐怖心と嫌悪感である。ジペンの話からは、木材を伐採するたびにモーケンが軍人に現金を支払っている様子がうかがえる。モーケンにとって、木材は杭上家屋を建てたり船を造ったりするのに不可欠な材料である。スリン諸島では、法的には木材の伐採は禁止されているものの、モーケンが日常生活で必要とする程度の伐採は黙認されていることは前に述べたとおりである。ビルマでは森林が軍人の厳しい管理下に置かれていることがわかる。

　テープが語った無償労働の話は印象的である。2008年にビルマを襲ったサイクロンは、イラワディ・デルタを中心に甚大な被害をもたらした。死者と行方不明者は合わせて13万人を超えると言われる。災害発生直後から、日本を含む多くの国がビルマへの災害救助支援を申し出たが、ビルマ政府はこれを拒否した。テープの語りからは、他国からの支援を拒否し続ける中で、国内の社会的弱者に無償労働を課していた「軍事政権」の内情を読み取ることができる。

スナイの語った、軍人による暴力の話は衝撃的である。スナイは、軍人がモーケン女性に性的暴力を加えた事実をつまびらかにし、何も抵抗できなかった自らの無力さを吐露している。また、ゴットがビルマ領におけるダイナマイト漁を肯定的に捉えていたのに対し、スナイは身体的リスクを理由にダイナマイト漁を否定的に語っていた。

　ビルマにおける漁を肯定的に捉えた語りでは、タイにおける仕事の少なさが指摘され、ビルマにおける仕事の多さが相対的に評価されている。その一方で、ビルマにおける漁を否定的に捉えた語りでは、ビルマにおける軍人の横暴さが強調され、タイにおける生活の安全面の高さが評価されている。肯定的な語りと否定的な語りを比べると、同じアンダマン海域であってもタイとビルマとでは、モーケンを取り巻く環境が大きく異なることが分かる。タイとビルマ間の国境が意識されていなかった頃は、船で移動できる範囲はモーケンにとってひと続きの生活空間であった。しかし、今日では両国間の海における資源管理のあり方は異なっている。そして、その差異をモーケンは認識している。彼らは、タイとビルマ双方における生活環境を把握し、それらを比べながら、国境を移動していると考えられる。

第2節　タイ-インド間の越境移動

1. 密漁経験者の語り

　これから紹介するサラマは、第5章第3節で紹介した記憶力に優れた男性である。第8章の「黄色い風」の夢を見た人物であり、第11章の「ロボング引き抜き事件」を起こした張本人でもある。以下は、彼のインドへの密漁経験談を短くまとめたものである。

■サラマ（ビルマ・サデッチー島出身）[2]

　　私が30歳だった〔1975年〕12月、ラノーンから大型漁船がナムケム村にやって来て、潜水漁民を募集していた。タイ人やビルマ人を含む合計30人

2　2008年2月28日と3月9日に、スリン諸島で実施した聞き取り調査による。

近くが1つの船に乗って、インドへ向かった。出航から3日経つと島がたくさんある海域について、夜光貝や高瀬貝を捕った。マーニャブンダ島〔インド領アンダマン海に浮かぶニコバル諸島のいずれかの島名だと思われる〕に移動して、いつものように小船に乗り換えて潜水漁をしていたら、軍人が船で近づいてきて発砲してきた。すると、大型漁船は逃げてしまった。小船で一緒にいたモーケン男性2人と共に、急いで島へ上がった。岩の間や林の中を走って逃げたが、銃を構えた軍人に見つかってしまった。そして、山頂へ連れて行かれ、そこにいた軍人の中で一番地位が高いと思われる人物から2回頬を軽く叩かれた。その後、服を全部脱いで、踊るよう命令された。また、滝のある場所まで連れて行かれ、体を洗うように命じられた。それから山頂の方へ連れて行かれ、そこにある建物に1ヵ月と5日間収容された。

その後、留置所に移されたが、手枷などをされることなく、過ごすことができた。木を伐採して木炭を作り、ロティ〔全粒粉を使用した無発酵パンの一種〕売りのおじさんに売っていた。留置所には約1年半いたが、その間にタイからやって来た別の2隻の船が拿捕されて、収容人数が増えていった。合計150人くらいになっており、そのうちモーケンは48人だったと記憶している。捕まったビルマ人は皆、自国へ強制送還されるのを嫌がっていた。

それから1年半後〔1977年頃〕、留置所からニコバルの大きな島に移動させられ、そこで10晩過ごした。それから本土のリカタール〔所在地不明〕という場所に送られ、さらにニューデリーに移された。ホテルで3晩過ごした後、タイ領事館の関係者がわれわれを空港に連れて行き、飛行機に乗せた。機内にはモーケンだけでなく一般客もいた。ビールとウィスキーをたらふく飲んだ[3]。大量のおつまみをもらってバンコクの飛行機を降りるとタイ政府の役人が待っていた。彼らから交通費をもらい、もといた場所〔ナムケム村〕へ戻った。

サラマは、インド領への密漁で警察に捕まり、1年半以上もの間、留置所での

3　イヴァノフも、サラマのインド領への出漁体験談を記している［Ivanoff 1997:22］。サラマは飛行機でタイに向かうなか、満面の笑みをたたえた魅力的な客室乗務員が、自分のところにウィスキーを運んでくれたことが忘れられないと記録している。

生活を余儀なくされた。しかしそのことは、けっして辛い思い出ではなく、むしろ楽しい思い出として強く記憶に残っている。彼によると、当時はインドで捕まっても、じきに返してくれるのがふつうだったらしい。

インドでの密漁経験者の中には、複数回密漁をしても捕まったことのない人もいる。そのうちの1人であるアーリー（29歳、出生地不明）は、インドの本土に上がった際に、密漁した記念として仲間と一緒に入れ墨を彫った。彼の太ももの前面には、「INDIA 3.1.1993 FROM THAILAND THE ADVENTURE」という文字とともに

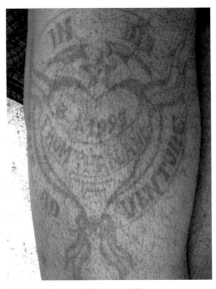

写真12-1 インドで彫られた入れ墨

水牛の形をした絵が彫られている（写真12-1）。彼が文字や形を指定して注文したわけではなく、現金を彫り師に渡して適当に彫ってもらったものである。私が彼の太ももの写真を撮った後、何が書かれているのか聞かれたので「1993年の1月3日か3月1日に、インドにいたことが書かれてあるよ」と説明をした。ただ、「THE ADVENTURE」をモーケン語に直訳することができなかったので、「遠くの島へ出かけるのが好きな人 (olang hak lakau polau nanyot)」と訳して伝えると、彼は誇らしげな顔で大きく笑った。[4]

アーリーはもうインド領へ密漁に行くつもりは全くないという。彼によると、インドにおける警察の取り締まりが年々厳しくなっており、もし今捕まったらなかなかタイに戻ってくることができないと語っていた。ほかにも、かつてインド領で7回密漁したことがあり、一度も捕まらなかったジャーウ（ビルマ領海の船上で出生）も、「昔はたくさんのお金を短期間で稼ぐことができたから行ったけど、今は土産用の木造模型船を西洋人に売った方が危険がないし、お金にもな

---

4 2008年、3月11日のスリン諸島における会話のやり取り。

る」と語った。また「私は国籍を持っていない。今インドに行って捕まったらタイに戻って来られなくなるだろう」とも話した。

2. 厳しさを増す国境管理

　スリン諸島でアーリーとジャーウにインタビュー調査をしたのは2008年である。まさにその頃、インドの留置所に拘禁されている他村落のモーケンがいた。事件はスリン諸島において大きな話題となっていた。それは、2007年5月にラオ島とチャーン島に暮らすモーケンを乗せた船がインド領海で拿捕され、タイへ戻ってくることができないままの状態になっているというものであった。ナマコ漁を目的として5月23日に3隻で出漁し、インド領海でそのうち1隻が捕まり、同船に乗っていたタイ人3名、ビルマ人9名、モーケン19名がニコバル諸島にある留置所に勾留されたままになっていた。2007年7月22日付のタイ字新聞「マティチョン」紙には、上記の基本情報とともに、当該村落のモーケンがラノーン県知事に対して送った陳情書の内容が載せられている［Matichon. Jul 22, 2007］。その記述内容は、ラオ島の村長とインドで逮捕された男性の親族が集まり開かれた集会において話されたものである。集会参加者の中でタイ文字を書ける大人は誰もいなかったので、読み書きのできる少女が書記として記録し、編集した。そこには、インド領海域で取り締まりが厳しくなっている近年でもなお、モーケンが密漁をする背景が記されている。

　重要なので、少し長くなるが、関係する部分のみ訳して以下に記す。傍点は筆者による。

　　県知事殿、私たち村人を助けてください。……彼らが逮捕されてから
　　2ヵ月以上経ちますが、私にはどうしたら助けることができるのかわかり
　　ません。……今は貧困状況に耐え忍んでいます。昔も貧しかったのは事実
　　ですが、彼らが捕まってからさらに生活状況は苦しいものとなっています。
　　幸運なことに、いくつかの支援団体が津波（2004年インド洋津波）に被災した
　　際に助けに来てくれました。（その支援団体の）ある人はお米を寄付してくれ、
　　またある人はインドまで事情を調べに出かけ、さらにある人は県知事に陳

5　2008年4月18日にプラトーン島で実施した聞き取り調査による。

情書を書くことをアドバイスしてくれました。……市民証もないのに（村人がインドで捕まったことを）警察へ通告したり、網元に報告したりする勇気はありませんでした。そうすることで網元が私たちを雇わなくなったり、（網元から）暴力を振るわれたり、あらゆるひどい仕打ちを受けたりすることを恐れていたからです。私たちモーケンなんて、殺されても、誰かに罪を問うことなんてできないのです。なぜなら、私たちは国籍を持っていないからです。私たちは全ての人間から見下され、差別を受けてきました。……モーケンの身に降りかかった本当の苦しみは、渇水やモンスーン、それに津波でもありませんでした。本当の苦しみとは、国籍も市民証も持たない人間だということであり、私たちの面倒を見てくれる機関が何もないことにあるのです。

　私たちが不思議に思うのは、シーナカリン王太后（ラーマ9世の母）は私たちに対して「プラモンキット」という名字を授けてくださったのに、どうして政府は私たちをタイ人と認めてくれないのか、ということです。また、スリン諸島のモーケンは市民証を得ることができたのに、どうして私たちは得ることができないのでしょうか。市民証を持たないことは、私たちの人生は、自分たちで採捕するあのナマコと同然の生き方ということなのです。（市民証がないからこそ）私たちはインドで捕まってしまうのです。

　どうして私が、私たちのことをナマコに例えたのかというと、ナマコが棲息する深い場所まで潜る人間だからです。ナマコを捕る潜水漁師は、1回の仕事で2時間から3時間もの間、30m以上深く潜り続けます[6]。サメやオニイトマキエイ（マンタ）[7]に襲われる危険もあります。もしも深海に長い時間いた場合、減圧症にかかることもあります。運が悪ければ死に至ることさえあります。仮に死を免れたとしても障害を背負うことになるでしょう。顎を思うように動かしにくくなり、ご飯を食べるのにも苦労し、ついには顔面全体が固くなってしまいます。ナマコ潜水漁をする前に網元はナマコ1

6　コンプレッサーを用いたナマコ漁であると考えられる。
7　「プラー・ラフー（pla lafu）」と書いてあるが、そのような呼び名の魚種は存在しない。発音の近いものにカマスサワラを指す「プラー・ワフー（pla wafu）」がいる。しかし、文脈ではモーケンが認識する危険な魚が入るはずなので、「ラフー」の声調は異なるが、おそらくオニイトマキエイを指す「プラー・クラベーン・ラフー」というタイ語の南部方言だと考えられる。

匹につき50バーツで買い取ると約束していたとしても、潜水漁が終わった後には1匹につき30バーツしか支払わなかったり、30バーツと言われていたものが20バーツや15バーツで買いたたかれたりします。ひどい時には7バーツで買い取ると言ってくるけれど、その言い値を受け入れるしかないのです。

　仲間がインドで捕まっている現在においても、村に残された私たちは、網元がインドへ行くよう促されたならば行かざるをえないのです。なぜなら、そうしなければ食べていけないのですから。……モーケンは一度捕まってしまったら、国籍を持たないために、もと居た場所に戻れるように（私たちが）手助けすることはできないのです。彼（インドの警察）はタイ国籍を持つ船の操舵手とその船だけを（タイに）帰すのです。私たちの命なんて、船よりも価値が低いのです。

　われわれモーケンが従事する、もう1つの危険な仕事は（ビルマ領における）ダイナマイト漁です。（違法なことなので）男たちは捕まってしまえば拘置所へ入れられます。（男だけが乗船していると怪しまれるので、）軍人にダイナマイト漁をしていることをさとられないように、子どもを抱えた妻をわざと船の先頭に座らせるということもやっています。1回のダイナマイト漁で2週間から3週間出かけることになります。報酬は400バーツ〜500バーツ（1200円〜1500円）の間です。私は知事にここに来ていただいて、私たちがどうやって島で暮らしているのかを知っていただきたい。そうしたら知事はきっと、私たちにどのような手を差し伸べればよいのかが分かるはずです。……私たちに市民証を発行してください。

　文章全体を通して、「市民証」と「国籍」がキーワードとなっていることを確認できる[8]。それは、特に「殺されても、誰かに罪を問うことなんてできないのです。なぜなら、私たちは国籍を持っていないから」や「本当の苦しみとは、国籍も市民証も持たない人間」という文言から読み取れる。

　インドで逮捕された男性の親族や仲間にとっては、タイ政府が国籍を与えて

8　タイにおいて市民証（bat prachachon）を所持することは、タイ国民であることを意味する。市民証の所持と国籍を持つことは同義である。

くれないことこそが、モーケンの生活状況を劣悪なものとさせている最大の原因なのである。彼らは、国籍がないため、一般のタイ人のように仕事に就くことができず、網本のもとで密漁に従事せざるを得ない。また無国籍であるために、逮捕されればなかなか釈放されないと訴えかけている。次章で詳述するが、2004年インド洋津波後のモーケン社会では、国籍に対する関心が急速に高まっている。

　スリン諸島のモーケンがインド領へ密漁に出かけなくなった理由として、他村落のモーケンが置かれている生活状況や、逮捕された後の経過をよく知っているということがある。アーリーとジャーウは、インド領における海域の管理が厳しくなっており、捕まる可能性が高くなっていることを感じている。長期間勾留されるリスクを冒してまで、インド領への密入国をしなくなったのである。インド領海域への越境移動のあり方は、かつてのように自分の意思で出かけるものではなく、網元のもとで密漁に連れ出されるものへと変化してきている。

　他方で、モーケンの声が新聞記事に取り上げられ、知事に届くようになった背景にも注意する必要がある。「幸運なことに、いくつかの支援団体が津波に被災した際に助けに来てくれました。(その支援団体の) ある人はお米を寄付してくれ、またある人はインドまで事情を調べに出かけ、さらにある人は県知事に陳情書を書くことをアドバイスしてくれました」という記述からわかる通り、2004年インド洋津波に被災したことがきっかけとなり、復興支援活動のために外部社会の人間がモーケン社会に介入するようになった。そして、集会に文字化できる人間がいた―つまり、学校に通いタイ語を学ぶモーケンが増えた―ため、モーケンが直面する窮状を広く社会に訴えることができたのである。この陳情書からは、モーケンが置かれている現代的な社会背景を読み取ることができる。

　本章で確認すべき重要な点は、モーケンが国境や国籍を意識しながら移動している、あるいは移動しないという事実である。ビルマに越境移動する者としない者の間にはタイ・ビルマ間の海域管理の差異が意識され、インドに越境する者としない者の間には、国籍が強く意識されている。モーケンにとってのアンダマン海域はかつてのような一続きの空間としてではなく、各国家の権力が及ぶ分節された空間の連なりとして認識されていると言えよう。

第13章
国民化への階梯

　本章では、スリン諸島のモーケンが、タイの国民国家に取り込まれていく過程を描く。第1節では、2004年末に発生したインド洋津波に被災した後に、タイ人がモーケンに対して関心を払うようになった経緯を跡づける。非国籍保有者としてのモーケンは、被災に関するメディアの報道を通じて注目され、政府から国籍を与えられることになる。第2節では、王女によるモーケン村落の視察を取り上げて、役人がモーケンに出した指示の背景を読み解き、タイ国家がモーケンに対して、いかなる関心を払っているのかを考察する。

第1節　タイ国籍の取得

　前章第2節「タイ‐インド間の越境移動」の2．で紹介した手紙の中に、「スリン諸島のモーケンは市民証を得ることができたのに、どうして私たちは得ることができないのでしょうか」という記述があった。確かにスリン諸島のモーケンには、他村落のモーケンに比べて市民証を持つ人が多い。とはいえ、全員所持しているわけではない。2004年の時点で、タイ国籍を持っているスリン諸島のモーケンは199名中わずか5名であったが［Narumon 2005: 2］、それから約10年が経った現在では40名以上が国籍を獲得し、「タイ国民」となっている。先の5名については、両親がタイの役所に出生届を提出したため国籍を得ることができた。では、そのほかの人びとはどのようにしてタイ国籍を持つようになったのだろうか。

1. 高まるモーケンへの関心
　2004年インド洋津波が発生する前、一般のタイ人でモーケンの存在を知る人

はほとんどいなかった。私は2003年の夏期に3週間、モーケン村落を探すためにバスとソンテウ（乗り合いトラック）、それにバイクタクシーを利用しながら、アンダマン海沿岸を歩きまわったことがある。各地の市場や食堂で「この辺にモーケンの村落はありませんか」と数えきれないほど尋ねたが、「モーケンって何ですか」と聞き返されるのが常であった。その度に「アンダマン海沿岸に暮らす少数民族のことです」と私が説明した。続けて、「それでは、海の民（タイ語でチャオ・レー）の村落はありませんか」と言葉を変えて、再度質問しなければならなかった。そうするとようやく意味を理解する人もいて、彼らは村落の場所を教えてくれた。しかしその村落は、モーケンとは何ら関係のない、ただの漁村であることが多かった。チャオ・レーという名称には、モーケンなどの海民を指す以外に、海と関わりの深い漁民を指す場合もあることを知ったのはこの時である。

ところが2004年末にインド洋津波が発生しタイ南部にいた外国人観光客や漁民だけでなく、モーケンという少数民族が被災したことがメディアを通じて広く伝えられると、多くのタイ人がモーケンに興味を抱きだした。特に、スリン諸島のモーケンが事前に津波の来襲を察知した出来事は繰り返し報道され、「土地の知恵」を持つモーケンは一躍注目の的となった（第8章第2節参照）。

また偶然にも、津波がスリン諸島に押し寄せた時に、有名なタイ人俳優2人[1]がモーケン村落に観光で訪れており、モーケンと一緒に高台へ逃げて助かったことがワイドショーや新聞で盛んに取り上げられた［Matichon 2005c］。その結果、スリン諸島のモーケンへの世間の関心は、さらに高まっていった。その後、俳優2人は、モーケンのおかげで万死に一生を得ることができたとして、"We Love Morgan（本来はMokenであるが、一部の人たちはこのように呼ぶ。おそらくタイ語を英語表記にする際に起きた間違い）"という文字の入ったTシャツを売ることで50万バーツ（150万円）以上の義捐金を集め、米や小型ボート、キンマの葉や巻きスカートなどをスリン諸島のモーケンに寄付している。彼らが義捐金を募り、航空会社エアアジアの支援でプーケットまで行き、国防省王立海軍の船に乗ってスリン諸島へ向かう様子は、タイのテレビで報道された。俳優2人がモーケンの年長者に対してワイ（合掌してお辞儀をするタイの伝統的挨拶）をしながら支援物資を届ける

---

[1] スラーウット・マートラトーン（通称オン、1976年生）とナーターン・オーマーン（1976年生）のこと。スラーウットは現在もテレビドラマで精力的に活躍中である。

姿はニュースでも取り上げられた。

　こうして有名になったスリン諸島のモーケンは、次々とやってくる新聞記者に意見を述べるようになり、国籍についても言及するようになった。たとえば、「いくつかの面でまだ支援を受けていません。なぜなら、国籍がないからです」という年長者サラマによる発言が新聞に載っている［Matichon 2005d］。

　さらに、スリン諸島のモーケンが注目されると同時に、モーケン研究者として有名なナルモンにも各国のメディアやNGOの関係者が集まってくるようになった。彼女は第4章でも取り上げた、1990年代からスリン諸島に入り研究を続けている人類学者である。津波に被災する前のモーケンの生活や被災後の彼らの状況を詳しく知っている。そのため、メディア関係者は専門家の意見をもらおうと集まったのである。私が知る限りでも、タイのメディアはもちろんのこと、日本の朝日新聞や読売新聞の記者、それにアメリカのCBSレポーター、そのほかNGOで働く多くの人が彼女に意見を求めに来ていた。その中で彼女がよく口にしたのは、「政府はモーケンに国籍を与えるかどうか検討するべき」、「政府はモーケンを無国籍状態のまま放置しないと約束すべき」といった政府への要請であった。記者も彼女から得た情報をもとに、「政府の支援金は来ない。スリン諸島のモーケンは近年まで、季節ごとに移動し、ビルマ領内に入ることも多かったため、タイ国民とは見なされていないからだ」［朝日新聞 2005b］と、国籍を持たないために行政機関による支援が不十分であることを指摘している。

2. 行政機関の動向

　モーケンの国籍問題に関して、政府は何もせずにいたわけではない。まずスリン諸島の行政を担う郡役所が動いた。津波発生から1ヵ月後に、当時の郡長は新聞記者に対し以下のように語っている。

> スリン諸島のモーケンについては、郡役所の調べで、彼らがタイで生まれたことが分かっています。そのため内務省では、スリン諸島のモーケンに国籍を与える計画が出ています。モーケンには今までどおりの生活を送ってほしいと考えています。[2][Matichon 2005b]

2　このインタビュー内容からは、郡長がモーケンの「今までどおりの生活」に理解を示していないこと

2005年3月15日には、内務省と郡役所の職員がスリン諸島に出向き、2日間かけてモーケン個々人の履歴を聞き取りによって調べた。そうして得た情報を書類にまとめ、内務省に提出している。その後も調査が続けられ、最終的に提出された文書が公的資料として認められ、一定の基準（満15歳以上であることやタイで生まれたことを証明できることなどが必要）を満たす34名に対して、2006年3月15日に郡役所において市民証（国籍）が配られた。このようにしてタイ国籍を持つモーケンが増えたわけである。

第2節　王女による村落視察

　2004年インド洋津波後、モーケンに対する関心を高めていたのは、タイ国民やタイ政府だけでなく、タイ王室も同様であった。2008年3月13日、シリントーン王女[3]がスリン諸島のモーケン村落を視察に訪れた。以下、視察前の状況と視察時の状況に分けて論じる。

1. 事前準備と指導

　今回のシリントーン王女の訪問は、津波被災後のモーケン社会の復興状況を確認する以外にも、自身が建設に関わった学校を視察するという目的があった。タイ南部に津波が来襲した直後から、王女は各地の被災地を視察していた。その際に王女はパンガー県クラブリー郡を訪れており、モーケンが読み書きのできない状況を知ったのである。その後、Royal-Initiated Projects of HRH Prince Maha Chakri Sirindhorn for the Development of Children and Youths in Isolated

---

　　がわかる。スリン諸島のモーケンにとっての今までの生活とは、生業に焦点を当てるならば、時に国境を越えて漁撈活動に従事することであった。しかし、国籍を得れば、これまで以上に国境を越える移動は難しくなり、不法とされる漁撈活動は行ないにくくなるであろう。

3　プミポン国王（ラーマ9世）とシリキット王妃の間に産まれた次女で、王位継承者の1人である。文学や言語学、また開発教育学に関する造詣が深く、少数民族に高い関心を払っている。王族による地方視察は、1955年にラーマ9世が王妃を伴い東北部を視察して以来、現在に至るまで続けられている。櫻田智恵［2013］は、プーミポン国王の公務記録を丹念に調べており、王室が国民にとって「目に見える」「身近な」存在となった背景を知るのに示唆に富んでいる。

写真13-1　学校前の国旗掲揚の風景

and Remote Areasという王女の名前を冠したプロジェクトによって、スリン諸島のモーケン村落再建地の北側に学校が建設されたのである（写真13-1）。学校の正式名称は、Moken's Community Learning Center at Surin Islands Marine National Park, Non-Formal Education Unit of Kuraburi District, Phang Nga Provinceと言う。シリントーン王女からの寄付金によって運営されており、2名の男性教師（このうち1人の男性は2011年雨季に辞めた。2012年2月から女性が新しく職に就いている）が学校に寝泊まりしながら教えている。小学校低学年レベルのタイ語と算数が主な教科である。

　2008年も2月が過ぎ去り、3月に入るとスリン諸島は慌しい空気に包み込まれていた。3月13日にシリントーン王女がスリン諸島に訪れるということで、役人が頻繁にモーケン村落を来訪するようになったからである。スリン諸島の景観を整えるために、シミラン諸島国立公園の事務所スタッフまでもが動員されていた。桟橋や東屋の補修だけでなく、モーケン村落に津波後設置されたビジターセンターの屋根を葺き替えるなどの作業も3月初旬に行なわれた。

　なかでも大きな動きがあったのは3月10日のことである。この日の朝、ターイ所長補佐はドーンパヤーイェン・カオヤイ国立公園の所長と研究者一行を率

第13章　国民化への階梯　　　　　　　　　　277

写真 13-2　ロボングの柱のまわりに集められた大量の竹と竹板

いて、モーケン村落を案内していた。村落を一通り見てまわった後、手の空いているモーケンは学校まで来るようにと呼びかけていたが、最終的に学校に集まって来たのはジャーウとグーイの親子を含めた7人のモーケン男性だけであった。そこで話された内容は次の通りである。まず、シリントーン王女が村落に来るのは13日の朝8時ごろだということが伝えられた。そして、それまでに竹板を敷き詰めた道を用意するようにという指示があった。この時期の朝8時という時間帯はちょうど中潮期の干潮時にあたり、船で村落に近づくことはできない。王女は村落から離れた場所で下船せざるをえず、ぬかるんだ砂浜を歩く必要に迫られる。しかし、国立公園側としては省庁の評価にも関わってくる問題なので、王女にそのような苦労はさせたくない。そこで考え出されたのが、竹板を敷き詰めた道であった。

　指示が出されてからは、村中のモーケンが竹の刈り出し作業に追われた。ボンヤイ湾周辺の山に生えている竹が次々と刈られ、ロボングの柱の前の空き地に集められた。およそ50本以上の大小の竹が揃い、それを細かく割いては同じ長さに切り揃え、それらをつなぎ合わせた四方形の板を何枚も作っていた（写真13-2）。その作業は12日になっても続き、モーケン総出で竹板を作製していた。

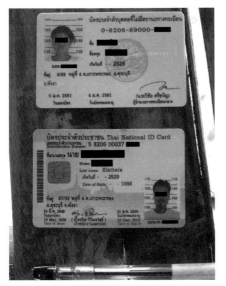

写真13-3　居住許可証（上）と市民証（下）

その最中のこと、ジャーウが「私たちは一度にこんなにたくさんの竹を刈ったことはない。竹がなくなってしまうし、竹を刈り過ぎたら国立公園（事務所）が怒るからだ。でも、王室のためなら何本刈っても問題ないらしい」と、私に語った。その一方で、息子のグーイは「王女が帰ったら、もらえば良い。壁として良材だ。堂々と竹を刈ることができるのだからいいのではないか」と父親に切り返し、現場に居合わせた他のモーケンも「そうか」と頷いていた。

こうした事前準備とは別に、3月の初旬、まだタイ国籍を持っていないモーケンに対しても市民証が与えられるという噂が、モーケン村落内で広まっていた。その内容は、「3月8日に郡長が村落に来て、100人以上のモーケンに対して市民証を渡す」というものであった。ただし、「タイの市民証とは限らず、ビルマの市民証を渡される者もいる」という、一風変わった話がまことしやかに囁かれていた。2006年3月に市民証を得ることができなかったスタットは、「私にはビルマの市民証が渡されるらしい」と、どこから入手したのか分からない情報を伝えてきた。[4] 結局、3月8日に郡長が村落に訪れることはなかったのだが、10日に郡長はポップ氏（第9章第3節参照）と共に村に現れた。実際にはタイの市民証でもビルマの市民証でもなく、タイにおいて戸籍も住所も登録していない人びとに渡されるカード（以下、居住許可証）であった（写真13-3）。[5] ポップ氏にどのようなカードか尋ねてみると、「選挙権はないが、タイ国内に住むことが認められる公的な身分証」だと答えた。さらに、「このカードを持った以上、今後はタイの法律に従わなければならない」とも付け加

4　2008年3月5日のボンヤイ村、グーイ家における朝食時の会話内容。
5　直訳すると「身分登録不明者随身証」。
6　2008年3月10日のボンヤイ村におけるインタビューによる。

写真13-4　居住許可証を配るポップ氏（左下）

えて話した。

　居住許可証を配り終えた後（写真13-4）、村民全員が集まる前で、13日の王女の視察にあたり、モーケンに対して次のことを指示した。①軒下と家のまわりを綺麗に掃除しておくこと、②船を村落の端側に寄せておくこと、③電線を取り外しておくこと、④外に服を干してはならない、⑤家のドアを閉めておくこと、⑥家の外に出て待っていること、⑦服を着ること（なるべく黒い服を着ること、派手な服を着てはならない）、⑧ギャンブルをしないこと、の8点である。このうち①から③は、13日までに済ませておくべき事項であり、④から⑧が、王女の視察当日に守るべき事項である。

　①は、景観を良くするためだけでなく、ビンの破片などのゴミで王女御一行に怪我をさせないためでもある。②は、王女とその側近や、警護に当たる警察の船が村の中央に停められるようにするためである。③は、2004年インド洋津波のあと、モーケン村落でテレビを持つ家庭が急増しているという背景がある。テレビ台数に比して発電機を持つ家庭は少ないため、発電機を所有する家から電線が四方八方に延びており、景観を損なうというわけである。ところが、ポップ氏がこの指示を出した理由はそれだけではなかった。インタビューで、「王

時刻	出来事
7:15~8:00	軍人による村落巡回、役人が視察ルート沿いにモーケンを配置
8時半過ぎ	王女が村落に到着
8:38~9:18	王女がビジターセンターで関係者各位《8:38-42 工業振興局、42-53 国立公園事務所、53-59 郡公衆衛生局、9:00-18 APP (Andaman Pilot Project)》からモーケンに関する情報を収集
9:20~24	王女がビジターセンター横でモーケンの舞踊を観察
9:24~41	王女は村落内を歩きながら、モーケンによる小型模型船作り、ゴザ編み、船の修復過程を観察
9:41~10:12	王女が学校に訪問、モーケンの子どもたちと集合写真撮影
10:18	王女が村落を出発

表13-1 王女の行動

女に少数民族の伝統的な暮らしを見せたい (yak hai somdet phrathep songthot phranet withi chiwit beap dang deum khong chon klum noi)」とも語っていたからである。つまり、ポップ氏にとって電線は、モーケンの伝統的な暮らしを演出するのに邪魔な存在だととらえられている。

　④は、景観上の問題である。⑤は、③と同様の理由で、テレビなどの電化製品を王女の視界から排除するためである。⑥は、王女が村落訪問する前に家屋の外で待ち、出迎える準備をせよという指示内容である。⑦は、裸で出迎えるのは王女に対して無礼にあたるので、服の着用を促している。なお、黒色が推奨されている背景には、2008年1月2日にガラヤニ王女 (プミポン国王の実姉) が逝去されたばかりで、王室関係者が100日間喪に服すのを宣言したということがある。ポップ氏は、「黒色の服を着ましょう。でも、黒色がなければ、派手な色でない限りは何色でも大丈夫 (sai suea si dam kan noi tae tha mai mi si dam ko lueak si aria ko dai yok wen si chutchat)」という発言をしたが、「黒色の服を着用して王室に敬意を払うように」、という婉曲的な指示とも読み取れる。⑧は、モーケン女性に対する指示である。彼女らの中には、仕事もせずに一日中軒下で賭け事に興じる人がいる。タイでは賭け事は違法行為なので、タイの法律に則るよう注意を促している。

2. 視察時の状況 (表13-1)

　2008年3月13日早朝、村は緊張に包まれていた。12日にスリン諸島入りした

写真13-5　見廻りをする警察官　　　　　写真13-6　モーケンに指示するポップ氏（右上）

　シリントーン王女が、これからモーケン村落を訪れることになっており、ライフル銃を肩にかけた軍人が村落内を巡回し、作業服を着たある男性は金属探知機で砂浜に危険物が埋まっていないか調べていた。あらかじめ王女の歩くルートが決められており、そのルートとその周辺には複数の警察官が周囲の状況を見てまわっていた（写真13-5）。

　他方で、ポップ氏を中心とするクラブリー郡役所の職員と工業省工業振興局の職員は、モーケンの年長者を呼び集めていた。王女が歩くルート上に年長者を配置し、男性にはカバンの模型船造りを、女性にはパンダヌスの葉で編んだゴザの作製を命じていた（写真13-6）。また、3人の若い男性に船の修復作業を演じるよう命じ、6人の男性演奏者と4人の女性舞踊者には空き地で待機するよう伝達していた。その他のモーケンの大人は、王女の歩くルート上に一定の間隔で座るよう配置され、子どもは学校で、この日のために用意された制服に着替え、待機させられていた。

　8時30分過ぎ、遠くに海軍の艦船が1隻、海上警察の船が2隻浮かぶ海域を、3隻の黒色のスピードボートが水しぶきをあげて村落に向かってきた。潮が引いた砂浜には竹板が一本に延びており、王女はゆっくりとその上を歩いて村落に

写真13-7　シリントーン王女の村落来訪

やって来た（写真13-7）。大勢の警察官や国立公園関係者が見守る中、最初に案内されたのがロボングの後ろに設けられたビジターセンターであった。ビジターセンターは2004年インド洋津波後にCUSRIのAPPが国立公園に提案することで設けられた空間である（略語参照）。普段はモーケンが日常生活で使用する道具が展示され、APPが作成したモーケンの歴史や文化を紹介するパネルが壁に張られている。この日はAPPのパネルが半分はずされ、その空いた場所に工業振興局、スリン諸島国立公園事務所、クラブリー郡衛生局が用意したパネルが設置されていた。

　8時38分から42分にかけて、工業振興局の職員代表者がモーケンの手工芸技術を活かした商品の提案を王女に対して行なった。サラマの顔写真と"MOKEN"の文字がプリントされたTシャツ、"MOKEN SEA GYPSIES, SURIN ISLANDS, THAILAND"の文字が入ったTシャツ、ロボングのミニチュア工芸品、土産用小型木造船を入れることのできる箱の4点が紹介された。

　8時42分から53分にかけて、ソムチャイ所長が国立公園の歴史と国立公園事務所とモーケンの関係を説明した。所長が説明に用いたパネルの1つには「陸海両域に自然が豊かに残されているため、スリン諸島は貴重な観光地となってい

ます。陸域ではネイチャー・トレイルやバード・ウォッチング、海域ではシュノーケリングやシー・ジプシーの生活見学を楽しむことができます」という文章があり、所長の口から「モーケンはスリン諸島の観光にとって重要な存在です」と説明が付け加えられていた。また、国立公園事務所がモーケンに対して行なっていることとして、①国立公園事務所の職員として雇用していること、②毎年1月第2週の土日（子どもの日にあたる）に、子ども達が楽しめるような遊びを提供していること、③体力作りのために子どもたちにサッカーをさせていること、④モーケンに清掃やゴミの分別方法を学んでもらうために、モーケンにスリン諸島内のゴミを集めさせ、それを買い取っていること（「コラム2」参照）、の4点が紹介された。

8時53分から59分にかけて、クラブリー郡郡長がモーケンに対して行なった公衆衛生の診察結果を報告していた。その上で、①南西モンスーン期に体調を崩す人が多いこと、②しかし、南西モンスーン期は海が荒れるため、クラブリー郡の公衆衛生局職員が島に訪れて治療にあたることができないこと、③ゴミの処理が適切になされていないこと、④飲み水が不衛生であること、⑤公衆衛生局職員とモーケンとの間で言語によるコミュニケーションがとれないこと、の5点を問題点としてあげていた。

9時から9時18分にかけて、APP代表のナルモン女史によってモーケンの歴史と2004年インド洋津波後の生活の変化について、王女に対して説明がなされた。まず彼女は、タイにはモーケン、モクレン、ウラク・ラウォイッの3つの異なる海の民（チャオ・レー）がおり、その中で最も海洋性の高い生活を維持しているのがモーケンであることを伝えた。次に、スリン諸島のモーケンは津波による死傷者を出さなかったが、家と船が全壊したエピソードを紹介した上で、モーケンが従来の伝統船カバンではなくフアトーン船を用いるようになっている現状について報告した。

特にナルモン女史が強調して王女に伝えていたことが、モーケンの今後の生業のあり方についての提案である。現在では国立公園事務所のもとで指示された仕事のみをこなしているが、今後はモーケンが主体的に観光産業に関わることで、国立公園事務所に依存しない生計の道を立てる必要があることを訴えていた。その1つのあり方として、モーケン自身が運営するシュノーケリング・ツ

写真13-8 モーケンの歌と踊りを観る王女

アーとトレッキング・ツアーを提案し、試験的なツアーをAPPが主導して行なっていることを報告した。

9時20分から24分にかけて、モーケンの舞踊が披露され（写真13-8）、その後サラマが村落の代表者として王女の前に立ち、APP発行の書籍とパンダヌスの葉で作られた小箱を渡した。王女は笑顔でサラマの姿を写真におさめてから、ソムチャイ所長とナルモン女史、それにサラマを横に付けて村落を歩き始めた。王女は、モーケンが集団で座る場所に足を止めて写真を数枚撮っていた。また王女は、土産用木造船とゴザを作製するモーケンの前で立ち止まり、ゴザがパンダヌスの葉で作製されることをナルモン女史から、ツーリスト用に販売されていることをソムチャイ所長からそれぞれ説明を受けていた。その後も村落をゆっくりと北に歩き、家屋やフアトーン船の修理現場を写真におさめていた。9時41分に学校に到着し、新品の制服に身を包んだモーケンの子どもたちに出迎えられ、王女は挨拶をした後、サッカーボールや衣類などを子どもの代表者に手渡した。学校内を見学し、自ら設立した基金によって建てられた学校がどのように運営されているのかに耳を傾けていた。10時7分にモーケンの子どもたちとの集合写真を撮影した後は来た道を戻り、国立公園事務所のスタッフが一

列に並んで見守る中、10時18分に黒色のスピードボートに乗り込んで、国立公園事務所の方向へ去っていった。

第3節　津波を契機とした国家への接近

　本章の第1節では、津波後にモーケンが国籍を得るようになる背景を追った。2004年インド洋津波が発生する前においては、タイにおいてモーケンの存在を知る者はほとんどいなかった。ところが、「土地の知恵」により津波の直撃を免れたスリン諸島のモーケンの逸話が世界中に報道され、その現場に居合わせたタイ人の俳優も助かったことがメディアで盛んに取り上げられたことで、モーケンは一躍有名な少数民族となった。これを契機として、モーケンとモーケンを対象とする研究者は、メディア関係者からインタビューを受ける機会が増え、国籍がないことを支援不足の原因として訴えた。政府もモーケンに関心を払うようになり、スリン諸島のモーケンにタイ国籍を与える計画が郡役所を主導として進行し、津波から2年が経過した2006年3月15日に、34人のモーケンに市民証（タイ国籍）が与えられた。

　第2節では、津波後に学校建設という形でモーケンに関わるようになった、王女による村落視察前の準備と視察時の状況を取り上げた。事前準備では、国立公園事務所側から、モーケンは大量の竹を伐採して竹板を用意するように命じられた。それに対して、国立公園事務所に対する不満を垣間見せながらも、王女の視察後に家屋の材料として転用しようと考えるモーケンがいたことを紹介した。

　また、王女による村落視察の前に、郡役人が市民証を得ていないモーケンに対して居住許可証を配った上で、視察時の注意点を指示していた。電線をはずし、家屋の中を外から見られないようにする指示は、景観を良くするためだけでなく、王女に「近代的」なモーケンの生活をさとられないようにするためでもあった。モーケンは王室関係者の前でタイの「未開」な存在であることを役人から求められていたわけである。だがその一方で、服を着用することが指示され、王室への敬意を示すように黒い服を着ることが推奨されていた。裸体でモーケン

の「未開性」を王室に強調するよりも、モーケンに黒服を着用させることで王室への敬慕の念を示した方が良いと役人は考えたのであろう。

　視察当日は、役人の指示のもと、各所にモーケンが配置され、所作を含めた細かい指示がなされていた。8時半過ぎに村落に到着した王女は最初にビジターセンターへ寄り、モーケンに関する説明を約40分にわたって聞いた。その後、モーケンの舞踊が披露され、学校においてモーケンの子どもたちから歓迎を受けた。

　この視察により、スリン諸島のモーケンが、現代タイ社会においていかなるアクターと係わり合いながら生活をしていかなければならないのかが浮き彫りになった。工業振興局、スリン諸島国立公園事務所、クラブリー郡役所、APP、それに王室という、それぞれ異なる形でモーケンに関わっているアクターである。工業振興局とスリン諸島国立公園事務所は、主に観光産業との関連でモーケンを捉えており、クラブリー郡役所はモーケンの不衛生な環境を問題視し、APPは自立的な生計手段をモーケンに提供することに関心を払っていた。工業振興局、スリン諸島国立公園事務所、APPの3アクターは、モーケン社会の経済的側面に目を向けていることが分かる。クラブリー郡役所は公衆衛生を通した社会管理を目指している可能性がある。王室はこれら4つのアクターから提示された情報をもとに、モーケンをタイの国民としてどのように扱い、対応していくのか思案中であると考えられる。

　また、王女に対してそれぞれ異なる提言をしていた4つのアクターを並べて気づくことは、APP以外の3アクターはすべて政府機関だということである。王室に対する提言をする上でパワーバランスが偏っていると見ることができる。このことからも、王室が視察する現場が、政治色に彩られていることが窺える。津波後のモーケンの生活は、それまで以上にタイの政治・経済と強く結びつけられるようになった。市民証と居住許可証が、スリン諸島に暮らすすべてのモーケンに配られた現在、モーケンは国家と向き合って生きる必要に迫られている。

コラム4

覚醒の早晨　アトムと村井先生と

「アトムが死んだ！死刑が執行されたって！！」

　手塚治虫のあの有名なキャラクターのことではない。私が調査でお世話になっている、モーケン村落での出来事である。アトムが死刑！？　読者は一体何のことか戸惑うに違いない。早めに暴露した方がよさそうだ。実は、夢の中での話である。
　年は2009年、日付は7月10日の早朝4時前、私は鈍器で殴られたような感覚を肩に感じながら目覚めた。
　話を戻す。そう、私は夢の中でモーケン村落にいた。季節は南西モンスーン期であり、海が荒れていた。私は雨が降る中、いつもお世話になっているモーケンの家族に聞き取り調査を行なっていた。「モーケンにとって、どんな人間が尊敬されるのか？」という質問をしていた。すると、こんな答えが返ってきた。

「ナマコをたくさんとれる男。ワニを捕まえられる男」

　そう答えるモーケン男性に対し、私が「ツバメの巣は？」と聞くと、「別に大したことじゃない。だって、あれは食べてもおいしくないよ。」と返答され、夢の中の私は妙に納得していた。起床中の今ならば、基本的にモーケンがナマコやツバメの巣を食べることはないし、ワニを捕まえることもないのを知っている。しかし、そこはやはり夢の中である。
　次に女性に対して同様の質問をしようとしたが、夫婦は忙しそうに歩きだし、なにやらヌメヌメとした泥に足をとられながら家に戻って行った。私も急いで後ろをついていくが、なかなか前にすすめない。なんとか苦労して彼らの家に着いたところに、冒頭の声が聞こえてきた。「アトムが死んだ！　死刑が執行されたって！！」
　そんな名前のモーケンは、私がお世話になっている村には存在しないし、死刑が執行されるわけがないのだが、夢の中の私は、「国立公園の職員め、やりやがったな」と叫んでいた。そして、「やはりな、アトムは勝手に国境を移動し続けていたのが良くなかったな」と一人合点していた。

そこで私は目覚めた。起床後、ぼんやりとしながらも最初に頭に浮かんだのが、「地域研究はある種の緊張感をはらみながら行なわれるものである」という言葉であった。私はすぐに思い出した。それは私の言葉ではなく、村井吉敬先生の言葉であると。どういうことなのか説明をする必要があるだろう。そのために時計の針を少し戻したい。

夢を見るちょうど3週間前の6月19日、上智大学の2号館5階において、友人の博士論文口頭試問が行なわれた。去年より早稲田に移った村井先生が査読審査員の1人として席に座っていた。この時の村井先生の博士論文に対する評価が厳しかった。端的に書くならば、その論文において使用した枠組みは本当に必要なのか？と問うものであった。その枠組みとは「資源動員論」と呼ばれるもので、村井先生はどうやら「資源」という言葉に違和感を覚えた。村井先生は、「資源という言葉を人間に当てはめて使用する研究者の傲慢さ」を指摘し、その上で、先にあげた「地域研究はある種の緊張感をはらみながら行なわれるものである」と論したのであった。この瞬間、約30名で埋め尽くされた狭い部屋がどよめいたのを今でも覚えている。そして、この言葉は私の心に深く突き刺さった。そして自らを省みた。

「私は、緊張感を持って研究を行なっているだろうか？研究者が用いる概念を当たり前のものとして見ていないだろうか？ その概念枠組みは、地域住民にとってどれだけ妥当なものなのか常に考えているだろうか？」など、村井先生の批判が私に向けられていると思い、深く考えさせられた。それ以来、自分の立場をどうするのかずっと迷い続けていた。そして3週間後、アトムは私を覚醒させた。

「そうだ、伝えよう。モーケンが緊張感を持って境域で生きている現場を伝えよう」と。

それまでの私は、国家の視点を中心に据えることで、誰でも調べれば入手可能なような事実関係ばかりを報告してきた。ところが、そんなことではいけない！と思ったのである。アトムと村井先生は、私の未来に対して働きかけたのである。

モーケンは国家の思惑通りには動いていないし、むしろ、周縁的立場を利用して国境を越えてもいる。そうした彼らの実践は、一般的な「法律」に背を向けた反体制的なものであり、常に緊張感を伴っている。そのような緊張感溢れる実態を論じるためには、文章を書いたり口頭で発表したりする私にも、緊張感を持って臨む必要がある。真摯な態度で研究に取り組む必要性を、村井先生は気付かせてくれたのであった。

結論

15cmのボールペンと並ぶ70cm超のバイカナマコ（*kaji kopan*）

第14章
現代を生きる海民
——被災社会とのかかわりを考える

　本書ではこれまで、2004年インド洋津波を転換点としてとらえ、津波前の海民モーケンの歴史を明らかにした上で、津波後の彼らの生活がどのように変容してきたのか、長期的な視点から描出することを試みてきた。特にタイ・スリン諸島で起きた個別具体的な事実を丁寧に追い、モーケンの「現代的な状況下」にある生活を考察してきた。

　かつて営まれていたモーケンの遊動的な漁撈生活は、海洋国立公園化に伴うアンダマン海域の観光地化により、特定の土地を拠点とした漁業と観光業双方に携わる生活へと変わった。そして、2004年インド洋津波に被災したあとは、モーケンはさらなる急激な変化を経験してきている。

　最終章となる本章の第1節では、津波後の生活の変化について論じた第3部以降を振り返り、①認識の変化、②住まいの変化、③漁撈活動の変化の3点に注目し、2012年の村落再訪時に得た情報を加えながら、これまでの考察で得られた知見をあらためて整理する。続く第2節では、国籍を与えられたモーケンと国籍を与えられなかったモーケンの語りを取り上げて、変化のただ中にある彼らの生活を論じる。第3節では、本書の意義を示した上で、災害研究における人類学者／地域研究者の立ち位置について考える。

第1節　変化の諸相

1. 認識の変化

　第8章では、モーケン社会で〈災害〉や〈津波〉という概念が認識されてきた過程を、村落で発生した出来事に着目してたどった。2004年インド洋津波がスリン諸島のモーケンに襲いかかった時点では、彼らにとっては災害でも津波で

もなく、洪水神話ラブーンが現実世界に訪れたものにすぎなかった。ところが寺院へ移動し、タイ人と共に避難生活を送る中で〈災害〉や〈津波〉という「新語」を覚え、ラジオ情報や報道記事がきっかけとなり起きた村落内の出来事を通して、モーケン社会で〈災害〉や〈津波〉が概念化された。その結果、後にモーケンは当時を振り返り、2004年インド洋津波はラブーンなどではなく、〈津波〉であったと認識を変えていった。

　この変化は、単にラブーンが〈津波〉に置き換えられるようになったことだけを意味しない。津波概念を獲得したことによって、スリン諸島のモーケンは自集団を取り巻く世界の認識さえも変化させているように見える。たとえば、本書の「はじめに」で紹介した、「日本で大地震が起きたと聞いた。津波は発生していないか」という携帯電話を通したモーケンの発言は、地震が津波を誘発させるとする物理的因果関係への理解を示しているだけではない。日本という他地域における出来事を、自分たちの経験した破壊的な〈津波〉と結びつけて案じている。このような発言は、2004年インド洋津波に被災する以前ならば、けっして口に出されるようなものではなかったはずである。被災前は地震や津波という言葉を知らなかったし、日本とのつながりは第2次世界大戦中の軍人や真珠養殖業者、あるいは沖縄の海人（うみんちゅ）だけであり、私が日本人でなければ日本の情報を伝える必要もなかったわけである。[1]私の他にも多くの非ツーリストの「外人（orang khula）」がスリン諸島を訪れるようになり、モーケンは外部社会との距離を急激に縮めているように思われる。2004年インド洋津波に被災し、国内外から援助団体と研究者がスリン諸島に訪れるようになり、他地域との結びつきを意識せざるをえない状況へと変化したと捉えることができよう。

　その一方で、変わらないこともある。それはスリン諸島を基点に据えた際の大まかな地理的空間の認識である。「日本で大地震が起きたと聞いた。津波は発生していないか？」という発言を文字化しただけでは伝わらないが、電話越しに聞こえる彼の声のトーンからは、モーケンが認識するスリン諸島と日本との間

---

[1] さらに付け加えるならば、津波前は携帯電話を使用できなかった。スリン諸島で携帯電話を使えるようになったのは、電波塔が建てられた2006年の雨季からである。これ以降、モーケンは次々と携帯電話を所有するようになった。ただし、使用できるのは国立公園事務所が発電機をつけている間のみであった。2010年に太陽光発電に切り替えられ、深夜以外の時間帯ならば、電波塔の近くへ移動すればいつでも使用できるようになっている。

にある距離感を読み取ることができた。心配はしてくれているが、あくまで遠くの出来事であって、日本における地震と津波がスリン諸島にまで影響を及ぼすものとは考えられていないと感じた。2012年2月に村を再訪した際に、この点について確かめた。私の予想通り、3月11日に流れたラジオ情報で村落内が慌ただしくなることはなく、高台に避難しようとする者も皆無であったという。ただ一部のモーケンの間で「ユーキ（著者）は死んだのか」と噂する程度であったらしい。このことは、第8章で見たように、インド（誤報）やインドネシアで発生した、あるいは発生するという地震報道後に、地震に伴う津波がスリン諸島にまで達すると認識されていたのとは対照的である。

　3月11日に私に電話をかけてきたのはグーイであった。彼はタイ本土の小学校を卒業しているので、地理学的な世界地図を認識しており、日本とスリン諸島がマレー半島を跨いで遠く離れていることを知っている。彼が、スリン諸島に近いインドやインドネシアで地震が起きれば不安になる一方で、日本で地震が発生しても平静としていられるのは当然のことかもしれない。ところが、近代的な科学知識をもとに作られた地図を全く知らないモーケンの間でも、やはり日本はスリン諸島から大分離れていると認識されている。

　図14-1を参照してほしい。この図は、2008年3月4日に年長者スナイによって砂浜に描かれた「世界地図」である（写真14-1）。中国人の土地（*phunga orang cin*）、日本人の土地（*phunga orang yipun*）、白人の土地（*phunga orang khula potiak*）、ガピ人の土地（*phunga orang kapi*）、バタック人の土地（*phunga orang batak*）、インド人の土地（*phunga orang khula ketam*）、タイ人の土地（*phunga orang shiam*）、ビルマ人の土地（*phunga orang tanau*）、そしてスリン諸島のモーケンの土地（*phunga orang moken polau lata*）が描かれている。モーケン語でプガ（*phunga*）とは、特定の集団が暮らす「空間」を意味する。文脈によっては「村」や「町」、「国家」や「世界」とも訳すことのできる言葉である。

　丸印は島を表し、線は陸を表している。線の長さはスナイが認識する陸地面積に比例する。つまり、以下のように整理することができる（図14-2）。中国人の土地とビルマ人の土地が最も広大であり、スリン諸島のモーケンの土地とガピ人の土地が最も小さいものであると認識されている。これら2つの土地は島嶼であることが分かる。[2]

2　スナイによると、ガピ人はヨホン島（*polau yohon*）と呼ばれるスリン諸島と同じくらいの大きさの島に暮

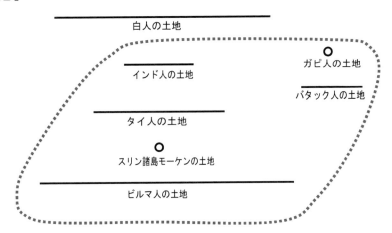

図14-1 スナイが認識する世界

写真14-1 砂に「世界地図」を描くスナイ

らしている。ガピ人は裸体で暮らしており、長い尻尾を持つ人食い人種であるという。スリン諸島から見てインドの方角に位置すると言われているが、現在スリン諸島に暮らすモーケンの中でガピ人の土地を訪れた者はいない。

```
中国人                    インド人              スリン・モーケン人
  ≒  >  白人  >  タイ人  >  ≒  >  日本人  >  ≒
ビルマ人                  バタック人            ガビ人
```

図14-2　スナイが認識する各土地の大きさ

　この図で注目すべきは点線である。点線で囲まれた空間は、スリン諸島から船で訪れることのできる範囲であるとスナイはみなしている。スナイは、インド人の土地やバタック人の土地（インドネシア・スマトラ島）はスリン諸島から距離的に近い場所にあり、日本人の土地は遠く離れた場所に位置すると考えている[3]。だからこそ点線内にある土地で地震が発生した場合は敏感に反応したが、点線外の土地で地震が発生したことを知っても、避難行動には移らなかったわけである。モーケンと長期間過ごした調査者が日本人であることから、日本に対する心理的な距離は縮まったかもしれないが、モーケンの地理的空間の認識に根本的な変化は見られない。そうではあるが、国籍を持つモーケンが増えた現在、パスポートを取得して海外に出かけるモーケンも現れるようになり、点線で囲まれた枠を超えて移動しようと考える者がみられるようにもなっている（次節で詳述）。

2. 住まいの変化

　第9章では、モーケンの住まいの変容過程に注目した。モーケンは家船生活をやめて陸上がりをし、陸地定着の度合いが高まるにつれて、より恒久的な家屋を建てるようになってきた。そして2004年インド洋津波によってスリン諸島のモーケンの家屋は全壊し、行政主導による村落再建が進められた。ところが、新しく建てられた家屋はモーケンにとって「悪い家屋」と呼びうるものであり、そのような家屋が集まる村落は居心地の悪い空間となってしまった。なぜモーケンにとって好まざる住空間になったのか、その背景には4つの変化が関係して

---

[3]　スナイがこの地図を描いたのは津波後であり、津波前にはこれとは異なる地図を描いた可能性がある。しかし、点線で囲んだ範囲はスリン諸島から船で移動することが可能である空間を示したものであり、被災後において変化したとは考えにくい。したがって、モーケンが認識するスリン諸島とインド、あるいはスリン諸島とスマトラ島（インドネシア）との距離は、津波前から比較的近いものであると認識されていたと考えられる。

写真14-2　コンクリート製の支柱

いた。①2つあった村落が1ヵ所にまとめられたこと、②新しい建材の導入、③潮間帯および潮下帯における家屋建設禁止、④家屋が格子状に配列させられたこと、の4点である。

　①に関しては、一村落の人口が過密になったことで、森林資源の利用が村落近辺に集中してしまい、自然環境に大きな負荷がかかるという問題が発生していた。また、第11章で取り上げたように、精霊の宿る柱であるロボンが1ヵ所に集中した結果、シャーマンは精霊との交信がうまくいかなくなってしまった。モーケンを1つの村落に集住させることで起きる問題について、CUSRIのナルモン女史も気に掛けている。2007年から彼女は国立公園事務所にかけ合い、ボンヤイ湾の村落の他に、ボンレック湾にもう1つ村落を設けることができないか交渉しているが、国立公園事務所の所長は「認めない」の一点張りで進展が見られない。

　②に関しては、ベニヤ板が床板に導入されたことで換気が悪くなり、屋内の湿度が高まるという問題があったが、モーケンは竹材を床板の一部に組み込むことで解決していた。ところが、私が2012年2月に村を再訪した時には既に、ベニヤ板を床板に用いられた家屋はごく少数であり、ほとんどの家屋は新しく

写真14-3　コンクリート製の支柱と木柱を組み合わせて建てられたコミュニティ・プライマリーヘルスセンター

建て直した際に竹のみが床板に敷かれるようになっていた。スリン諸島の森林から得られる資源のみを用いて家屋を建てるという、かつての建築のあり方に戻りつつある。

③と④に関しては、第9章第4節で触れたように、2008年9月までに相当数の家屋が潮間帯や潮下帯に建設されるようになっていた。新築する際に家屋間の距離がとられ、海から村落を望んだ時に家屋が前後に重ならないように工夫されていた。国立公園事務所による監視が緩くなる雨季を狙い、短期間のうちに家屋を海沿いに建てている様子を紹介したが、そのような行動は現在もとられ続けられている。

だが、2008年12月にソムチャイが所長の座を退くと、新しく所長を務めるようになったウィロートが、モーケンの家屋について注文をつけるようになった。「潮が満ち引きする場所に家屋を建ててはならない」と、村落再建時に郡役所と国立公園事務所が勝手に交わした約束事を再び持ち出してきたのである。モーケンが次々と家屋を建て直すのは、柱の耐用年数が短いためと考えた所長は、大量のコンクリート製の支柱を用意した（写真14-2）。2008年12月18日以降、それらの支柱は次々とモーケン村落へ運び込まれた。そして、支柱の使用方法を

写真14-4　椅子の土台　　　　　　写真14-5　屋台の土台

モーケンに示すため、モデルハウスとして、コンクリート製の支柱と木材の柱を組み合わせたコミュニティ・プライマリーヘルスセンターが国立公園事務所スタッフの手によって建てられた（写真14-3）。しかし、モーケンは「家屋が安定しない」、「太い木柱を組み合わせることができない」などの理由をつけて、コンクリート製の支柱の使用を頑なに拒否した。彼らの対応は、1ヵ所に家屋が固定されることを嫌い、移動する自由を奪われることに対する拒絶反応のように見えた。

　ところが、国立公園事務所スタッフがモーケンを説得し続けているうちに2ヵ月半が経過し、その間に所長が替わったことで、コンクリート製の支柱をモーケンに使用させる国立公園事務所の計画はうやむやになってしまった。ソーポーンはウィロートとは異なり、モーケンの住まいに対して関心を払わなかった。2012年2月の時点では、村落に放置されていた大量のコンクリート製の支柱は、椅子（写真14-4）や屋台の土台（写真14-5）、ゴミ籠置き（写真14-6）や水浴び場（写真14-7）として利用されていた。海民モーケンにとっての住まいとは、恒久的なものというよりは暫定的なものであり、古くなったら移動して新しく建て直すものなのである。

第14章　現代を生きる海民——被災社会とのかかわりを考える

写真14-6　ゴミ籠置き

写真14-7　水浴び場

3. 漁撈活動の変化

　第10章では、モーケンの潜水漁に着目し、漁撈活動の変化について論じた。1980年代にタイ政府によって進められたアンダマン海域の国立公園化により、漁期として適期であった乾季は漁撈活動が制限され、主に雨季において海産物の採捕を行なうようになっていた。採捕できる時期と海域が限定されるようになるという、時間と空間に制約が加えられる中で、モーケンは自然環境に対する知識を深めることで対処していた。また、2004年インド洋津波後に支援団体がモーケンに船を寄贈して以降、スリン諸島周辺海域における漁獲競争が激しくなり、2010年の雨季にはイェンポムとモーケン語で呼ばれるコンプレッサー式の潜水器具一式が使用され始めたことで、ナマコの獲得競争に拍車がかかっていることを確認した。ところがモーケンは、イェンポムの使用に否定的な考えを示すようになり、2011年3月の時点では、グーイが「来年の雨季は、イェンポムを使った潜水漁は誰にもさせない」とも語っていた。

　しかし、2012年12月に私が村を再訪した時には、それまで以上に苛烈な漁獲競争が展開されていた。グーイ以外の若い男性はすべて、イェンポムを使用してナマコ漁をするようになってしまったのである。その結果、2011年の雨季は、2010年の時よりもさらに早くナマコが枯渇した。そのため、スリン諸島のモーケンは、2011年は例年よりも多く他海域へ夜光貝の「密漁」に出かけたという。雨季を通して安定した漁獲を得るためには、生業空間はスリン諸島周辺海域だけではもはや十分ではない。ナマコで稼げなくなった分、夜光貝を多く捕ろうと努めるようになっていた。

　その一方で、「密漁」をして逮捕されるリスクが高まっているのも事実である。クラブリー郡役人がモーケンに随身証（市民証、居住許可証）を渡した際に、ポップ氏が「このカードを持った以上、今後はタイの法律に従わなければならない」（第13章第2節1.）と述べたように、現在ではモーケンの「密漁」に対する国立公園事務所と警察の態度は厳しいものとなっている。

　市民証を得られず居住許可証を持つようになったスタットは、採捕したナマコを売ろうとラノーン県の港町へ向かった。そこで警察官に呼び止められ、随身証の提示を求められたので居住許可証を見せると、「島から出てくるな」と言われたという。市民証［国籍］を持たない山地民が特定地域の外に出ることは認

めらないというエピソードがあるが［須藤 2008：60］、それと同じような問題にモーケンは直面していた。居住許可証を所有することによりタイで暮らすことが公的に認められた一方で、その居住する範囲は限定されてしまい、移動に制限が加えられているのが現状である。

　2004年インド洋津波後にモーケンの国籍問題が取り上げられ、政府によって随身証が発行・配布されたことで、モーケンの生業空間は被災前よりも確実に狭まってきているように見える。確かに、国立公園事務所や警察、クラブリー郡役所などの公的な機関に従事する者の視点から見ればそうなのだが、モーケンの行動を見るとその逆の方向へ向かっているように見える。つまり、イェンポムを用いることで潜水する深度は深まり、スリン諸島周辺海域のみでは安定した漁獲量を確保できないとして、スリン諸島以外の海域がモーケンの日常的な生業空間に組み込まれつつある。スリン諸島のモーケンは国家権力に抵抗するように、公的機関の監視の目をかいくぐるようにして移動を繰り返し、さらに深く、さらに広範囲における漁撈を、警察に捕まるリスクを冒してまで展開している。

4　松田素二［1999：181-183］は、アフリカ人の植民地支配に対する抵抗には、フォーマルな抵抗とインフォーマルな抵抗の2つがあり、前者が組織的かつ変革志向の抵抗運動であるのに対して、後者は個人的で非ヨーロッパ的色彩を帯びた抵抗実践であると定義づけている。また、構造的弱者が上から押し付けられた規範を利用し、自分たちにとってより良いものへと新しく創造する抵抗の日常形態を「ソフトレジスタンス」と名付け、論じている［松田 1999：193-218］。モーケンの抵抗形態も、組織的というよりは個人的で、日常生活の中でミクロな抵抗を試みているという意味で「インフォーマルな抵抗」や「ソフトレジスタンス」を実践しているとみなすことが可能である。しかし、アンダマン海域に暮らすモーケンは、アフリカ人のように植民地権力による圧倒的な暴力を経験しておらず——第2次世界大戦中の日英軍による戦闘の影響はあったものの——モーケンの抵抗実践をアフリカ人と同一のものとして扱うことはできない。数十万人、あるいは数百万人規模の「民族」がとるミクロな抵抗と、数千人規模のモーケンがとるミクロな抵抗とでは、その抵抗が国家に与える影響も異なってくるであろう。そうした意味で、ここで述べるモーケンの抵抗は、松田が論じているアフリカ人によるソフトレジスタンスよりさらにミクロでヘテロな「超やわらかい抵抗」なのかもしれない。

第2節　国籍を与えられなかった人びとと、与えられた人びと

　本節では、2004年インド洋津波被災後、急速に国家に包摂されつつあるモーケンの人びとが、随身証を所持するようになってから生活がどのように変わっているのか、国籍を与えられなかった人びと（居住許可証所持者）と国籍を与えられた人びと（市民証所持者）へのインタビュー内容から考察する。[5]

1. 非国籍保有者のモーケン

　　　私は、本当の島モーケンになってしまった。

　この発話は、前節で触れた、ラノーン県でナマコを売ろうとして警察官に呼び止められ、居住許可証を提示して「島から出てくるな」と言われたスタットによるものである。ちょうどその話の聞き取りをしているところにいた別の男性は、補足説明をするように次のように語った。

■バトイ（20歳、スリン諸島出身）
　　　かつて（居住許可証を持っていない頃）は、どこにでも自由に移動できた。ところが、今ではそうではない。どこへ行くにも、警察に随身証の提示を求められるようになった。以前ならモーケンと分かれば、呼び止められることはなかったのだけど、モーケンに居住許可証が配られたことが世間に知られてからは違う。

　居住許可証を持つことと、本当の島モーケンになることとはいったいどういうつながりがあるのだろうか。そのことを説明するためには、今一度モーケンの民族呼称について振り返る必要がある。第4章第4節2. において、モーケンは島モーケン（*Moken Polau*）と陸モーケン（*Moken Tamap*）の2つに分けることがで

---

[5]　本節で用いられているインタビューのデータは、いずれも2012年2月10日にスリン諸島ボンヤイ村において収集されたものである。

きることを紹介した。陸モーケンは比較的早い時期に陸地に定着した集団であり、タイの市民証を得ている者がほとんどであることからタイ語で新タイ人(Chao Thai Mai)と呼ばれる。この新タイ人という呼称は、陸モーケンが島モーケンとの差別を図ろうとする際に用いられることがあった。ところが、本書の後半部分で見てきたように、島モーケンの中にも市民証を持つ者が出てきたので、新タイ人という呼称が必ずしも陸モーケンのみを指し示すものではなくなってきた。スリン諸島に約200名いるモーケンのうち、39名（2012年2月現在、このうち4名は既に死去、3名は別村落に移住していた）は市民証[国籍]を得ることができたが、残りの約160名は居住許可証を得たのみである。前者は新タイ人とみなされるようになったわけだが、後者はそれまで通りた・だ・の・島モーケンである。つまり、スタットの「本当の島モーケンになってしまった」という発言は、市民証を得ることのできた島モーケンとの比較においてなされている。陸モーケンと同じようにタイ国籍を得た島モーケンとは別種の存在として、自らを位置づけていると考えられる。

　また、市民証を持つ島モーケンは居住許可証しか持たない島モーケンとは異なり、他のタイ人と同様に国内における移動が自由に認められている。新タイ人となった島モーケンとは違い、陸に行くことも自由にできなくなってしまった環境の変化、あるいは島から出ることを警察から咎められるようになった自らが置かれている立場を表すように、「本当の島モーケン」という言葉は発せられたように思える。これまで島モーケンと陸モーケンという2集団に区別されていたモーケン集団が、今や市民証を持つ島モーケンと持たない島モーケン、それに陸モーケンという3つの集団に分けられるものとして、非国籍保有者の島モーケンから区別されはじめている。

2. 国籍保有者のモーケンの対照的な意見

■ゴット（33歳、タイ・スリン諸島出身）

　　これまでは、禁漁海域で漁をしているのが見つかっても、市民証を持っていなかったので捕まらなかった。でも、今は警察に捕まる。なぜなら、私はタイ国籍を持つ新タイ人だから。私は、最初から市民証なんか欲しくなかった。

■モン（24歳、タイ・プラトーン島出身）
　　市民証を持つことができて嬉しい。これでやっとタイ本土でいろいろな仕事に就くことができる。

　これら2つの対照的な発言は、新たに市民証、つまり国籍を得たモーケンによるものである。前者は国籍を持ったことに対して否定的な意見を述べ、後者は肯定的な評価を下している。前者の発言をしたゴットは、市民証を持つようになったから密漁するのが困難になったと述べている。彼は今や「新タイ人」、つまり新しくタイ国籍を取得したモーケンになった。警察もタイの法律のもと彼らをタイ人として管理するようになり、密漁に対しても厳しい対応をとっているのである。
　他方で、後者の発言をしたモンは、市民証を持つようになったことで、仕事の選択肢が増えると喜んでいた。無国籍者がタイにおいて賃金労働に従事することは不法就労にあたる。市民証を得る前のモンが本土へ出ても、国が定める最低賃金を下回るような劣悪な条件の職しか探せなかったはずである。もちろん、多くのモーケンは学歴がなく就ける職種は限られる。それでも正規に職を探せるようになったことは、モンにとって大きな環境の変化である。
　以上の2人の発言を比較すると、どちらも生業に関連付けて、市民証を持つことの善し悪しを判断しているのがわかる。市民証を要らないと述べたゴットは、雨季における漁撈活動に制限が生じることを心配している。その一方で、市民証の所持を喜んでいたモンは、乾季における賃金労働の職種の幅が広がることを期待している。

3. 広がる「外国」への道
　市民証を得たことに対して肯定的な評価を下しているモーケンはモンだけではない。次に紹介するナーイは、別の角度から市民証の意味をみている。

■ナーイ（タイ・プラトーン島出身）
　　市民証があれば、グーイみたいにノルウェーへ行ける。僕もパスポートをつくって、いつか日本に行きたい。

私の調査に最も協力してくれたグーイは、モーケンの伝統的な船でノルウェー海を航海した経験を持つ。ルナー・ヤルレ・ウィーク（Runar Jarle Wiik）というノルウェー人映像作家のドキュメンタリー作品の制作に参加するためにパスポートを取得し、ノルウェーへ渡ったのである。2010年7月16日から8月21日までの約5週間と同年9月22日から30日までの約1週間、合計1ヵ月半ほどをノルウェーで過ごした。伝統的な船は、モーケン10人が集まり、9日間で造りあげた。タイからノルウェーまでは、コンテナに入れて運ばれた。ノルウェー海の航海は、7月23日にスタバンゲル（Stavanger）を出発し、8月12日にオスロ（Oslo）にあるコンティキ博物館へ到着するものであった。9月のノルウェー渡航は、航海の成功を祝うために催されたパーティーへの出席を目的としていた。所要経費はすべてルナーが負担した。

　ナーイの発言に話を戻すと、彼が市民証の所持について評価しているのは、海外渡航が合法的に可能になった点である。もちろん、モーケンはこれまでにもビルマやインドへ漁に出かけることはあったが、公的に認められるようなものではなかった。国籍を持った現在、彼らは必要な資金さえあれば、あらゆる地域へ出かけることが可能になったのである。

4．グーイの思い

　かつてアンダマン海に浮かぶ島々の間を、船で移動しながら漁に従事してきた一部のモーケンは、今や私たちと同じように国籍を持つようになった。なかには、飛行機に乗って北欧に移動する人も現れた。グーイは、映像作家の企画のために偶然海外へ赴くことになった。この事実はスリン諸島のモーケンに、近い将来にビルマやインド以外の地域へ越境移動できる期待を抱かせたと考えられる。前項の終わりで紹介したナーイの「僕もパスポートを作って、いつか日本に行きたい」という発言は、そうした文脈で解釈する必要がある。

　彼が日本への渡航を希望している背景について、若干の説明を加える。ナーイにインタビューをする前、私は彼とグーイを含めた6人の男性と、2011年に東日本を襲った津波の話をしていた。その最中、グーイが突然、「日本でナマコは捕れるのか」、「たくさんいるのか」と重ねて聞いてきた。私は「オキナワとい

う地域にたくさんいる」と返答した。すると、そこにいた皆が目を輝かせながら「日本へ行こう」と語りだした。私は、沖縄の場所と気候を説明し、モーケンの船を使用した場合、スリン諸島から沖縄までどれくらいの時間を要するのかを彼らと一緒に語りあった。そうした会話の後に、ナーイに市民証に関する聞き取りをしたところ、上記の言葉を述べたのである。

　その時点では、グーイが津波からナマコに話題を移した理由はわからなかった。どちらも海にかかわることだから、彼にとってナマコは津波と同じくらい、あるいはそれ以上に大きな関心事なのだろう、その程度に考えていた。ところが、その理由はけっしてそのような軽いものではないことにすぐに気づかされた。

　市民証に関するインタビューがひと段落し、グーイの家に移動してコーヒーを飲んでいた時に、「ユーキ、私が漁でイェンポム（コンプレッサー等の潜水器具一式）を使わない理由がわかるか」とたずねてきた。彼がこう語った2012年には既に、グーイ以外の若いモーケン男性の多くが、コンプレッサーを用いるナマコ漁に着手していたことは前節で述べた通りである。彼は続けて、次のように語った。

　　コンプレッサーを使用しているモーケンには減圧症（潜水病）にかかって苦しんでいる人が多い。歩けなくなり、口もあまり動かせなくなる。減圧症にかかりたくないから私はコンプレッサーを使わない。ただ、理由はそれだけじゃない。少なくても良いからナマコを毎年捕って生活していきたいんだ。でも、どうやらそれも難しそうだ。あと10年もしないうちに、モーケンはスリン諸島からいなくなるだろう。今の村の状況を見ればわかる。乾季は漁が許されず、さらに国立公園で提供される仕事も少なくなっている。だから、多くの人が子どもを連れて本土へ出稼ぎに行っている。イェンポムが村に持ち込まれてからは、スリン諸島周辺のナマコも捕り尽くされつつある。そのうち、スリン諸島で潜る場所も働く場所もなくなったら、全員スリン諸島を離れてしまうだろう。もしそうなったら、私はナマコの捕れる場所に移動したいと考えている。ナマコが捕れる場所ならどこにでも行く。これからも海で暮らしていきたい。

　先の会話で、私は冗談半分で日本行きの話を皆と楽しんでいた。モーケンが

沖縄で漁をするのは最初から不可能であるという前提で話をしていた。一方でグーイたちは、そうした前提で話をしてはいなかった。どうやらグーイは、スリン諸島の次に暮らす海域の候補地を探していた。しかも、彼は移住先として、国境を接しない地域までも視野に入れていた可能性がある。

　彼との会話で、私はアンダマン海域におけるモーケンの人びとの歴史を思い出した。ある場所で魚が捕れなくなったら、別の捕れる場所に移動する、それが海民モーケンにとって長い間続いていた行動様式なのである。村井吉敬［1998: 145］は、「東南アジアはもとは一衣帯水、海で結ばれた地域」だと述べ、国境を取り払って考察することの重要性を指摘した。彼はまた、アジアの海域に暮らす「小さな民」の視点から、ヒトやモノの移動をみる必要性を説いている。この視座に立てば、グーイの発言は別の見方ができる。つまり、スリン諸島は数多くある陸地拠点の1つであり、最終的な定住地ではない。一衣帯水の海に漕ぎ出し、ナマコが捕れる新たな海域へと越境移動する。そのような意思を彼の言葉から感じ取ることができる。

　しかし、現代を生きる海民モーケンは、災害を契機として、国家や国境という上からの支配装置に組み込まれつつある。今やモーケンの一部は市民証を持つようになっており、国籍保有者数は今後さらに増えるだろう。そのため、モーケンに課される国民としての義務も大きくなっている。ナマコを求めて、気軽に国境を越えて移動できる時代ではもはやない。こうした制約の中で、モーケンはどのように自らの生活圏を確保していくのか、興味深い問いである。他方で、いまだに国籍を持たないモーケンが多数いることも忘れてはならない。モーケンが暮らすアンダマン海域は、1世代前とは様相がかなり異なってきている。今後は、これまで以上に非国籍保有者に対する取り締まりが厳しくなると予想される。仮に国境を越えられたとしても、各国で海域の資源管理が強まっており、勝手にナマコや貝類を捕ることは難しくなっている。現代はモーケンにとって、これまでに過ごしたどの時代よりも、生きにくい世の中になっているのかもしれない。それでも私は、グーイの「ナマコが捕れる場所ならどこにでも行く。これからも海で暮らしていきたい」という言葉に、未来への希望を見出している。これからもモーケンは、海産物という恵みをもたらし、ときに津波となって襲いかかる海と寄り添って生きていくのではないか。津波後に訪れた変化

の荒波の中で、たくましく生きぬいてきた彼らの姿を間近で見てきた私は、そう感じている。

第3節　災害の人類学／地域研究へ向けて
——津波から10年が過ぎて

　私は、モーケンと2003年9月に初めて接触し、2005年3月から本格的に付き合い始め、一部の人びととは仲間としてかけがえのない時間を共に過ごしてきた。本書は、10年以上にわたるモーケンとの関係性の中で生まれた民族誌である。これまでに私は、モーケン社会が津波に被災したことをきっかけとして、彼らの津波後の生活世界を理解しようと試みてきた。そしてタイで調査中の2011年3月11日に、東日本大震災は発生した。タイのスリン諸島に暮らす少数民族モーケンという、きわめて特殊で個別的な事例を扱ってきたわけだが、大規模災害が——タイと比べて——頻繁に起きる日本においても、被災後の社会をさまざまな困難に直面しながらもたくましく、融通無碍に生きてきた彼らの姿から学ぶことはあると考えている。本節では、本書を結ぶにあたり、私が考える本書の意義を示し、人類学者／地域研究者は災害に対してどのような関わり方ができるのか、その方向性について模索したい。

1. 書くこと、つなぐこと

　　　わずか10年がすぎたばかりなのに、いまこのことを書くんですって？　無意味なことですよ！　解き明かすことも理解することも無理です。どちらにしろ、ぼくらはなにか自分の人生に似かよったものを思いつくんです……新聞や雑誌はさきを争って恐怖に満ちた話を書く。あそこに行ったことがない人間は、とりわけ恐怖を好むんです……だから、書くことは必要じゃないんですよ、必要なのは記録すること。記録して残すことです。[アレクシエービッチ 2011: 143-144]

　本書を執筆している現在は、2004年インド洋津波が発生してから10年が過ぎ

たところである。だが、上記で引用した文章は、2004年インド洋津波について語られたものではない。アナトーリイ・シマンスキーというジャーナリストが、チェルノブイリ原子力発電所事故について語ったものである。彼は、新聞や雑誌で取り上げられるチェルノブイリ原子力発電所事故に関する記事には、現場の事実とはかけ離れたことばかりが載せられていると指摘する。その上で、科学的妄想にもとづいて「書く」のではなく、現場で自分の目で見て、耳で聞いたことを「記録」する重要性を主張している。

　本書は、私が津波被災地に訪れて見て聞いた、津波後のモーケンの生活についての記録とその考察の成果である。現場に生きる人びとに焦点を当てる人類学者ができることはまず、被災地で起きた／起きている出来事を細大漏らさず記録することだ、と私は考えている。もちろん、被災地に暮らす人びとと、良好な関係を築いていることが前提にある。そして記録したのちは、アナトーリイが批判するようなSF的な「書く」行為ではなく、事実に基づいた記録を分析・考察し、書くことが重要になってくる。それは研究者向けの論文や書籍だけでなく、一般向けのコラムや通信といったものまでが含まれよう。

　『震災の公共人類学』を著した木村周平は、人類学者が書くことの意義を次のように端的に述べている。

　　　忘却に抗して書くこと、あるいは、現実を作り上げるため、生をつないでいくために書くこと……書くことでつながりを生み出す／見出すこと［木村：2013：263］

　当たり前だが、人間は忘れる動物である。どんなに辛く酷い出来事があったとしても、時が経つにつれて記憶が薄れていく。それが当事者でない場合は、なおさらである。それ故、人類学者が書いた文章は、さまざまな人びとと共有できる財産になりうるはずである。災害を他人ごとではなく自分ごととして想像するきっかけを、読み手に与えることができる。現代に顕著な現象としての災害を、誰にとっても「明日は我が身」と感じる契機をつくれるかもしれない。人類学者が残した「書きもの（民族誌）」は読者に、遠く離れた被災者との関係性について考えさせる力を持つこともあるだろう。

また、人類学者は些末と考えられることでも記録する。人類学者は、その細かい記録の積み重ねによって、現実の一側面を浮かび上がらせることができると考える。ただその現実とは、誰が見ても同じものではない。100人の人類学者がいれば、100通りの現実が導き出されるだろう。それはある意味において、現場の重層的な人間関係を示している。ある人の立ち位置からは悲劇とみえる現実でも、他の人からは喜劇にみえるかもしれない。そして、それらの視点の中に、調査者である人類学者自身の「ものの見方」が介入してくる。

　さらに、「書く」行為にいたるまでの時間の中で、人類学者は多くの人間とのかかわりを持つようになる。被災した人びと、支援する人びと、支援を管理しようとする人びと、たまたま被災地を訪れている人びと、それら多くの人びとの声を聞き、記録して伝える。そしてその過程において、各アクターの間に立つことで、多様な利害関係者を1つの場に結びつけられることがある。あるいは、読み手が「書きもの」に登場した人物と、想像上でつながることを可能にする。だからこそ、人類学者の書く行為というのは、さまざまな生を紡ぎ、他者同士を結ぶきっかけとなるかもしれない。そのように、私は上記の木村の言葉を解釈している。

　その意味において本書は、2004年インド洋津波を忘却しないために、モーケンが経験した現実を私なりに提示し、被災地にいた人びと同士の生を、あるいは登場人物と読者の生をつなげようとする試みであった。こうした試みがすべて成功したかどうかは心もとないが、忘却に抗い、現実の一側面を書き、多様な生をつなげる可能性を秘めている点に、私は本書の意義を見出している。

2. 日常生活の中に位置づける

　　　［10年が区切りという感覚はありますか？］ないですね、実際は。本当、周りでは10年ですけど、そこまで区切りっていうか、区切りも感じないですね。［あなたのいまの生活で、震災の思い出は？］どっちかっていえば、中に入って奥にあって、時々出てくるぐらいですね。前面には出てこないのかもしれないです。やっぱ、人間ていうのは悲しいもんで、環境に適応していこうとするんですねぇ［樽川編 2007：293］

なんか、だって、震災から10年たったじゃないですか。てことは、お父さんいなくてもう、10年じゃないですか。だから、そんな感覚がないんですよ。もう、いま、お父さんがいない生活が当たり前の状態になっているんです……だって、実際いないじゃないですか。もう戻ってこないっていうの、わかってるし。戻ってこないの、わかってるのに、そういうふうに考えるのもつらいし。だから、もうそんなことは思わないです［樽川編2007：306-307］

　引用した2つの文章はいずれも、阪神淡路大震災によって親を失った震災遺児―前者は聞き取り調査時21歳、後者は17歳―による語りである。1995年に発生した阪神淡路大震災から10年後に聞き取り調査が行なわれた。2人とも、震災からしばらくの間は、家族を失った悲しみや孤独感、死別したことへの葛藤を抱えていた。第1章で紹介したオリヴァースミスとホフマンによる災害の定義を振り返るならば、この2人にとって、阪神淡路大震災はまぎれもなく彼らの日常生活を混乱させ、中断させた災害であった。その意味において、阪神淡路大震災は「非日常」の出来事だったと言える。ところが10年という月日が流れ、2人は自分たちが経験した災害を、ひとまず受け入れることで現在を生きているように思える。確かに、阪神淡路大震災が突発的で予想のできない特別な出来事であったことに変わりはないが、彼らはその非日常の出来事を日常の中に組み込むことで前進しているように見える。

　本書で取り上げてきたモーケンも、2004年インド洋津波という非日常的な出来事を、日常の中に位置づけることで現代を生きている人びとである。もちろん、本書で取り上げたモーケンは津波の直撃を免れ、その親族に目をうつしてみても死者・行方不明者の数は少ない。身近な人の死を経験した被災者と本書で取り上げた人物を単純に比較することはできないだろう。それでもモーケンも、住まいとなる家や生活手段としての船だけでなく、家財道具一式や思い出の品などすべての所持品を失っており、2004年インド洋津波はモーケンにとって非日常の出来事であったはずである。津波を契機として、行政が主導して実施された村落再建は、モーケン社会の日常的な慣習や住まいに関する考え方を

無視した非日常的なものであった。しかしモーケンは、日々の暮らしの中でより快適に日常を送るために、家屋を拡張したり、新築したりすることで適応してきた。多くの船が寄贈されたことで生じた漁獲競争においても、彼らは新しい道具を導入することで、いまを生きぬいていた。モーケンは、津波がもたらした非日常の世界を、彼らなりに日常の世界へと編成し直して歩んでいるのである。

　研究者はしばしば、目の前にある「大きな出来事」に目を奪われがちである。私は、「大きな出来事」に注目することがけっして間違いだとは思わない。しかし重要なのは、1人の人間の歴史で次々と立ちあらわれる、雑多な「小さな出来事」と、眼前にはない「大きな出来事」との関連において、目の前の「大きな出来事」を捉えることなのではないだろうか。災害という「大きな出来事」だけに関心を払うのではなく、災害に被災する前の生活の変化にも注意を向けた上で、災害後の日々の営みに注意する。本書で私が、長期的な視点で津波後のモーケンの生活を描いたのも、そこに意図がある。

　私は、人類学者／地域研究者が災害に関わる上で、災害という非日常的な出来事を日常生活の延長線上にあるものとして捉えることに、1つの方向性が見出せるのではないかと考えている。

3. 人類学者／地域研究者の立ち位置

　災害を日常生活の中に位置づけることに関して、「災害対応の地域研究」プロジェクトを主導する山本博之は、次のように述べる。

> 災害とは日常生活から切り離された特殊な時間・空間ではなく、社会が抱える潜在的な課題が極端なかたちで現れ、人々の目に露わになっている状態であると捉える。したがって、災害からの復興とは、単に被災前の状態に戻すことではなく、被災を契機に明らかになった社会の課題に働きかけ、それを解決することでよりよい状態にすることと理解される［山本2014：270-271］

　彼の議論は、インドネシアのアチェを例に取り上げると理解しやすい。被災

前のアチェは内戦化にあり、アチェの産品を域外に運ぶためにはGAM（スマトラ・アチェ民族解放戦線）や国軍の兵士に金品を支払う必要があった。ところが2004年インド洋津波を契機として、軍事勢力によるアチェの囲い込みは崩れ、域外からたくさんの支援者が流入するようになった［西 2014］。つまり、津波災害によって、アチェ社会が抱える「軍事勢力による流通経路の独占」という潜在的な課題が露呈し、支援者の働きかけによって流通経路が多様化し、軍事勢力による独占化を阻止することが可能になったわけである。災害からの復興は、被災前の状態に戻すことではなく、より良い社会を作りだす創造的なものとして捉える必要がある。

　本書で取り上げたモーケンの場合はどうであろうか。2004年インド洋津波によってみえてきた潜在的な課題には、国立公園事務所による一元的な管理のあり方、漁業に関する移動と潜水海域の制限、国籍の不所持などが該当するであろう。人類学者のナルモンは、津波後にNGOやNPOで働く実務者や報道者に対して、モーケンの国籍不所持の問題を訴えることで、被災後の社会をより良くしようと積極的に関与していた（第13章第1節第1項）。私自身これまでに、新聞記者への情報提供や、テレビ番組やラジオ番組への出演のときに、上に挙げた課題について、解決されるべき問題として言及してきた。しかし、そうした活動が、モーケンにとってのより良い社会を作りだすのに、どの程度貢献しているのかは心もとない。前節で紹介したように、モーケンの中には、国籍を持つことに肯定的な意見を持つ人もいればそうでない人もいる。しかし、モーケンは人類学者を介して被災前よりも多くの外部者（実務者・支援者・報道者など）と接触をし、自らの意見を発する機会を得てきているのも事実である。

　アチェ地域研究者の西芳実は、被災後のアチェで精力的な調査をするだけでなく、現地でワークショップを開催したり、タイプライタープロジェクトを実施したりするなど、積極的に活動した。その過程において彼女は、現地の学生、政府の役人、NGOスタッフなど多様な人びとを1つの場に結びつけている［西 2014］。また、人類学者の林勲男は、パプア・ニューギニアで発生した津波災害に関して、現地の国立博物館と共同で防災教育ビデオを制作し、全州の教育委員会に配布した。それだけでなく、同ビデオのコピーライトを放棄することで、現地の人びとが自由にコピーし活用できるようにした。その他、日本各地の被

災地（新潟中越地震被災地、東日本大震災被災地、昭和南海地震津波被災地など）に精力的に足を運び、現地に暮らす人びととの交流をすすめてきている。それらは特定地域で行なわれた経験にすぎないが、そこで得られた知見や調整術は、他の被災地域で行動を起こそうと考える人類学者／地域研究者にとって参考になるかもしれない。

　人類学者／地域研究者は、現地の多様な生の声を丁寧に拾い上げ続けることで地域の事情を理解しようとしてきた。彼らが集積した情報は、被災社会において必ず「役に立つ」ものとは限らない。それでも、特定の地域社会に長期的に関わることで、被災前の状況を被災後の状況と同じように知っている人類学者／地域研究者は、他の専門分野の研究者や実務者だけでなく、被災地に訪れる一般の人びとに情報を提供し、彼らを被災社会へと結びつける役割を果たせるのではないだろうか。そこに、人類学者／地域研究者の1つの立ち位置があるように思える。

おわりに

「ザザザー、スー、ザザザー、スー・・・」

聴こえてくるのは潮騒である。波打ち際に腰を降ろし、大便をする。

「僕は一体ここで、何をやっているのだろう」

　フィールドワークに着手した頃、心の中で何度もつぶやいたことである。
　調査村落には、津波後の支援によって簡易トイレが設けられていた。しかし、管理不行き届きのためか水が流れず、もはやトイレとしての機能を果たしていなかった。そのため私は、モーケンの人びとがそうするように、大便をするときにはいつも村落の端まで歩き、岩陰に隠れるようにして波打ち際で用をたしていたのである。波打ち際に排泄物が落ちると、海が引き潮で沖に運んでいってくれる。海流により運ばれた排泄物は小さく砕け、その一部は魚たちの餌となる。右手で海水を掬い、その手で肛門を洗う。
　調査を開始してしばらくの間、波打ち際で大便するのが、1人静かに過ごすことのできる唯一の時間であった。そんな時、ふと考えてしまうのだ。「僕は一体ここで、何をやっているのだろう」と。
　偶然ではあるが、波打ち際から望むその先には日本があった。日本でサラリーマンをしているあの親友は今頃、小洒落たスーツを着こなし、冷房のきいたオフィスでPCに向き合っているのだろう。その一方で私は、上半身裸で、強烈な太陽の日差しを浴びながら大海原に向き合っている。30近くにもなって、何をやっているのか、そう思わずにはいられなかった。
　ところがある日、そうした思いは消えた。きっかけとなったのは、シャーマンであるルヌングの一言である。夕暮れが近づくころ、いつものようにみんなと砂浜に腰を下ろし、その日に捕れた魚や、違う島で起きた出来事などを話して

ルヌング（左）と私

いる。その日私はルヌングの隣に座っていた。そして、どういう話の流れでそうなったのか忘れてしまったが、私はルヌングに、自分がどうしてスリン諸島にいるのか不思議に思うことがある、と素直な気持ちを打ち明けていた。するとルヌングは、次のように私に語った。

　それはユーキの遠い祖先がスリン諸島に住んでいたからだよ。ユーキは多くの人と出会い、導かれて帰ってきたのだよ。海があれば、私たちは船に乗ってどこにでも行ける。ユーキの祖先も船に乗って遠くへ移動したのだろう。行ったことのある場所なら、いつでも帰ってこれるものだよ。

　もちろん、私の祖先がアンダマン海域で暮らしていたという記録はない。仮に私の祖先がスリン諸島に住んだことがあったとしても、私がその事実を知らなければ、同じ場所を訪れる蓋然性は限りなく低い。まったくもって合理的な説明でないことは明白である。しかし、なぜかその時は、ルヌングの説明に妙に納得してしまった。「そうか、私は帰ってきたのか。たくさんの人びととのつながりを通じて、私はスリン諸島に戻ってきたのだ」、と思った。俗に言う「縁」というものを感じたのである。

　私は千葉で生まれ育ち、東京と北海道で暮らしたあとタイへ移住し、再び東京に戻ってからスリン諸島へ赴くことになった。そして2004年インド洋津波後にモーケンと共に生活を送り、そこで得られた知見を単著という形で今まとめようとしている。振り返ってみると、この世に生を授かってから現在までに、実に多くの人びととのご縁に支えられてきたものである。記憶に残る人からそうでない人まですべての出会いを通じて、私はスリン諸島に導かれていったよ

うな気がする。その意味で、本書は数多くの方々とのご縁とご支援のもとに成立している。この場を借りて、お名前をあげることで謝意を表したいと思う。

　まず誰よりも先に、スリン諸島のモーケンの人びとに感謝を申し上げたい。海域世界で生きる知識も技術も何も持たない私に対して、大便の仕方から銛の使い方まで丁寧に教えてくれただけでなく、困難に直面しながらもより良い生活を築いていく生き方を示してくれた。とりわけグーイ夫妻とジャーウ夫妻とは、寝食をともにしつつ喜怒哀楽を共有してきた。彼らの協力なしでは調査の継続は不可能であったし、本書を書くことはできなかった。心からお礼申し上げたい。

　いまだ粗粗しい文章とはいえ、私がまがりなりにも本書を最後まで執筆できたのは、先生方からさまざまなご指導と貴重なご助言をいただくことができたからである。私の指導教員で博士論文の主査を引き受けてくださった寺田勇文先生（上智大学）からは、フィールドワークの実施準備の段階から論文の執筆にいたるまで、すべての面において懇切丁寧なご指導を賜った。ゼミ後にかなりの頻度で開かれた食事会（飲み会）における数々のご助言も、研究生活を営む上で大いに役立っている。副指導教員の赤堀雅幸先生（上智大学）からは、博士論文を書き上げる段階において、的確かつ建設的なコメントを多くいただいた。故・村井吉敬先生（当時早稲田大学）からは論文だけでなく、研究の方向性に関する重要なご指摘をたくさん受けた。村井先生には副査として博士論文を丁寧に読んでいただいたが、公聴会前に体調を崩されてしまい、やむなく審査員を辞退された。今となっては、本書を手渡せないことが心残りである。長津一史先生（東洋大学）からは、私が修士課程の学生の頃から、同僚となった現在に至るまで、海民研究を進める上で叱咤激励を受けてきている。これら4名の先生方には、格別の感謝を申し上げたい。

　タイでは、チュラーロンコーン大学のナルモン先生（Dr. Narumon Arunotai）、スワッタナー先生（Dr. Suwattana Thadaniti）、スリチャイ先生（Dr. Surichai Wun' Gaeo）、パラデート研究員（Mr. Paladej Na Pombejra）、ジェーラワン研究員（Ms. Jeerawan Buntowtook、現シリントーン人類学センター）、キンカーン研究員（Ms. Kingkarn Jongsukklai）、モンタカーン研究員（Dr. Montakarn Chimmamee）、ゲーウ研究員（Ms. Kuengkaew Buaphet）から、フィールドワークを実施するにあたり多くの便宜をはかっていただいた。また、

天然資源環境省のソムキアット氏 (Mr. Somkiat Hluangbumroong) や国立公園事務所職員にも調査を進める上で大変お世話になった。特にナルモン先生には、タイ南部の広域調査に何度も同行させていただき、機会あるごとに有益なアドバイスをしていただいたことで、スリン諸島における調査を実り多いものにすることができた。ここであらためて深謝の意を表したい。

　林勲男先生（国立民族学博物館）からは、研究発表や論文執筆の貴重な場を与えていただいただけでなく、科学研究費補助金基盤研究A「大規模災害被災地における環境変化と脆弱性克服に関する研究」（代表・林勲男、2008～2012年度）による調査機会を提供していただき、本書の執筆に欠かせないデータを収集することができた。災害を文化人類学の研究対象として、真摯に取り組み続ける先生の姿勢から学んだことは多い。また、林先生を代表とする共同研究がきっかけとなり、お世話になっている木村周平さん（筑波大学）と柄谷友香先生（名城大学）にお礼申し上げる。

　海域／海民研究に関する共同研究や研究会でお世話になっている、小野林太郎さん（東海大学）、長沼さやかさん（静岡大学）、秋道智彌先生（総合地球環境学研究所）、立本成文先生（人間文化研究機構）、印東道子先生（国立民族学博物館）、飯田卓先生（国立民族学博物館）、田中和彦先生（上智大学）、山口徹先生（慶応義塾大学）、山形眞理子先生（金沢大学）、橋村修先生（東京学芸大学）、玉城毅先生（奈良県立大学）、西村一之先生（日本女子大学）、伊藤眞先生（東京都立大学）、赤嶺淳さん（一橋大学）、島袋綾野さん（石垣市教育委員会）、片桐千亜紀さん（沖縄県立博物館）、山極海嗣さん（琉球大学）、深田淳太郎さん（三重大学）、高藤洋子さん（立教大学）、河野元子さん（政策研究大学院大学）、青山和佳さん（東京大学）、石井正子さん（立教大学）、辻貴志さん（国立民族学博物館）、河野佳春さん（弓削商船高等専門学校）、門田修さん（海工房）、宮澤京子さん（海工房）、菅野喜明さん（福島県伊達市議会議員）の諸氏をはじめとする多くの先生方・先輩方・学兄の皆様に感謝の意を表したい。

　研究仲間である、市野澤潤平さん（宮城女子学院大学）、小河久志さん（常葉大学）、東賢太朗さん（名古屋大学）からは、研究会のみならず飲み会の場において、いつも多くの知的な刺激を受けてきた。彼らとの議論がなければ成立していなかった章が本書にはいくつか存在する。

　タイ研究の先輩・学兄である、片岡樹先生（京都大学）、綾部真雄先生（首都大

おわりに

学東京)、末廣昭先生(東京大学)、吉川敬子先生(泰日文化倶楽部)、村上忠良先生(大阪大学)、須永和博さん(獨協大学)、岩城考信さん(呉工業高等専門学校)、西田昌之さん(チェンマイ大学)、竹口美久さん(京都大学)、水上祐二さん(チェンマイ大学)、佐治史さん(京都大学)、櫻田智恵さん(京都大学)、遠藤環さん(埼玉大学)、平田晶子さん(日本学術振興会)、ポンサピタック・ピヤさん(長崎県立大学)、佐藤正喜さん(バンラック幼稚園)、平松秀樹さん(大阪大学)、青木まきさん、久保忠行くん(大妻女子大学)、日向伸介くん(静岡大学)、二文字屋脩くん(首都大学東京)、故前田悠くんの皆様からは、発表の機会を提供してもらうことから資料をいただくことまで、あるいは研究会の場から飲み会の場までと幅広くお世話になった。

また、修士時代からの盟友である松浦史明くん(日本学術振興会)には、博士論文の草稿の一部に目を通していただき、有意義なコメントをいただいた。その他、上智大学在学中に特にお世話になった、Alec LeMayさん(上智大学)、笹川秀行さん(立命館大学)、福武慎太郎さん(上智大学)、辰巳頼子さん(清泉女子大学)、田畑幸嗣さん(早稲田大学)、宮崎晶子さん(茨城キリスト教大学)、飛内悠子さん(日本学術振興会)、石川和雅くん(上智大学)、堀場明子さん(上智大学)、山田裕史くん(カンボジア市民フォーラム)、日下部尚徳くん(大妻女子大学)、藤村瞳さん(上智大学)、岡田紅里子さん(上智大学)、遠藤諭子さん、向井(旧姓中村)真珠さん、内海愛子先生、伊藤文美さん、そして当時の寄宿先であった本郷館の住人の皆様にもお礼申し上げる。

バンコクの飲み仲間から関係が始まり、現在では同僚でもある箕曲在弘くん(東洋大学)、そして岩原紘伊さん(早稲田大学)には、本書の草稿を丁寧に読んでもらい、大変助けられた。彼らと知り合うことができて幸運だったと感じる。

上智大学大学院を出た後に所属させていただいた上智大学アジア文化研究所、早稲田大学アジア研究機構、東洋大学アジア文化研究所のスタッフや先生方、非常勤先の神田外語大学でお世話になっている重富スパポン先生、高橋清子先生、林史樹先生、白山人類学会でお世話になっている東洋大学の松本誠一先生、植野弘子先生、山本須美子先生、間瀬朋子先生、そして本書出版時に奉職させていただいている東洋大学社会学部の先生方に深謝申し上げます。

他にも、お世話になった方は多くいるが、ここにお名前をあげることができなかったことをお詫びするとともに、そのお1人お1人のご協力に対して、深く

感謝の気持ちを表したい。

　本書のもととなる調査データは、上智大学21世紀COEプログラム「地域立脚型グローバルスタディーズの構築」若手研究者支援 (2005年度)、国際交流基金アジア次世代リーダーフェローシップ (2006年度)、富士ゼロックス小林節太郎記念基金小林フェローシップ (2007年度)、文部科学省科学研究費補助金・特別研究員DC2 (2008～2009年度)、損保ジャパン環境財団 (2009年度)、りそなアジア・オセアニア財団 (2010年度)、文部科学省科学研究費補助金・基盤研究A (代表・林勲男、2008～2012年度)、文部科学省研究費補助金・特別研究員PD (2011年度～2013年度) による研究助成を受けて得ることができた。また、タイ王国国家学術評議会 (NRCT) の許可を得て現地調査が可能となった。それぞれの企業・機関に対して、あらためて深謝を表したい。

　本書の出版に際しては、日本学術振興会による平成27年度科学研究費助成事業 (研究成果公開促進費) (課題番号15HP5104) の交付を受けた。株式会社めこんの桑原晨さんには、本書の構成や表現にいたるまで、丁寧なご助言をいただいた。また、面川ユカさんと臼井新太郎さんにも、本書を作成するにあたりお世話になった。ここにお礼を申し上げたい。

　最後に、これまでの研究生活を応援してくれた父・博水と母・葉月、そしていつも励まし支えてきてくれた妻・美穂と娘・美波に心からの感謝を捧げたい。

ประกาศคุณูปการ

　งานวิจัยเล่มนี้ประสบผลสำเร็จและสมบูรณ์ได้โดยได้รับความช่วยเหลือจากผู้มีพระคุณหลายท่าน ขอขอบพระคุณอาจารย์ปุ๊ก (ดร.นฤมล อรุโณทัย)　พี่เน็ต (พลาเดช ณ ป้อมเพชร)　นิ่น (จีระวรรณ์ บรรเทาทุกข์)　และพี่น้องมอแกนหมู่เกาะสุรินทร์ทุกท่าน โดยเฉพาะพี่จ้าว และเงยที่ได้ให้ความรู้ ความเมตตา ความวิริยะ ความร่วมมือ และอำนวยความสะดวกเป็นอย่างดีในการเก็บรวบรวมข้อมูล

初出一覧

　本書は、2012年に上智大学大学院外国語学研究科（現グローバル・スタディーズ研究科）地域研究専攻に提出した博士論文「海民の民族誌――開発・津波・国家とモーケンの生活」と、以下に記した既発表論文をもとに、大幅に加筆・修正を加えたものである。

「モーケン、モクレン、ウラク・ラウォイッ――タイとビルマの海民の民族名称に関する考察」
　　『年報タイ研究』6：149-164, 2006年.
「『悪い家屋』に住む――スリン諸島モーケン村落の動態」林勲男編『自然災害と復興支援』（みんぱく実践人類学シリーズ9）明石書店, pp. 155-180, 2010年.
「創られた災害――洪水神話から出来事としての〈津波〉へ」『地域研究』11 (2)：139-160, 2011年.
「漂海民再考――海民研究へ向けた覚書」『南方文化』39：117-134, 2012年.
「区切られる空間、見出される場所――タイ海洋国立公園におけるモーケンの潜水漁に注目して」『文化人類学研究』14：89-113, 2013年.
Finding and Creating Spaces to Dive: Livelihood Strategies of the Moken in Thailand's Marine National Park. *Journal of Social Research* 38(1)：35-87 (2015).
「海民と国境――タイに暮らすモーケン人のビルマとインドへの越境移動」甲斐田万智子・佐竹眞明・幡谷則子・長津一史編『小さな民のグローバル学――共生の思想と実践をもとめて』上智大学出版会, pp. 346-369, 2016年.

参考文献

【外国語文献】
Aaphorn Ukrisana, 1989　Phithi Loi Ruea Phap Sathon Sangkhom lae Watthanatham khong Chaole Koranisueksa Chumchon Ban Hualaem Ko Lanta Changwat Krabi (船流しの儀礼がチャオ・レーへ及ぼす社会文化的影響: クラビ県ランタ島フアレーム村を事例として). M.A. Thesis. Bangkok: Sinlapakorn University.

Ainsworth, Leopold, 2000 (1930)　*A Merchant Venture Among The Sea Gypsies: Being Pioneer's Account of Life on an Island in the Mergui Archipelago*. Bangkok: White Lotus.

Akamine, Jun, 1997　Notes on Sinama Languages: Phonology, Orthography, and Wordlist. *The Journal of Sophia Asian Studies* 15: 3-39.

Anderson, Douglas D., 1990　*Lang Rongrien Rockshelter: A Pleistocene-Early Holocene Archaeological Site from Krabi, Southwestern Thailand*. Philadelphia: The University Museum University of Pennsylvania.

Anderson, Eugene N., 1972　*Essays on South China's Boat People*. Taipei: Oriental Cultural Service.

Anderson, John., 1890　*The Selungs of the Mergui Archipelago*. London: Trubner and Co.

Andrew, G. P., 1962 (1912)　*Burma Gazetteer Mergui District Volume A*. Rangoon: Superintendent, Govt. Printing and Staty, Union of Burma.

Aoyama, Waka., 2010 Neighbors to the "Poor" Bajau: An Oral Story of a Woman of the Cebuano Speaking Group in Davao City, the Philippines. *Haukusan Jinruigaku* 13: 3-33.

——2012, Social Inequality among Sama-Bajau Migrants in Urban Settlements: A Case from Davao City. *Haukusan Jinruigaku* 15: 7-44.

Aroon Thaewchatturat, 2000 Prueksat Phuenban khong Chao Mokaen Utthayan Haeng Chat Mu Ko Surin Ampoe Khuraburi Changwat Phanga (パンガー県クラブリ郡スリン諸島国立公園に暮らすモーケンの民族植物学). M.A. Thesis. Bangkok: Kasetsat University.

Bailey, Faith Coxe (ed.), 1955　*Adoniram Judson: Missionary to Burma 1813 to 1850*. Chicago: Moody Press.

Bay, Naw Say., 2005 The Moken People: Their Language, Literature and the Development of their Education. *Myanmar Historical Research Journal* 16: 59-78.

Bernatzik, Hugo Adolf., 1939　The Colonization of Primitive Peoples with Special Consideration of the Problem of the Selung. *Journal of the Siam Society* 31(1): 17-28 (Translated by H. H. Prince Devawongs Varodaya).

Bernatzik, H. A. and Jaques, I (eds.), 2005　*Moken and Semang: 1936-2004 Persistence and Change*. Bangkok: White Lotus.

Bird, George W., 1897　*Wanderings in Burma*. London: Simplin, Marshall, Hamilton, Kent & Co. Ltd.

Blaikie, P., T. Cannon, I. Davis and B. Wisner., 2003 (1994) *At Risk: Natural Hazards, People's Vulnerability and Disasters*. London and New York: Routledge.

Bottingnolo, Bruno., 1995　*Celebrations with the Sun: An Overview of Religious Phenomena among the Bajaos*. Quezon City: Ateneo de Manila University Press.

Boutry, Maxime., 2005　The Sea A New Land to Conquer: Appropriation of the Marine and Insular Environment by the Myanmar Fishermen of the Myeik Archipelago. *Myanmar Historical*

Commission Conference Proceedings Part 2. Yangon: U Kyi Win, the Universities Press, pp. 272-293.

Carrapiett, W. J. S., 1909   *The Salons*. Rangoon: Ethnographical Survey of India No. 2.

Caruwat Chaluemchai, 1960   Kandamnoenngan khong Oo. So. Tho (オーソートー、仕事に着手)., *Oo So Tho* 1(1): 9-13.

Chanthat Thongchuai, 1976   Rabop Nuai Siang Phasa Chaole Ko Sire Amphoe Mueang Changwat Phuket. Mahawithayalai Sinakharinwirot (プーケット県ムアン郡シレー島のチャオ・レー語における音韻論). M.A. Thesis. Bangkok: Sinakhrinwirot University.

Chhibber, H. L., 1927   Geography of South Tenasserim and the Mergui Archipelago. *Journal of Burma Research Society* 17(2): 127-156.

Chou, Cynthia., 2003   *Indonesian Sea Nomads: Money, Magic, and Fear of the Orang Suku Laut*. London and New York: RoutledgeCurzon Taylor & Francis Group.

――――2010   *The Orang Suku Laut of Liau, Indonesia: The Inalienable Gift of Territory*. London and New York: Routledge Taylor & Francis Group.

CNN, 2005   Sea Gypsies' Knowledge Saves Village.(1, January)

Cohen, Erik., 1996   *Thai Tourism: Hilltribes, Islands and Open-ended Prostitution*. Bangkok: White Lotus.

――――2004 *Contemporary Tourism: Diversity and Change*. Oxford: Elsevier Ltd.

Collis, Maurice., 2005 (1953)   *Into Hidden Burma: An Autobiography*. n.p.: Asia Book Center.

Court, Christopher., 1971   A Fleeting Encounter with the Moken (the Sea Gypsies) in Southern Thailand: Some Linguistic and General Notes. *Journal of the Siam Society* 59: 83-95.

Crawfurd, J., 1856   *A Descriptive Dictionary of the Indian Islands & Adjacent Countries*. London: Bradbury & Evans.

DNP(Department of National Parks, Wildlife and Plant Conservation), 2004   *Phraratchabanyat Utthayan Haengc Chat Pho. So. 2504 lae Kot Rabiap thi Kiaokong kap Utthayan Haengchat* (1961年国立公園法および国立公園関連規則). Bangkok: DNP.

――――2007 *Prakat Krom Utthayan Haengchat Satpa lae Phanphuet Rueang Kankamnot Chamnuean Nakthongthiao thi khao pai nai Utthayan Haengchat* (国立公園野生動物・植物局による国立公園の入場者数制限に関する布告). Bangkok: DNP.

――――nd.   *Utthayan Heangchat Mu Ko Surin* (スリン諸島国立公園〈パンフレット〉). Bangkok: DNP.

Durand, H. M., 1883   *The Life of Major General Sir Henry Marion Durand, K.C.S.I., C.B., of the Royal Engineers Vol.1*. London: W H Allen.

Ferrari, Olivier., K. Utpuay., N. Hinshiranan. And J. Ivanoff (Translated by Nicolle, Francine), 2006   *Turbulence on Ko Phra Thong: Phang Nga Province, Thailand*. Paris: Kétos.

Firth, Raymond., 1966   *Malay Fishermen: Their Peasant Economy*. London: Routledge & Kegan Paul.

Forrest, Thomas., 1792   *A Voyage from Calcutta to the Mergui Archipelago, Lying on the East Side of the Bay of Bengal*. London: J. Robson.

Guha-Sapir, Debarati., Hoyois, Philippe., and Below, Regina., 2015 *Annual Disaster Statistical Review 2014: The Numbers and Trends*. Center for Research on the Epidemiology of Disaster.

Hamilton, Walter., 1828   *East India Gazetteer Vol.2*. London: Parbury, Allen and Co.

Hayashi, Isao., 2001   Education of Disaster Management in Rural Areas of Papua New Guinea, in *Third Multi-lateral Workshop on Development of Earthquake and Tsunami Disaster Mitigation Technologies and their Integration for the Asia-Pacific Region*. Earthquake Disaster Mitigation Research Center(EDM) and Philippine Institute of Volcanology and Seismology, pp.483-485.

——2010 Building a Disaster Resilient Culture: Activities of Volunteer Associations in Kushimoto-cho Wakayama prefecture, Japan. In C. N. Zayas, V. V. Hernandez and A. C. Fajardo (eds.) *Overcoming Disasters: Lessons from post-disaster interventions in Japan, and Southeast Asia*, pp.15-26, Quezon City: University of the Philippines.

——2012 Folk Performing Art in the Aftermath of the Great East Japan Earthquake, *Asian Anthropology* vol.11, pp.75-87.

Helfer, John William., 1839 Third Report on Tenasserim: the Surrounding Nations—Inhabitants, Natives and Foreigners—Character, Morals and Religion, *Journal of the Asiatic Society of Bengal* 8: 973-1005.

Hiranya Paduka, 2000 Kha Niyom kiaokap Phawa Charoen Phan khong Satri Chaole Changwat Satun (サトゥーン県に暮らすチャオ・レー女性の多産に対する価値観). M.A. Thesis. Bangkok: Mahidol University.

Hogan, David W., 1972 Men of the Sea: Coastal Tribes of South Thailand's West Coast. *Journal of the Siam Society* 60(1): 205-235.

Holbrook, R.D. and M. Suriya, 2000 (1967)　*Blue Book of Coastal Vessels Thailand*. Bangkok: White Lotus.

Hope, Sebastian., 2001 *Outcasts of the Islands: The Sea Gypsies of South East Asia*. London: Harper Collins Publishers.

Ichinosawa, Jumpei., 2006 Reputational Disaster in Phuket: The Secondary Impact of the Tsunami on Inbound Tourism. *Disaster Prevention and Management* 15(1): 111-123.

Ivanoff, Jaques., 1986 Les Moken: Litterature Orale et Signes de Reconnaissance Culturelle. *Journal of the Siam Society* 74 : 9-20.

——1997 *Moken: Sea-Gypsies of the Andaman Sea Post-war Chronicles*. Bangkok: White Lotus.

——1999 *The Moken Boat: Symbolic Technology*. Bangkok: White Lotus.

——2001 *Rings of Coral: Moken Folktales*. Bangkok: White Lotus.

——2004 *Les Naufragés de l'Histoire: Les Jalons épiques de l'identité moken (archipel Mergui, Thaïlande-Birmanie)*. Paris: Les Indes Savantes.

——2005 Analysis of the Moken Oral Corpus. In Bernatzik, H. A. and Jaques, I. (eds.) *Moken and Semang: 1936-2004 Persistence and Change*. Bangkok: White Lotus, pp. 75-152.

Ivanoff, Jaques and T. Lejard, 2002 *A Journey Through the Mergui Archipelago*. Bangkok: White Lotus.

Jankaew, K., Atwater, B F., Sawai, Y., Choowong, M., Charoentitirat, T., Martin, M E., Prendergast, A., 2008 Medieval Forewarning of the 2004 Indian Ocean Tsunami in Thailand. *Nature* 455: 1228-1231.

Jitlada Sirirat, Thatsani Sutthiwanit and Wilasini Wongrak, 2001 *Prawattisat lae Phaenthi Prawattisat Thai* (タイの歴史と歴史地図). Teaching Toys Co., Ltd.

Kanitta Kaikittipoom, 2005 Khwam Ruammue Rawang Phak Rat Phak Prachasangkom lae Ongkan Rawang Prathet: Koranisueksa Kanhai Khwamchuairuea Klum Pramong Chaifang Langchak Kankuet Thoraniphibatthiphai Suenami (政府－市民社会－国際機関間の協働：津波災害後における沿岸漁民に対する支援に関する事例研究). M.A. Thesis. Bangkok: Churalongkorn

University.
Khom Chat Luek, 2005 Withi Chao Mokaen Chuaiphon Mahantaphai "Suenami"(「津波」災害を免れたモーケンの方法).(4, January)
―――2007　Modu Phalang Chit Yot Maen Brasin 23 Tho. Kho. Koet Thoraniphirot thi Indonisia (ブラジルの究竟な予言者、12月 23日にインドネシアで災害が発生すると前知).(23, November)
Koh, Angeline., 2007 *How the Moken Sea Gypsies Got Their Book: Naw Say Bay's Story as Told to Angeline Koh*. Singapore: Nav Media Singapore.
Krom Pamai (タイ王立森林局), nd. *Raingan Chabap Sombun Khomuen Puenthan Phaenmaebot Utthayan Heang Chat Mu Ko Surin Changwat Phangga* (パンガー県スリン諸島国立公園マスタープラン基礎情報最終報告書) Bangkok: Suansapphayakon Thidin lae Pamai Krom Pamai.
Lapian, Adrian B. and K. Nagatsu, 1996 Research on Bajau Communities: Maritime People in Southeast Asia. *Asian Research Trends* 6: 45-70
Leber, Frank M., G C. Hickey., and M K. John (eds.), 1964 *Ethnic Groups of Mainland Southeast Asia*. New Haven: Human Relations Area Files Press, pp. 263-266.
Lee, Sun-Mee., 2010 *Construction of Moken identity in Thailand: A Case Study in Kuraburi*. Saarbrücken: VDM Verlag Dr. Müller Aktiengesellschaft & Co. KG.
Lewis, Blanche., 1960 *Moken Texts and Word-List: A Provisional Interpretation*. London: Museums Department, Federation of Malaya.
Macknight, C. C., 1972 Macasaan and Aborigines. *Oceania* 42(4): 283-321.
Maingy, A. D., 1928 (1825) Enclosure No. 7. In Superintendent, Government Printing and Stationery, Burma (ed.) *Selected Correspondence of Letters: Issued From and Received in the Office of the Commissioner Tenasserim Division for the Years 1825-26 to 1842-43*. Rangoon: Superintendent, Government Printing and Stationery, Burma.
Mason, Francis., 1860 *Burmah, Its People and Natural Productions: or, Notes on the Nations, Fauna, Flora, and Minerals of Tenasserim, Pegu, and Burma, with Systematic Catalogues of the Known Mammals, Birds, Fish, Reptiles, Insects, Mollusks, Crustaceans, Annalids, Radiates, Plants, and Minerals, with Vernacular Names* [2nd. ed.]. Rangoon: Thos. Stowe Ranney.
Matichon, 2005a Khon Thai Mai Thing Kan Mueang Thai Mai Apchon (タイ人はお互いを見捨てたりしない、タイ国は行き詰ったりしない).(1, January)
―――2005b　Pit Tamnan Yipsi Thale Andaman Hai Sanchat Thai "Mokaen" lang Wibattiphai "Suenami"(アンダマンのシー・ジプシー伝説に幕を閉じる、津波災害後モーケンにタイ国籍を与える).(26, January)
―――2005c　"Oon Nathan" Raksa Sanya fuenfu Mokaen Mop Rueacheo (「オンとナターン」約束守る、モーケンの復興のために手漕ぎ船を寄付).(20, February)
―――2005d　Siang Roang chak Yuea "Suenami" 55 wan Phanpai Thuk Yang Thangthom (苦しい55日を経験した「津波」犠牲者からの叫び声).(20, February)
Nagatsu, Kazufumi., 2001 Pirates, Sea Nomads or Protectors of Islam?: A Note on "Bajau" Identifications in the Malaysian Context. *Asian and African Area Studies* 1: 212-230.
Narumon Arunotai [Hinshiranan], 1996 The Analysis of Moken Opportunistic Foragers' Intragroup and Intergroup Relations. PhD diss. Honolulu: University of Hawai 'i.
―――2000　Kabang: The Living Boat. *Techniques & Culture* 35-36: 499-507.

———2003 Phuea Khwamkhaochai nai Mokaen Khwamru lae Mayakhati kiaokap Klumchattiphan "Chaole" (「チャオ・レー」の民族集団に関するモーケンの知識と神話への理解に向けて). *Chattiphan lae Mayakhati*. Bangkok: Samnakngan Khana Kanmakan Watthanatham Haengchat, Krasuang Watthanatham, pp. 103-138.

———2005 *Khomun Phuenthan kiaokap Moken, 3 Mokarakhom 2548* (2005年1月3日付、モーケンに関する基礎情報).(Unpublished Document)

Narumon Arunotai and D. Elias, 2005 Moken-their changing huts and village. Bangkok: The Andaman Pilot Ploject.(Unpublished Document)

Narumon Arunotai et al. 2006a *Chiwit Phuak Rao Chao Mokaen: Mu Ko Surin Phangnga* (我われモーケンの生活：パンガー県スリン諸島). Bangkok: Chulalongkorn University Social Research Institute.

———2006b *Withi Chiwit Mokaen* (モーケンの生活形態). Bangkok: Chulalongkorn University Social Research Institute.

———2007a *Uuraklawoi Moklaen lae Mokaen: Phuchiaochan Thale Haeng Ko lae Chaiphang Andaman* (ウラク・ラウォイッ、モクレン、モーケン：アンダマン海沿岸と島嶼のスペシャリスト). Bangkok: Chulalongkorn University Social Research Institute.

———2007b *Bridging the Gap between the Rights and Needs of Indigenous Communities and the Management of Protected Areas: Case Studies from Thailand*. Bangkok: UNESCO Asia and Pacific Regional Bureau for Education.

Nechan Sutsapda, 2005 *Wan Kluen Sanghan: Bantuek Hayanaphai Chaiphang Andaman* (殺人波にのまれた日：アンダマン海沿岸を襲った災害の記録). Bangkok: Nechanbuk.

Nilsson, Eric., 2010 *Waves of Change: Traditional Religion among the Urak Lawoi, Sea Nomads of Ko Lanta, Thailand*. Publisher VDM Verlag Dr. Muller.

Nimmo, H. Arlo., 1965 Social Organization of the Tawi-Tawi Badjaw. *Ethnology* 4: 421-439.

———1966 Themes in Badjau Dreams. *Philippine Sociological Review* 14: 49-56.

———1968 Reflections on Bajau History. *Philippine Studies* 16: 32-59.

———1970 Badau Sex and Reproduction. *Ethnology* 9: 251-262.

———1975 The Shamans of Sulu. *Asian and Pacific Quarterly* 7(1): 1-9.

———2001 *Magosaha: An Ethnofraphy of the Tawi-Tawi Sama Dilaut*. Quezon City: Ateneo de Manila University Press.

NSO[National Statistical Office of Thailand], 2014 *Statistical Yearbook of Thailand 2014*. Bangkok: NSO, Ministry of Information and Communication Technology.

O'Connor, Scott V. C., 1928 *The Silken East: A Record of Life & Travel in Burma*. London: Hutchinson & Co. Ltd.

Oliver-Smith, Anthony., 1986 *The Martyred City: Death and Rebirth in the Andes*. Albuquerque: University of New Mexico Press.

———1996 Anthropological Research on Hazards and Disasters. *Annual Review of Anthropology* 25: 303-328.

Paladej Na Pombejra, 2003 Lok khong Chao Mokaen: Mong chak Khwamru Phuenban kiaokap Thale Phuenthi Chaifang (モーケン人の生活世界：沿岸域に関する土地の知恵からの考察). M.A. Thesis. Bangkok: Chulalongkorn University.

———2006 Bantuek Railaiat Kanchattham Bat Prachachon Mokaen Ko Surin (スリン島のモー

ケンの市民証発行までの詳細な記録). Bangkok: Chulalongkorn University Social Research Institute.(Unpublished Document in Thai)

Paladej Na Pombejra., N. Arunotai and B. Jeerawan, 2006 *Khuwamru Phuenban kap Kansang Ruea Mokaen* (民俗知識とモーケン船造船). Bangkok: Chulalongkorn University Social Research Institute.

Pallesen, A. Kemp., 1985 *Culture Contact and Language Convergence*. Manila: Linguistic Society of the Philippines.

Panya Sirinak, 2003 *Thalang Phuket lae Banmueang fangthale Tawantok* (タラン、プーケット、西海岸の街). Bangkok: Borisat Matichon Chamkat.

Pattemore, Stephen W. and D W. Hogan., 1989 On the Origins of 'Urak Lawoi' : A Response to J. Ivanoff. *Journal of the Siam Society* 77(2): 75-78.

Peleggi, Maurizio., 2002 *The Politics of Ruins and the Business of Nostalgia*. Bangkok: White Lotus.

Phraphon Rueangnarong, 1974 Chaonam thi Ko Aadang (アダン島のチャオ・ナーム). *Warasan Khana Sueksasat Mahawithayalai Songkhulanakharin Pattani Rutsumilae* 3(2): 75-80.

Ponchai Sucit, 2003 *Lukpat: Nai Adit-Pachuban* (ビーズ：過去・現在). Bangkok: Muang Boran.

Prathueang Khurueahong, 1976 *Chaonam (Chaothale) nai Mueang Thai* (タイ国のチャオ・ナーム(チャオ・レー)). Bangkok. Bunnakitsetding.

Puree Wasinrapee, 2006 The Moken: Today and Tomorrow Building a Sustainable Livelihood for the Moken Community in the Surin Islands Marine National Park. M.A. Thesis. Roskilde: Roskilde University.

Radcliff-Brown, A. R., 1964 (1922) *The Andaman Islanders*. New York: The Free Press of Glencoe.

Ruby, Saw., 2005 The Moken and Mission among Them. B. A. Thesis. Yangon: Kayin Baptist Theological Seminary.

Rudmose Brown, R. N. and J. Simpson, 1907 *Report to the Government of Burma on the Pearl Oyster Fisheries of the Mergui Archipelago and Moskos Islands*. Rangoon: Office of the Superintendent, Government Printing.

Ruohomäki, Olli-Pekka., 1999 *Fishermen No More?: Livelihood and Environment in Southern Thai Maritime Villages*. Bangkok: White Lotus.

Russell, Denise., 2010 *Who Rules the Waves?: Piracy, Overfishing and Mining the Oceans*. London: Pluto Press.

Sather, Clifford., 1965, Bajau Numbers and Adjectives of Quantity. *Sabah Society Journal* 2(4): 194-197.

――――1966, A Bajau Prawn Snare. *Sabah Society Journal* 3(1): 42-44.

――――1968, Some Notes Concerning Bajau Laut Phonology and Grammar. *Sabah Society Journal* 3(4): 205-224.

――――1971a, Bajau Pottery-making in the Semporna District. *Borneo Research Bulletin* 3(1): 10-11.

――――1971b, Sulu's Political Jurisdiction over the Bajau Laut. *Borneo Research Bulletin* 3(2): 58-32.

――――1975, Literary Forms in Bajau Laut Riddles. *Sarawak Museum Journal* 23: 187-195.

――――1997, *The Bajau Laut: Adaptation, History, and Fate in a Maritime Fishing Society of South-eastern Sabah*. Kuala Lumpur: Oxford University Press.

Sangop Songmueang, 1986 Khurueang Ratchabannakan chak Hua Mueang Phak Tai (タイ南部地方国からの国王への貢物). *Saranukrom Watthanatham Phak Tai*. Bangkok: Sathaban Thaksinnekhadisueksa Mahawithayalai Sinakharinwirot Songkhla, pp.628-631.

Saovapa Atsilarat, 2007 Sea Mobility, Territorial Changes and Adaptation: Resource Use and Consumption Patterns in the Southern Islands of Thailand. M.A. Thesis. Bangkok: Mahidol University.

Sarit Thanarat, 1961 Khamprasai khong Phanahua Nayokratthamontri to Prachachon Chaothai (タイ国民へ向けた首相からの挨拶: 政務調査視察に関して), *Oo So Tho* 1(11): 33-38.

Seidenfaden, M Erik., 1958 *The Thai Peoples: The Origins and Habitats of the Thai Peoples with a Sketch of their Material and Spiritual Culture*. Bangkok: The Siam Society.

Sombun Aiyarak, 1993 Phum Panya Chaoban kap Kankae Panha Satharanasuk Koransiueksa Aachip Kandamnam khong Chaole Phuket (土地の知恵を利用した公衆衛生問題解決へ向けたコミュニティの対応: 潜水業につくプーケット県のチャオ・レーを事例として). M.A. Thesis. Bangkok: Mahidol University.

Sopher, David. E., 1977 (1965) *The Sea Nomads: A Study of the Maritime Boat People of Southeast Asia*. Singapore: National Museum.

Sorat Makboon., 1981 Survey of Sea People's Dialect along the West Coast of Thailand. M.A. Thesis. Bangkok: Mahidol University.

Sowards, Erville., 1963 The Unfinished Task. In Sowards, G. and Sowards, E. (eds.) *Burma Baptist Chronicle*. Rangoon: Burma Baptist Convention. pp. 424-427.

Spearman, Horace. Ralph., 1879 *The British Gazetteer In Two Volumes*. Rangoon: The Government Press.

Sudarat Leerabhandh, 1984 Phonological Reconstruction of Proto Orang Laut. M.A. Thesis. Bangkok: Mahidol University.

Suphawat Kasemsi ed., 2003 *Phraratchahatthalekha Prabatsomdet Phrachunchoamklauchauyuhua Ro. So. 121-122 Toan 1.* (チュラーロンコーン国王勅書 ラッタナコーシン暦121年—122年 第1篇). Nonthaburi: Sahamit Phrinting.

Supin Wongbusarakum, 2002 The Urak Lawoi and the Complexity of Sustainable Resource Use: The Political Ecology of Change in the Adang Archipelago, Andaman Sea, Thailand. Ph.D. Thesis. Honolulu: University of Hawai'i.

———2007 *The Urak Lawoi' of the Adang Archipelago, Thailand*. Bangkok: Themma Group Co., Ltd.

Sureerat Limskul, 2005 Wikhroa Nayobai khong Rat nai kanhai Khwamchuairuea Phu Prasopphai Suenami: Koransiueksa Chumchon Laempom lae Chumchon Namkhem Changwat Phangga (津波被災者への支援政策の分析: パンガー県レームポム・コミュニティとナムケム・コミュニティの事例研究). M.A. Thesis. Bangkok: Churalongkorn University.

Surichai Wankaew, 2005 Watthanatham Chaloen Sati khue Rabop Thueanphai Thisut (意識を発達させた文化こそ最良の災害警報装置). *Matichon* (11, January)

TAT (Tourism Authority of Thailand), 1988 *Khrongkan Samruat Kanthongthiao Phainai Prathet Pi 2531 Phak Tai* (1988年度タイ南部観光調査プロジェクト). Bangkok: TAT.

———2008a *International Tourist Arrival 2007 Vol.1*. Bangkok: TAT.

———2008b *Sathiti Kanthongthiao Phainai Prathet Phaktai Pi 2550* (2007年度タイ南部観光統計). Bangkok: TAT.

———n.d.1 *Statistical Report of Visitors to Thailand 1957-1978*. Bangkok: TAT.

———n.d.2 *Sarup Phaenlak Phattana Kanthongthiao Changwat Phuket* (プーケット県観光開発基本計画案). Bangkok: TAT.

Thana Wosawanon, 1979 Naewthang nai Kanchat Sawatdikan Hai Kae Chonkulumnoi nai Changwat

Phak Tai: Chak Koranisueksa Rueang khong Chaole nai Changwat Phuket lae Phanga. Mahawithayalai Thanmasat（タイ南部の県における少数民族に対する福祉供給の傾向：プーケット県とパンガー県のチャオ・レーを事例として ）. M.A. Thesis. Bangkok: Thammasat University.

The Nation, 2004 A Matter of 30 Seconds: Tourists-Why weren't we warned?（29, December）

―――2005a　Sea Gypsies' Knowledge Saves Village.（1, January）

―――2005b　Tensions Rise at Relief Temple.（11, January）

Thomson, J. T., 1851 Description of the Eastern Coast of Johore and Pahang, and/with Adjacent Islands. *Journal of the Indian Archipelago and Eastern Asia* 5：83-92, 135-154.

Thon Thamrongnawasawat and Anuwat Saisaeng., 2007 *Khumue Andaman Pla Naew Pakarang*（アンダマン海域便覧：サンゴ礁に棲む魚）. Bangkok: Samnakngan Phatthana Kanwichai Kankaset.

Thongbai Taengnoi, 1991 *Phaenthi Phumisat Chan Matthayom Suksa Ton Ton lae Ton Plai*（中高等学校地図帳）. Thai Watthana Phanit.

Tibbetts, G. R., 1979 *A Study of the Arabic Texts Containing Material on Southeast Asia.* London: E. J. Blill.

UNWTO (United Nations World Tourism Organization), 2008a *Tourism Market Trends, 2007 Edition: World Overview.* Madrid: UNWTO.

―――2008b　*Tourism Highlights 2008 Edition.* Madrid: UNWTO.

Ward, Barbara E., 1985a (1954) *Through Other Eyes: Essays in Understanding 'Conscious Models', Mostly in Hong Kong.* Hong Kong: Chinese University Press. pp. 3-21.（初出：A Hong Kong Fishing Village. *Journal of Oriental Studies* 1/1: 195-214.）

―――1985b (1967)　*Through Other Eyes: Essays in Understanding 'Conscious Models', Mostly in Hong Kong.* Hong Kong: Chinese University Press. pp. 23-39.（初出：Chinese Fishermen in Hong Kong: Their Post-Peasant Economy. In Freedman, Maurice. (ed.) *Social Organization: Essays Presented to Raymond Firth.* Chicago: Aldine Publishing Company: pp. 271-288.）

Warren, James Francis., 2002 *Iranun and Balangingi: Globalization, Maritime Raiding and the Birth of Ethnicity.* Quezon City: New Day Publisher.

―――2007 (1981)　*The Sulu Zone 1768-1898: The Dynamics of External Trade, Slavery, and Ethnicity in the Transformation of a Southeast Asian Maritime State.* Singapore: National University of Singapore.

White, Walter G., 1997 (1922) *The Sea Gypsies of Malaya: An Account of the Nomadic Mawken People of the Mergui Archipelago, with a Description of their Ways of Living, Customs, Habits, Boats, Occupations.* Bangkok: White Lotus.

WTTC (World Travel & Tourism Council), 2007 *Progress and Priorities 2007/08.* London: WTTC.

Yaowalak Srisuksai, 2002 Kanprianplaeng Thang Sangkhom-Setthakit lae Watthanatham Sueksa Korani Chaole Sangkauu Amphoe Ko Lanta Changwat Krabi（社会経済的、文化的変容：クラビ県ランタ島郡サンガウー村のチャオ・レーを事例として ）. M.A. Thesis. Bangkok: Chulalongorn University.

Yuppadee Jundoung, 1990 Kanchatkan Son Phasa Thai nai Rongrian Purathomsueksa nai Muban Chaole（チャオ・レー村落に位置する小学校におけるタイ語教授について ）. M.A. Thesis. Bangkok: Chulalongorn University.

【日本語文献】

アーリ, ジョン. 1995. 『観光のまなざし：現代社会におけるレジャーと旅行』加太宏邦訳，法政大学出版局.
青山 和佳. 2001.「ダバオ市におけるバジャウの都市経済適応過程：経済的福祉とエスニック・アイデンティティの観点から」『東南アジア研究』38(4): 552-587.
―――2002a.「ダバオ市におけるバジャウの不平等化：主観的評価による社会的地位の序列に関する分析」『アジア経済』43(5): 2-29.
―――2002b.「フィリピン・ダバオ市におけるバジャウの生活条件：他エスニック・グループとの比較から」『アジア研究』48(2): 72-105.
―――2004.「フィリピン・ダバオ市のバジャウ移民のキリスト教受容：生活改善への微細な投企？」『経済学論集』69(4): 57-92.
―――2006.『貧困の民族誌：フィリピン・ダバオ市のサマの生活』東京大学出版会.
―――2009.「開発援助の現場における解釈コミュニティの出現：フィリピン・ダバオ市のバジャウ集落を事例に」『アジア研究』55(4): 55-75.
―――2010.「福音とパン：フィリピン．ダバオ市の『バジャウ』のキリスト教受容」長津一史・加藤剛編『開発の社会史：東南アジアにみるジェンダー・マイノリティ・境域の動態』明石書店, pp. 437-472.
赤嶺 淳. 1999.「南沙諸島海域におけるサマの漁業活動：干魚・干ナマコの加工・流通をめぐって」『地域研究論集』2(2): 123-152.
―――2003.「干ナマコ市場の個別性：海域アジア史再構築の可能性」岸上伸啓編『海洋資源の利用と管理に関する人類学的研究』（国立民族学博物館調査報告 46）国立民族学博物館, pp. 265-297.
―――2006.「当事者はだれか：ナマコ資源利用から考える」宮内泰介編『コモンズをささえるしくみ：レジティマシーの環境社会学』新曜社, pp. 173-196.
―――2008.「刺参ブームの多重地域研究：試論」岸上伸啓編『海洋資源の流通と管理の人類学』（みんぱく実践人類学シリーズ 3）明石書店, pp. 195-200.
―――2010『ナマコを歩く：現場から考える生物多様性と文化多様性』新泉社.
秋道 智彌. 1988.『海人の民族学：サンゴ礁を超えて』NHKブックス.
―――1995.『海洋民族学：海のナチュラリストたち』東京大学出版会.
―――1998.「海人の変容論」秋道智彌編『海人の世界』同文館, pp. 3-17.
―――2004.『コモンズの人類学：文化・歴史・生態』人文書院.
―――2006.「トロカス・コネクション：西部太平洋におけるサンゴ礁資源管理の生態史」印東道子編『環境と資源利用の人類学：西太平洋諸島の生活と文化』明石書店, pp. 15-35.
―――2010.『コモンズの地球史：グローバル化時代の共有論に向けて』岩波書店.
朝日新聞. 2004.「年末リゾート直撃」12月27日付朝刊.
―――2005a.「異常な引き潮見たら山へ逃げろ」1月10日付朝刊.
―――2005b.「漂海民 海から陸へ：船上の暮らしに変化の波」8月2日付朝刊.
浅川滋男. 2003.「東アジア漂海民と家船居住」『鳥取環境大学紀要』1: 41-60.
アシャー, R.E. & クリストファー・M編. 2000(1994).『世界民族言語地図』土田滋．福井勝義監修．福井正子翻訳, 東洋書林.
アレクシエービッチ, スベトラーナ. 2011.『チェルノブイリの祈り：未来の物語』松本妙子訳．岩波書店.

参考文献

アンダーソン, B. 2009.『ヤシガラ椀の外へ』加藤剛訳, NTT出版.
網野 善彦. 1994.『日本社会再考：海民と列島文化』小学館.
───── 2009.『海民と日本社会』新人物文庫.
綾部 真男. 2005.「リス：『古き良き時代』の再定義」綾部恒雄監修. 林行夫・合田濤編『ファーストピープルズの現在 東南アジア』（講座 世界の先住民族 2）明石書店, pp. 65-83.
李 善愛. 2001.『海を越える済州島の海女：海の資源をめぐる女のたたかい』明石書店.
石井 米雄. 1999a.「モンの世界」石井米雄・桜井由躬雄編『東南アジア史 1 大陸部』山川出版社, pp. 94-102.
───── 1999b.『タイ近世史研究序説』岩波書店.
石川 栄吉ほか（共著）. 1978.『奇跡の海洋民』（デラックス 99の謎 歴史 5）サンポウジャーナル.
市野澤 潤平. 2009a.「インド洋津波と風評災害：タイ南部プーケットにおける観光客の減少と在住日本人」『社会人類学年報』35: 107-119.
───── 2009b.「楽しみとしての自然保護：インド洋津波後のタイ南部アンダマン海におけるサンゴ修復ボランティア」『文化人類学研究』10: 102-131.
───── 2010.「＜獲る＞海から＜見る＞海へ：ワイルドライフ・ツーリズムによるリーフの観光資源化」『年報タイ研究』10: 17-34.
───── 2011a.「災害から地域を見る：タイ南部におけるインド洋津波の微視的描写」『地域研究』11(2): 108-118.
───── 2011b.「プーケット復興委員会の熱い夏：インド洋津波後のプーケット在住日本人の経験におけるリスクと孤独」『地域研究』11(2): 161-187.
伊藤 亜人. 1975.「世界の舟：その伝統的技術」大林太良編『船：日本古代文化の探求』社会思想社, 141-179.
───── 1983.「漁民集団とその活動」『山人と海人：非平地民の生活と伝承』（日本民俗文化体系 5）小学館, pp. 317-360.
伊東 利勝編. 2011.『ミャンマー概説』めこん.
伊東 利勝・吉田 敏浩. 2011.「領域」伊東利勝編『ミャンマー概説』めこん, pp. 17-40.
岩城 考信. 2008.『バンコクの高床式住宅：住宅に刻まれた歴史と環境』風響社.
上田達. 2002.「バジャウ・ラウトに関する人類学的研究の課題と展望」『年報人間科学』23(1): 75-93.
上田 不二夫. 2001.「糸満漁民と東南アジア」尾本恵市ほか編『海のアジア：アジアの海と日本人』岩波書店, 163-182.
海の博物館編. 2009.『目で見る鳥羽・志摩の海女』海の博物館.
遠藤 環. 2011.『都市を生きる人々：バンコク・都市下層民のリスク対応』京都大学学術出版会.
大林 太良. 1996.『海の道 海の民』小学館.
小川 徹太郎. 2006.『越境と抵抗：海のフィールドワーク再考』新評論.
小河 久志. 2005.「スマトラ島沖地震津波と社会変化：タイ南部における一漁村の現在. 未来」『アジア・アフリカ地域研究』5(1): 103-108.
───── 2011a.「宗教実践にみるインド洋津波災害：タイ南部ムスリム村落における津波災害とグローバル化の一断面」『地域研究』11(2): 119-138.
───── 2011b.「タイに広がるイスラーム復興運動：南部トランにおけるタブリーギー・ジャマーアトとムスリム社会」床呂郁也・福島康博編『東南アジアのイスラーム：東南アジアのイスラーム(ISEA) プロジェクト成果論文集』東京外国語大学アジア・アフリカ言語文化研究所,

pp. 201-215.
———2011c.「インド洋津波後のタイ沿岸漁業の変化:南部アンダマン海沿岸の事例」『アジア経済』52(7): 64-75.
———2013.『自然災害と社会・文化:タイのインド洋津波被災地とフィールドワーク』風響社.
小野 林太郎. 2006.「変わる"生計活動"と変わらぬ"資源利用":東南アジアの漂海民の場合」印東道子編『西太平洋の生活と文化:環境利用の資源人類学』明石書店, pp. 105-126.
———2007a.「ボルネオ島サマ人による漁撈の『近代化』と『伝統』:陸サマと海サマによる漁撈の比較をとおして」『国立民族学博物館研究報告』31(4): 497-579.
———2007b.「消えた土器と残った土器:ボルネオ島サマ人による土製焜炉の利用」後藤明編『土器の民族考古学』同成社, pp. 95-110.
———2009.「サンゴ礁漁撈の民族考古学:ボルネオ島サマによるサンゴ礁漁撈の定量データ分析を通して」『考古学研究』55(4): 75-94.
———2011.『海域世界の地域研究:海民と漁撈の民族考古学』京都大学学術出版会.
オリヴァー=スミス, アンソニー&ホフマン, スザンナ・M編, 2006.『災害の人類学:カタストロフィと文化』若林佳史訳, 明石書店.
柿崎 一郎. 2002.「タイにおける『開発』の時代の道路整備 1958〜1973:高規格道路の急増」『年報タイ研究』2: 1-23.
———2007.『物語タイの歴史:微笑みの国の真実』中央公論新社.
片岡 樹. 2006.『タイ山地一神教徒の民族誌:キリスト教徒ラフの国家・民族・文化』風響社.
加藤 久子. 2012.『海の狩人沖縄漁民:糸満ウミンチュの歴史と生活史』現代書館.
可児 弘明. 1970.『香港の水上居民:中国社会史の断面』岩波書店.
金谷 美和. 2007.「インド西部の女神祭祀にみる震災と復興:インド西部地震被災地カッチの事例より」『コンタクト・ゾーン』1: 44-59.
———2008.「フィールドが被災地になる時」李仁子・金谷美和・佐藤知久編『はじまりとしてのフィールドワーク:自分がひらく.世界がかわる』昭和堂, pp. 265-280.
柄谷 友香. 2010.「タイ南部における被災観光地での復興過程とその課題」林勲男編『自然災害と復興支援』(みんぱく実践人類学シリーズ 9) 明石書店, pp. 127-154.
河岡 武春・野口 武徳・大林 太良. 1983.「漁民の生業と民俗」『山人と海人:非平地民の生活と伝承』(日本民俗文化体系 5) 小学館, pp. 361-434.
ギアーツ, C.. 1987. (1973)『文化の解釈学 1』吉田禎吾・中牧弘允・柳川啓一・板橋作美訳, 岩波書店.
———1996. (1988)『文化の読み方/書き方』森泉弘次訳, 岩波書店.
岸 佳央理. 2012.「香港の『都市化』と水上居民:1961年センサスを中心に」『人間文化創成科学論叢』14: 47-55.
木村 周平. 2005.「災害の人類学に向けて」『文化人類学』70(3): 399-409.
———2013.『震災の公共人類学:揺れとともに生きるトルコの人びと』世界思想社.
金 柄徹. 2003.『家船の民族誌:現代日本に生きる海の民』東京大学出版会.
久保 忠行. 2014.『難民の人類学:タイ・ビルマ国境のカレンニー難民の移動と定住』清水弘文堂書房.
黒田 景子. 1991.「タラーン港の破壊:ラーマー 1世期 (1785-1808) シャムにおけるマレー半島北部西海岸交易港の役割」『南方文化』18: 56-81.
後藤 明. 2003.『海を渡ったモンゴロイド』講談社.
———2010.『海から見た日本人:海人で読む日本の歴史』講談社.

桜井 由躬雄 . 1999.「扶南: 最初の東南アジア域内ネットワーク」石井米雄・桜井由躬雄編『東南アジア史 1 大陸部』山川出版社，pp. 79-85.
———2001.「南海交易ネットワークの成立」池端雪浦ほか編『原史東南アジア世界』（岩波講座東南アジア史 1）pp. 113-146.
櫻田 智恵. 2013.「『身近な国王』へのパフォーマンス: タイ国王プーミポンによる地方行幸の実態とその役割」『AGLOS: Journal of Area-Based Global Studies (Special Edition)』71-97.
佐藤 仁 . 2005.「スマトラ沖地震による津波災害の教訓と生活復興への方策: タイの事例」『地域安全学会論文集』7: 433-442.
———2008.「タイ津波被災地のモラル・エコノミー」竹中千春・高橋信夫・山本信人編『市民社会』（現代アジア研究 2）pp. 361-378.
サンカー, スリゴウリ・塩見 有美編 . 2008.『自然災害データブック 2007: 分析と外観』アジア防災センター.
篠田 知和基・丸山 顯徳編 . 2005.『世界の洪水神話: 海に浮かぶ文明』勉誠出版.
柴田 勝彦. 1975.『漂民: 海洋民族から潜水漁民まで』創言社.
清水 郁郎. 2005.『家屋とひとの民族誌: 北タイ山地民アカと住まいの相互構築誌』風響社.
清水 展. 2003.『噴火のこだま: ピナトゥボ・アエタの被災と新生をめぐる文化・開発・NGO』九州大学出版会 .
城前 奈美. 2008.「タイにおける観光産業開発: 投資奨励と外資規制」『長崎国際大学論叢』8: 75-84.
末廣 昭 . 1993.「観光産業」石井米雄・吉川利治（編）『タイの事典』同朋舎，p. 90.
鈴木 佑記 . 2005a.「客体としてのアンダマン『海民』: 植民地支配期から観光開発の時代にかけて」（2004年度上智大学大学院提出修士論文）.
———2005b.「観光開発に包摂される自然環境／先住民文化保全: タイの『海民』モーケンを対象としたプロジェクト・ワークショップの考察」『観光に関する学術研究論文: 観光振興や観光交流に対する提言』11: 16-31.
———2006「モーケン . モクレン . ウラク・ラウォイッ: タイとビルマの海民の民族名称に関する考察」『年報タイ研究』6: 149-164.
———2007a.「インド洋地震津波と『海民』モーケン: タイ被災地の現状と今後の課題」林勲男編『国立民族学博物館研究フォーラム 2004年インド洋地震津波災害被災地の現状と復興への課題』（国立民族学博物館調査報告 73）pp. 51-70.
———2007b.「『漂海民』モーケンの初婚事情: タイのアンダマン海で結婚について考える」『をちこち』18: 64-65.
———2008a.「『漂海民』モーケンのライフヒストリー: スマトラ沖地震・津波被災後のアイデンティティ変容に関する考察」『平成 17年度アジア次世代リーダーフェローシップ調査・研究報告書』独立行政法人国際交流基金，pp. 63-86.
———2008b.「ゴミと『海民』の幸福・不幸な関係」『Ship & Ocean Newsletter』201: 6-7.
———2010.「『悪い家屋』に住む: タイ・スリン諸島モーケン村落の動態」林勲男編『自然災害と復興支援』（みんぱく実践人類学シリーズ 9）明石書店，pp. 155-180.
———2011a.「交錯する視覚: 観光のグローバル化が『漂海民』モーケンに与えた影響に注目して」『AGLOS Journal of Area-Based Global Studies』2: 47-82.
———2011b.「創られた災害: 洪水神話から出来事としての〈津波〉へ」『地域研究』11(2): 139-160.

─── 2011c.「資源化される海：先住民族モーケンと特殊海産物をめぐる生態史」（上智大学アジア文化研究所 Monograph Series No. 7）
─── 2012.「漂海民再考：海民研究へ向けた覚書」『南方文化』39: 117-134.
─── 2013a.「区切られる空間．見出される場所：タイ海洋国立公園におけるモーケンの潜水漁に注目して」『文化人類学研究』14: 89-113.
─── 2013b.「災害後の環境変化とアイデンティティの動態：2004年インド洋津波に被災したモーケンの自己表象に着目して」林勲男編『大規模災害被災地における環境変化と脆弱性克服に関する研究（科学研究費補助金基盤 (A) 報告書）』pp. 87-108.
─── 2014.「災害とマイノリティ：2004年インド洋津波に被災したモーケンのアイデンティティ変容」『次世代アジア論集』7: 3-24.
須藤 廣．2008.『観光化する社会：観光社会学の理論と応用』ナカニシヤ出版．
須永 和博．2004.「自然／文化をめぐる交渉：パーチュムチョン．ライムンウィアン．そしてエコツーリズム」『年報タイ研究』4: 63-80.
─── 2012.『エコツーリズムの民族誌：北タイ山地民カレンの生活世界』春風社．
関 恒樹．2007『海域世界の民族誌：フィリピン島嶼部における移動・生業・アイデンティティ』世界思想社．
高倉浩樹・滝澤克彦編．2014『無形民俗文化財が被災するということ：東日本大震災と宮城県沿岸地域社会の民俗誌』新泉社．
高桑 史子．2008.『スリランカ海村の民族誌：開発・内戦・津波と人々の生活』明石書店．
高藤 洋子．2015.「先人の知恵に学ぶ防災：インドネシア・シムル島およびニアス島の事例」立教大学アジア地域研究所編『21世紀海域学の創成：「南洋」から南シナ海・インド洋・太平洋の現代的ビジョンへ』立教大学アジア地域研究所, pp. 6-18.
高谷 好一．1985.『東南アジアの自然と土地利用』勁草書房．
─── 1996.『「世界単位」から世界を見る：地域研究の視座』京都大学学術出版会．
竹沢尚一郎．2013.『被災後を生きる：吉里吉里・大槌・釜石奮闘記』中央公論社．
立本（前田）成文．1992.「海域（マレー）世界」矢野暢編『東南アジア入門』（講座東南アジア学別巻）弘文堂, pp. 167-176.
─── 1998.「流動「農」民ブギス」秋道智彌編『海人の世界』同文堂, pp. 143-167.
─── 1999.『地域研究の問題と方法：社会文化生態力学の試み』（増補改訂）京都大学学術出版会．
辰巳頼子・辰巳慎太郎．2013.「『自主避難』のエスノグラフィ：東ティモールの独立紛争と福島原発事故をめぐる移動と定住の人類学」赤嶺淳編『グローバル社会を歩く：かかわりの人間文化学』新泉社, pp. 240-299.
田辺 悟．1990.『日本蜑人伝統の研究』法政大学出版局．
谷川 健一．1992.『漂海民：家船と糸満』（日本民俗文化資料集成 3）三一書房．
樽川 典子編．2007.『喪失と生存の社会学：大震災のライフ・ヒストリー』有信堂．
鶴見 良行．1999.『ナマコ』（鶴見良行著作集 9）みすず書房．
─── 2000.『海の道』（鶴見良行著作集 8）みすず書房．
寺田 勇文．1996.「スルー海域のサマ：海洋民の『国民化』過程をめぐって」綾部恒雄編『国家の中の民族：東南アジアのエスニシティ』明石書店, 217-252.
床呂 郁哉．1992.「海のエスノヒストリー：スールー諸島における歴史とエスニシティ」『民族学研究』57(1): 1-20.
─── 1998.「住まうことと漂うこと」佐藤浩司編『住まいをつむぐ』（シリーズ建築人類学 1）学

芸出版社，pp. 177-194.
―――1999.『越境：スールー海域世界から』岩波書店.
―――2002.「語る身体、分裂する主体：スールーにおけるシャーマニズムの言語行為論」田辺繁治・松田素二編『日常的実践のエスノグラフィ：語り・コミュニティ・アイデンティティ』世界思想社, pp. 87-116.
―――2011.「複数の時間、重層する記憶：スールー海域世界における想起と忘却」西井涼子編『時間の人類学：情動・自然・社会空間』世界思想社, pp. 278-300.
富沢寿勇. 1997.「東南アジア海域世界の国家と海洋民」塩田光喜編『海洋島嶼国家の原像と変貌』アジア経済研究所, pp. 237-262.
トム・ギル．ブリギッテ・シテーガ．デビッド・スレイター編 . 2013.『東日本大震災の人類学：津波・原発事故と被災者たちの「その後」』人文書院.
トンチャイ・ウィニッチャクン. 2003.（1994）『地図がつくったタイ：国民国家誕生の歴史』石井米雄訳, 明石書店.
豊田 三佳. 1996.「観光と性：北タイ山地の女性イメージ」山下晋司（編）『観光人類学』新曜社, pp. 131-40.
長津 一史. 1994.「スルー諸島における近代化と社会変容：漂海民バジャウの定住化をめぐって」『Tropics』3(2): 169-188.
―――1997a.「西セレベス海域におけるサマ人の南下移動：素描」『上智アジア学』15: 99-131.
―――1997b.「海の民サマ人の生活と空間認識：珊瑚礁空間 t'bbaの位置づけを中心にして」『東南アジア研究』35(2): 261-299.
―――2001.「海と国境：移動を生きるサマ人の世界」尾本恵市・濱下武志・村井吉敬・家島彦一編『島とひとのダイナミズム』（海のアジア 3）岩波書店, pp. 173-202.
―――2002.「周辺イスラームにおける知の枠組み：マレーシア・サバ州．海サマ人の事例(1950-1970年代)」『上智アジア学』20: 173-191.
―――2004a.「『正しい』宗教をめぐるポリティクス：マレーシア・サバ州．海サマ社会における公的イスラームの経験」『文化人類学』69(1): 45-69.
―――2004b.「越境移動の構図：西セレベス海におけるサマ人と国家」関根政美・山本信人編『海域アジア』（叢書現代東アジアと日本 4）慶応義塾大学出版会, pp. 91-128.
―――2007.「スラウェシ周辺海域のサマ・バジャウ人：人口と村落分布に関する基礎資料」『インドネシア地方分権化の自然資源管理と社会経済変容：スラウェシ地域研究に向けて』（平成16-18年度科学研究費補助金基盤研究 A研究成果報告書）pp. 401-407.
―――2008.「サマ・バジャウの人口分布にかんする覚書：スラウェシ周辺域を中心に」『アジア遊学』113: 92-102.
―――2009.「島嶼部東南アジアの海民：移動と海域生活圏の系譜」春山成子・藤巻正己・野間晴雄編『朝倉世界地理口座 3大地と人間の物語　東南アジア』朝倉書店, pp.250-259.
―――2010.「開発と国境：マレーシア境域における海サマ社会の再編とゆらぎ」長津一史・加藤剛編『開発の社会史：東南アジアにみるジェンダー・マイノリティ・境域の動態』明石書店, pp. 473-517.
―――2012a.「『海民』の生成過程：インドネシア・スラウェシ周辺海域のサマ人を事例として」『白山人類学』15: 45-71.
―――2012b.「異種混淆性のジェネオロジー：スラウェシ周辺海域におけるサマ人の生成過程とその文脈」鏡味治也編『民族大国インドネシア：文化継承とアイデンティティ』木犀社,

pp.249-284.
―――2013.「東インドネシア、海民の社会空間：ゲセル島で村井さんと考えたこと」『ワセダアジアレビュー』14: 31-34.
―――2014.「マレーシア・サバ州におけるイスラームの制度化：歴史過程とその特徴」『東洋大学アジア文化研究所研究年報』48: 279-296.
―――2016.「海民の社会空間：東南アジアにみる混淆と共生のかたち」甲斐田万智子・佐竹眞明・長津一史・幡谷則子編『小さな民のグローバル学：共生の思想と実践をもとめて』上智大学出版, pp. 280-305
長津 一史・加藤 剛編. 2010.『開発の社会史：東南アジアにみるジェンダー・マイノリティ・境域の動態』風響社.
長沼 さやか. 2010.『広東の水上居民：珠江デルタ漢族のエスニシティとその変容』風響社.
長沼 さやか・塚田 誠之・浅川 滋男・張 漢賢・山形 眞理子. 2008.「水上居民の陸上がりに関する文化人類学的研究：中国両広とベトナムを中心に」『住宅総合研究財団研究論文集』34: 65-76.
西 芳実. 2014.『災害復興で内戦を乗り越える：スマトラ島沖地震・津波とアチェ紛争』京都大学学術出版会.
西井 凉子. 2001.『死をめぐる実践宗教：南タイのムスリム・仏教徒関係へのパースペクティブ』世界思想社.
―――2007.「『出来事』のエスノグラフィー：南タイにおけるエビ養殖という投機的行為の流れ」河合香吏編『生きる場の人類学：土地と自然の認識・実践・表象過程』京都大学学術出版会, pp. 297-330.
―――2013.『情動のエスノグラフィ：南タイの村で感じる・つながる・生きる』京都大学学術出版会.
西尾 寛治. 1995.「ムラカ王権の形成：海上民の役割の分析を中心に」『南方文化』22: 23-43.
西村 朝日太郎. 1974.『海洋民族学：陸の文化から海の文化へ』NHKブックス.
仁科典宏. 2012.「〈災間〉の思考：繰り返す 3.11の日付のために」赤坂憲雄・小熊英二編『「辺境」からはじまる：東京／東北論』明石書店, pp. 122-158.
ニモ, H・アルロ.. 2005. (1972)『フィリピン・スールーの海洋民：バジャウ社会の変化』西重人訳, 現代書館.
野口 武徳. 1987.『漂海民の人類学』弘文堂.
野間 吉夫. 1978.『タイ民芸紀行』東出版.
羽原 又吉. 1963.『漂海民』岩波書店.
―――1992. (1949)「日本古代漁業経済史」谷川健一編『日本民俗文化資料集成 3 漂海民：家船と糸満』三一書房, pp. 11-196.
浜元 聡子. 1995.「東マレーシア・サバ州における人の移動：スルー諸島からのバジャウ族の移動を中心に」『南方文化』22: 90-106.
林 勲男. 2004.「災害対応に見る脆弱性：1998年アイタペ津波災害からの復興支援と被災者」山本真鳥・須藤健一・吉田集而編『オセアニアの国家統合と地域主義』連携研究成果報告書 6 地域研究企画交流センター, 239-274.
―――2008a.「集落移転と土地権：1998年アイタペ津波詐害被災地復興への課題」林勲男編『アジア・太平洋地域における自然災害への社会対応に関する民族誌的研究』(平成 16年度～平成 19年度科学研究費補助金・基盤研究 (A)研究成果報告書)
―――2008b.「大規模地震に対する災害文化の形成：和歌山県串本町 自主防災組織の活動」岩

崎信彦・田中泰雄・林勲男・村井雅清編『災害と共に生きる文化と教育:＜大震災＞からの伝言』京都: 昭和堂, pp.204-216.
―――2008c「災害と現場性: 支援を被災地で脈絡化する」岩崎信彦・田中泰雄・林勲男・村井雅清編『災害と共に生きる文化と教育:＜大震災＞からの伝言』京都: 昭和堂, pp.240-251.
―――2009a.「開発途上国の被災者の生活再建と国際支援に関する研究: インド洋津波災害とジャワ島中部地震災害の事例より(阪本真由美・矢守克也・立木茂雄・林勲男)」『地域安全学会論文集』11: 235-255.
―――2009b.「災害エスノグラフィーとインタビュー」『自然災害科学』27(3): 232-237.
―――2010.「総論 開発途上国における自然災害と復興支援: 2004年インド洋地震津波被災地から」林勲男編『自然災害と復興支援』(みんぱく実践人類学シリーズ 9) 明石書店, pp. 13-32.
―――2011a.「災害のフィールドワーク」日本文化人類学会監修『フィールドワーカーズ・ハンドブック』世界思想社, pp. 244-262.
―――2011b.「[座談会]災害研究の新しい視座をめざして: 国際社会・国家・コミュニティ(林勲男・山影進・伊東利勝・西芳実・市野澤潤平・山本博之)」『地域研究』11(2): 14-38.
―――2012a.「民俗芸能の再生: 鹿踊りへの支援から」『HUMAN』3: 83-90.
―――2012b.「文化遺産支援を通じたネットワークづくり: 鹿踊りの研究公演を例に」日高真吾編『記憶をつなぐ: 津波災害と文化遺産』千里文化財団, pp. 134-138.
―――2012c.「災害を伝える: 記憶と記録をこえて」日高真吾編『記憶をつなぐ: 津波災害と文化遺産』千里文化財団, pp. 173-181.
―――2012d.「仮のすまいとコミュニティ: その連続と断絶」『建築雑誌』127(no.1633): 4-5.
―――2014.「災害復興における民俗文化の役割: 南三陸町歌津地区の民俗行事の再生から」高倉浩樹・滝澤克彦編『無形民俗文化財が被災するということ: 東日本大震災と宮城県沿岸部地域社会の民俗誌』新泉社, pp. 29-38.
林 勲男・川口幸大. 2013.「序＜特集＞ 災害と人類学: 東日本大震災にいかに向き合うか」『文化人類学』78(1): 50-56.
林 勲男編. 2007.『国立民族学博物館研究フォーラム 2004年インド洋地震津波災害被災地の現状と復興への課題』(国立民族学博物館調査報告 73).
―――2008.『アジア・太平洋地域における自然災害への社会対応に関する民族誌的研究』(平成16～平成19年度科学研究費補助金・基盤研究(A)研究成果報告書).
―――2010.『自然災害と復興支援』(みんぱく実践人類学シリーズ 9) 明石書店.
―――2013.『大規模災害被災地における環境変化と脆弱性克服に関する研究(科学研究費補助金・基盤研究(A)研究成果報告書)』
林 春男. 1998.「災害文化の形成」安部北夫・三隅二不二・岡部慶三編『自然災害の行動科学』(応用心理学講座 3) 福村出版, pp. 246-261.
林 行夫. 2000.『ラオ人社会の宗教と文化変容: 東北タイの地域・宗教社会誌』京都大学学術出版会.
早瀬 晋三. 2003.『海域イスラーム社会の歴史: ミンダナオ・エスノヒストリー』岩波書店.
速水 洋子. 2009.『差異とつながりの民族誌: 北タイ山地カレン社会の民族とジェンダー』世界思想社.
深見 純生. 2001a.「マラッカ海峡交易世界の変遷」池端雪浦ほか編『原史東南アジア世界』(講座東南アジア史 1) pp. 255-283.
―――2001b「海峡の覇者」池端雪浦ほか編『東南アジア世界古代国家の成立と展開』(講座東南

アジア史2)岩波書店, pp. 115-139.
藤川 美代子. 2012.「現代中国の社会変化期における水上居民の暮らし」『年報非文字資料研究』9：277-307.
藤田 渡. 2008.『森を使い.森を守る：タイの森林保護政策と人々の暮らし』京都大学学術出版会.
フレーザー, J・G.. 1973.『洪水伝説』 星野徹訳, 国文社.
ベルナツィーク, H・A.. 1968. (1938)『黄色い葉の精霊：インドシナ山岳民族誌』大林太良訳, 平凡社.
星田 晋吾. 1972.『タイ：その生活と文化』学習研究社.
細川 弘明. 2003.「タイ西部. 世界遺産地区の先住民族の村を訪れて：上」『先住民族の10年 News』91: 10-13.
ホワイト, W. G. (ウアイト, W. G.). 1943. (1922)『漂海民族：マウケン族研究』松田銑訳, 鎌倉書房.
ホフマン, スザンナ・M. 2006.「怪物と母：災害の象徴表現」オリヴァー=スミス, A&ホフマン, S・M編.『災害の人類学：カタストロフィと文化』若林佳史訳. 明石書店, pp. 127-159.
牧 紀男. 2011.『災害の住宅誌：人々の移動とすまい』鹿島出版会.
牧田 茂. 1954.『海の民俗学』(民俗民芸叢書2) 岩波書店.
松澤 賢彦. 1993.「バジョオと『漂海民』：植民地支配へのひとつの対応」(Institute of Asian Cultures Discussion Papers) 上智大学アジア文化研究所.
松田 銑. 1943.「訳者のことば」W. G. ホワイト『漂海民族：マウケン族研究』鎌倉書房, pp. 13-17.
松田 素二. 1999.『抵抗する都市：ナイロビ移民の世界から』岩波書店.
松山 優治. 2000.「モンスーンの卓越するインド洋」尾本恵市・濱した武志・村井吉敬・家島彦一編『モンスーン文化圏』(海のアジア2) 岩波書店, pp. 3-29.
森田敦郎. 2012.『野生のエンジニアリング：タイ中小工業における人とモノの人類学』世界思想社.
盛本 昌広. 2009.「海民という概念」神奈川大学日本常民文化研究所編『海と非農業民：網野善彦の学問的軌跡をたどる』岩波書店, pp. 137-148.
村井 吉敬. 1994.「民族・国家・国境：東南アジアの『海の民』から考える」『ソフィア』43(2)：235-249.
——1998.『サシとアジアと海世界：環境を守る知恵とシステム』コモンズ.
——2004.「東南アジア海域世界論」上智大学外国語学部アジア文化研究室編『新・地域研究のすすめ：アジア文化編』上智大学外国語学部, pp. 36-46.
——2009.『ぼくが歩いた東南アジア：島と海と森と』コモンズ.
村嶋 英治. 1999「タイ近代国家の形成」石井米雄・桜井由躬雄編『東南アジア史1 大陸部』山川出版社, pp. 397-439.
本川 達雄・今岡 亨・楚山 いさむ. 2003.『ナマコガイドブック』阪急コミュニケーションズ.
門田 修. 1997. (1986)『新装版 漂海民：月とナマコと珊瑚礁』河出書房新社.
家島 彦一. 1993.『海が創る文明：インド洋海域世界の歴史』朝日新聞社.
——2001.「イスラーム・ネットワークの展開」池端雪浦ほか編『東南アジア世界近世の成立』(講座東南アジア史3) pp. 17-43.
——2006.『海域から見た歴史：インド洋と地中海を結ぶ交流史』名古屋大学出版会.
柳田 國男. 1971.『定本柳田国男集』(別巻5) 筑摩書房.
薮内 芳彦. 1969.『東南アジアの漂海民：漂海民と杭上家屋民』古今書院.
山田 勇. 1983a.「東南アジアの低湿地林：1. マングローブ」『東南アジア研究』21(2)：209-234.
——1983b「東南アジアの低湿地林：2. マングローブの分布」『東南アジア研究』21(3)：329-355.

山本博之．2002．「英領北ボルネオ（サバ）におけるバジャウ人アイデンティティの形成」『東南アジア歴史と文化』31: 57-78．
———2010．『支援の現場と研究をつなぐ: 2009年西スマトラ地震におけるジェンダー・コミュニティ・情報』大阪大学大学院人間科学研究科「共生人道支援研究班」．
———2014．『復興の文化空間学: ビッグデータと人道支援の時代』京都大学学術出版会．
リーチ，E・R．．1987．（1954）『高地ビルマの政治体系』関本照夫訳，弘文堂．
リード，A．．1997．『大航海時代の東南アジア 1: 貿易風の下で』平野秀秋・田中優子訳，法政大学出版局．
———2002．『大航海時代の東南アジア 2: 拡張と危機』平野秀秋・田中優子訳，法政大学出版局．
ロチャナブルック，プラウィット．．1999．『タイ・インサイドレポート「成長神話」の夢と裏切り』永井浩訳，めこん．
作者不明．2011．(不明)『エリュトゥラー海案内記』村川堅太郎訳注，中央公論新社．

【その他の資料】

海工房（演出: 門田 修・宮澤 京子）．2001．「海からみえるアジア：アンダマン海に生きる漂海民」『素敵な宇宙船地球号』（5月6日放送、テレビ朝日）

DNP Homepage: http://www.dnp.go.th/（最終閲覧日: 2014年7月3日）
Phanga Province Office of Tourism and Sports Homepage: http://secretary.mots.go.th/phangnga/（最終閲覧日: 2010年10月25日）
Phuket Gazzete Homepage. 2007. Rough Seas Sink Ferry.（22, August）http://www.phuketgazette.net/news/detail.asp?fromsearch=yes&Id=5905&Search=sink/（最終閲覧日: 2010年11月26日）
———2008. Trawler Sinks off Kho Rachayai.（18, July）http://www.phuketgazette.net/news/detail.asp?id=6645/（最終閲覧日: 2010年11月26日）
———2009. Andaman Sea Storms Sink Thai Bulk-Carrier.（25, August）http://www.phuketgazette.net/news/detail.asp?fromsearch=yes&Id=7708&Search=sink/（最終閲覧日: 2010年11月26日）
———2015a. Six Missing as Ship Sinks between Koh Racha and Phi Phi（7, Jul）http://www.phuketgazette.net/phuket-news/Six-missing-ship-sinks-Koh-Racha-Phi/61435#ad-image-0（最終閲覧日: 2015年10月10日）
———2015b. One More Boat Sinks, One Wrecked off Phuket（8, Jul）http://www.phuketgazette.net/phuket-news/Breaking-News-One-boat-sinks-one-wrecked/61441#ad-image-0（最終閲覧日: 2015年10月10日）
Seangjan Sidam. nd. Mokaen: Khon Rai Rat Rai Sanchat（モーケン: 無国籍者）http://www.phrathong.org/data/feature/feature4.html（最終閲覧日: 2006年1月4日）
TAT Homepage: http://www.tourism.go.th/（最終閲覧日: 2015年10月10日）
内務省災害防止軽減局（タイ王国）Homepage: http://www.disaster.go.th/dpm/（最終閲覧日: 2007年1月30日）

索引

【人名・地名・集団名索引】

あ

アインスワース（Leopold Ainsworth）……100-102
アエタ……29, 32
秋道智彌……43
アボリジニー……99
網野善彦……44-45
アメリカ（人）……29, 54-55, 69, 76, 102-103, 117, 274
アユッタヤー……63-64
アンダーソン（Benedict Anderson）……55
アンダーソン（John Anderson）……67-68, 107, 138-140, 241
アンダーソン（Eugene N. Anderson）……39
アンダマン・パイロット・プロジェクト
　⇒APPを参照
イースター島……44, 46
イヴァノフ（Pierre Ivanoff）
　……41, 76-78, 84, 86, 88, 111, 113, 161, 216, 266
イギリス（人）……35, 63-64, 66-67, 69, 72, 80, 95, 98, 100, 102, 106-108, 110-112
石井米雄……62
石川栄吉……46
伊藤亜人……39, 181
糸満……36, 93, 118
インド人……64, 103, 161, 293, 295
インド洋……14, 16-20, 31, 33, 46, 53, 57-60, 62-64, 67, 82, 90, 103, 125, 134, 153-155, 158-159, 173, 175, 186, 192, 205, 214, 220, 222, 224, 234, 239-240, 245, 247-250, 256-258, 260, 268, 271-273, 275, 279, 282-283, 285, 291-292, 295, 300-302, 308-311, 313
インドネシア……38, 52-54, 56, 60, 84, 137, 149, 154, 158, 169, 172, 174, 176, 234, 293, 295, 312
ウー・シュエ・イー（U Shwe E）……107-108
ウォード（Barbara E. Ward）……39
上原謙……118
ウミンチュ（うみんちゅ）……118, 216, 292
ウラク・ラウォイッ……66, 74-78, 81-85, 143-144, 283
エジプト……60
榎本孝明……37
オーストラリア（人）……54, 99, 139
小河久志……30
沖縄……36, 46, 64, 118, 216, 292, 306-307
小野林太郎……53
オラン・スク・ラウト……38, 40-41
オラン・ローター……71, 85-87, 249
オリヴァー＝スミス……26-29, 311
折口信夫……45

か

カレン……68-69, 99, 102-103, 113, 185
河田恵昭……30
韓国……13-14, 185
木村周平……28, 30, 33, 309
金柄徹……41
グーイ……92, 165, 167-171, 173-174, 2303, 245, 249, 251-252, 258, 262-

263, 277-278, 293, 300, 304-307
クラビー県 ······ 19, 60, 79, 81, 87, 95, 154-155, 157
クラブリー ······ 126, 144, 164, 167, 172, 193, 228, 239, 249, 275, 281-283, 286, 300-301
後藤明 ·························· 43

さ

サマ ············ 38-41, 47, 56, 84, 111, 260
シンガポール ··············· 99, 142, 149
水上居民（蛋民） ·········· 38-39, 41-42
スナイ ······ 110-112, 139, 141, 251, 264-265, 293-295
スマトラ島 ······ 30, 67, 80, 154, 169, 171-172, 234, 295
スリン諸島 ······ 13-14, 16-19, 33, 41, 58, 82-84, 86-87, 95, 110, 113-114, 116-117, 119-121, 123-133, 135-139, 141, 143-146, 149-150, 153-154, 157-158, 160-168, 171-176, 185-187, 189, 191-193, 195, 197-198, 203-207, 212, 214-216, 220, 222-224, 226-229, 232, 234-235, 239-241, 245, 247-253, 255-256, 258-265, 267-269, 271-276, 280, 282-283, 285-286, 291-295, 297, 300-303, 305-308
セイザー（Clifford Sather） ········ 39
セレベス海域 ··············· 53, 55, 59
ソーファー（David E. Sopher） ···· 38, 67, 179

た

太平洋 ·················· 31, 43, 46, 72
高桑史子 ························ 30
立本（前田）成文 ················ 53

玉城保太郎 ····················· 118
ダムロン王子 ···················· 79
チャイパッタナー村 ············ 87, 171
チャオ・ナーム ······ 68, 78-80, 82, 116
チャオプラヤー川 ················ 63
チャオ・レー ······ 16, 71, 73, 78-82, 273, 283
中国（人） ···· 38, 41-42, 62, 64, 99, 103, 105, 110, 125, 137, 139, 141-142, 147, 293
チュラーロンコーン王
　　　　⇒ラーマ5世を参照
チョンカート ······ 133, 186, 195, 251-252, 255-256
鶴見良行 ······················ 54-55
寺田勇文 ······················ 15, 54
トムソン（J. T. Thomson） ············ 35
トラン県 ····················· 155, 250
トンチャイ（Thongchai Winichakul）······ 63

な

長津一史 ··················· 47, 52, 260
長沼さやか ························ 41
ナルモン（Narumon Arunotai） ······ 17, 41, 73, 82, 88, 95, 110, 167, 179, 191, 197, 274, 283-284, 296, 313
ニコバル ············ 58, 72, 171, 266, 268
西村朝日太郎 ····················· 43
西芳実 ·························· 313
日本海 ·························· 43
日本人 ······ 34, 40, 109-110, 117-118, 139, 157, 161, 292-293, 295
ニモ（H. Arlo Nimmo） ·············· 39-40
野口武徳 ······················ 36-38
ノルウェー ······················ 304-305

は

バジャウ
　　⇒サマを参照
羽原又吉 ……………………………… 35-37
パプア・ニューギニア …… 29, 46, 54, 313
ハミルトン（Walter Hamilton）…… 67, 100
林勲男 ………………… 17, 29-30, 32, 318
パラデート（Paladej Na Pombejra）… 41, 191
ハワイ ……………………………… 39, 44, 46
パンガー県 …… 73, 80, 90, 110, 118, 124-126, 144, 154-155, 157, 164, 171, 195, 235, 249, 275
バンコク …… 52, 116, 123-124, 126, 176, 248, 266
ビサヤ海域 ………………………………… 59
深見純生 …………………………………… 60
ブギス ………………………………… 47, 77, 99
ブラジル ………………… 154, 168, 171-173, 176
フィリピン …… 15, 29, 36, 38, 52-54, 56, 139, 260
プーケット …… 13-14, 19, 68-69, 74-77, 80-82, 84, 87, 96, 115, 118, 123-126, 144, 154-155, 157, 186, 263, 273
ペナン ……………………………… 99, 139, 141
ベネディクト・アンダーソン
　　⇒アンダーソン（Benedict Anderson）を参照
ベルナツィーク（Hugo Adolf Bernatzik）
……………………………………… 72-73, 101
ホーガン（David W. Hogan）
……………………………… 74-78, 81, 83-85
ホワイト（Walter Grainge White）
…… 35, 72, 74, 80, 106-109, 179
香港 ……………………… 38-39, 42, 142, 165
ボンレック（湾・村）…………………………
………………… 193-194, 197, 245, 250, 296
ボンヤイ（湾・村）…… 110, 139, 141, 161, 163, 165, 167, 191, 193, 195-197, 199, 245, 250-252, 256, 277-278, 296, 302

ま

マインガーム ……………………… 195, 251
牧田茂 ……………………………………… 44
松田銑 ……………………………… 35, 109
マリノフスキー …………………………… 72
マレーシア …… 38, 52-53, 56, 62, 74, 139, 143, 149, 154, 260
マレー人 …… 68, 76, 98-106, 108, 161, 240
マレー半島 …… 59-60, 62, 67, 100, 104, 112, 124, 293
マレット（Robert R. Marett）……………… 72
宮谷内泰夫 ……………………………… 116-117
宮澤京子 …………………………………… 15
宮本常一 …………………………………… 44
村井吉敬 …… 15, 53-54, 287-288, 307
メルギー …… 63-64, 67-69, 98-100, 102-110, 112, 139, 141-142
モクレン ……… 66, 74-76, 78, 81-85, 283
盛本昌広 …………………………………… 44
モルディブ ……………………… 149, 154,
モン ……………………………………… 60
門田修 ……………………………… 15, 111

や

柳田國男 ……………………………… 43, 45
家島彦一 …………………………………… 53
山本博之 ………………………………… 312

ら

ラーマ1世 ………………………………… 63
ラーマ5世 ……………………………… 70, 79
ラーマ9世 ……………………… 123, 269, 275
ラドクリフ＝ブラウン ……………………… 72

索引 343

ラノーン県 ……… 74, 154, 168, 268, 300, 302
ランタ島 ………… 74-75, 77, 81, 87, 95, 143
リード（Anthony Reid）…………… 63, 66
ルヌング ……… 169-170, 172-173, 191, 245, 247, 257
ロシア ………………………………… 13

【事項索引】
アルファベット
APP ……… 16-17, 167, 173, 251, 280, 282-284, 286
CRED ………………………………… 25
CUSRI ……………………… 17, 86, 282
DNP ……………… 119, 129, 131, 195, 248
JSS ………………………… 73-74, 76-78, 81
MNRE ……………………………… 248
MCOT ……………………………… 168, 171
NGO ……… 31, 33, 165, 171, 250, 258, 274, 313

あ
アイデンティティ ………………… 32, 44
阿片 ………………………………… 103-108
イェンポム
　　⇒潜水用具を参照
イスラーム ………………… 40, 62, 77
雨季 ……… 20, 58, 88-89, 98, 101, 114-116, 128, 135, 138-139, 142-143, 147-148, 187, 203-206, 214-215, 217, 233, 247, 251, 261, 276, 292, 297, 300, 304
ウミガメ ……… 103, 128-129, 132-133, 141, 145-146, 148, 229, 246-247, 251, 257, 261-262
家船 ……… 20, 35-42, 47, 85, 87-88, 100-101, 114, 117-118, 178, 184-187, 189, 220, 239-241, 245, 295

か
海賊 ……… 40, 44, 77, 98-101, 105, 240
カバン（モーケン語で船の意）…………
　　88, 114-116, 119, 129, 132, 178-181, 184-188, 210-211, 220, 222, 228-229, 262-264, 281, 283
乾季 ……… 58, 88, 101-102, 114, 121, 128-130, 134-135, 138-139, 142-143, 146-148, 153, 185, 193, 206, 214-215, 241, 247, 255, 258-259, 262, 300, 304, 306
観光開発 ……… 14, 16, 19-20, 120-122, 124-125, 153, 186-187
観光客 ……… 14, 95, 119, 123-126, 128-135, 137, 143, 145-149, 153, 157-158, 160, 162, 189, 195, 199, 203, 215-216, 240, 247, 249-254, 258-259, 261-262, 273
観光地化 ……… 16, 74, 123-124, 126, 132, 199, 291
境域 ………………… 21, 52, 63, 260, 288
居住許可証 ……… 278-279, 285-286, 300-303
漁業 ……… 42, 46, 136, 150, 250, 264, 291, 313
漁撈 ……… 34, 36-37, 42-46, 91, 99, 112, 119-120, 126-127, 129-130, 132-136, 138, 140, 143, 146-148, 173, 180, 205, 215, 220, 228, 247-249, 255, 258-259, 261-262, 275, 291, 300-301, 304
軍人 ……… 64, 110, 114-115, 262-266, 270, 280-281, 292
警察 ……… 115, 262, 266-267, 269-270, 279, 281-282, 300-304
携帯電話 ……………………… 13-14, 292
工業省工業振興局 ………………… 281

鉱山 112-116, 118, 186, 189
港市 63, 66-67, 103, 124
口頭伝承 76, 106, 145, 158, 160-163, 175, 241
国籍 79, 129, 176, 260-262, 268-272, 274-275, 278, 285, 291, 295, 300-305, 307, 313
国民化 19, 40, 272
国民国家 19, 21, 51-52, 55-57, 64, 272
国立公園化 20, 119, 126, 129, 135, 143, 148, 162, 186, 214, 291, 300
国立公園事務所 ... 20, 116, 128-130, 132, 136-138, 143-144, 146, 149, 164, 185-186, 189, 193, 195-196, 199, 222-224, 227-229, 232, 239, 245, 247-259, 261-262, 280, 282-286, 292, 296-298, 300-301, 313, 318
国境 40, 53-54, 56-57, 62-63, 74, 116, 124, 126, 143, 176, 260-263, 265, 268, 271, 275, 287-288, 307
コンクリート 296-298

さ

災害情報 14, 25-26, 31, 154, 175-176
災害文化 160, 234-235
災間 30, 33
サイクロン 263-264
山地民 52, 60, 100, 135, 160, 300
シー・(海の)ジプシー ... 35, 37, 72, 131, 283
支援者(団体) ... 20, 29, 165, 193, 199, 250, 251, 258, 268, 271, 300, 313
地震 13-14, 17, 26-27, 29-30, 90, 154, 164, 168-172, 174, 176, 234, 292-293, 295, 314
自然科学 17, 28, 30
自然環境 26, 103, 119, 128-129, 160, 197, 205, 222, 296, 300
市民証 79, 172, 269-270, 272, 275, 278, 285-286, 300, 302-307
シャーマン ... 88, 163, 169, 173, 191-192, 241-242, 245, 247, 296, 315
周縁 19, 47, 56, 154, 176, 288
シュノーケリング ... 46, 64, 126, 128, 130, 133, 149, 153, 157, 253, 255, 262, 283
狩猟採集 119, 129, 135-136, 150
真珠 97-98, 103-105, 116-118, 124, 138-140, 292
新聞 31, 158, 160, 167, 171-172, 174, 176, 193, 268, 271, 273-274, 308-309, 313
神話 76, 158, 161-164, 174-175, 292
精霊 20, 72, 77, 161, 239, 241-242, 245, 247, 256-257, 296
世界遺産 193, 253
先住民(族) 29, 32, 54, 133, 135, 136, 195, 215, 222
船上居住 15, 34, 36-37, 42, 47, 86
船上生活 15, 19, 36, 90, 119, 189, 256
潜水用具 20, 231-232
潜水漁 43, 46, 106, 112, 114, 116-117, 127, 137, 140, 148, 183, 206-209, 213, 215, 217-220, 223-229, 231-233, 265-266, 269-270, 300
戦争 15, 63, 67, 69, 98, 109-112, 185
祖霊 241-243, 245, 257

た

大陸部 51-53, 55, 58, 64
ダイナマイト 249, 262, 264-265, 270
高瀬貝 97, 137-138, 216, 225, 266
高台 75, 153, 162-164, 173, 234-235,

　　　　　　　　　273, 293
多島海 ……………… 15, 38, 44, 47, 55-57
地域研究 …… 21, 30, 32-33, 51, 53, 55, 288,
　　　　　　　291, 308, 312-314
チャパン ………………………… 180, 227-229
ツバメの巣 …… 97-100, 105, 116, 138, 140,
　　　　　　　142-143, 146, 148, 287
定住化 ………………………… 16, 121, 148
テレビ …… 13-15, 31, 37, 171, 249, 273,
　　　　　　　279-280, 313
電波塔 ……………………………… 14, 292
天然資源・環境省 …… 193, 248, 253, 318
特殊海産物 …… 20, 96-98, 102-106, 108,
　　　　　　　112, 116, 118-119, 129, 135, 137-140,
　　　　　　　143, 145-146, 148, 153, 206-207, 211,
　　　　　　　214-215, 247
島嶼部 ……………………………… 51-53, 55

な

雪崩 ………………………………………… 29
ナマコ …… 20, 37, 54-55, 97-102, 104-105,
　　　　　　　110, 114-115, 127, 137-138, 140-141,
　　　　　　　143, 146-148, 185-186, 205, 207, 209-
　　　　　　　220, 222-233, 239, 247, 255, 260-261,
　　　　　　　264, 268-269, 287, 300, 302, 305-307

は

ハザード …………………………… 26-28
パスポート ……………… 262-263, 295, 304-305
ハリケーン ………………………………… 32
東日本大震災 ……………… 30, 31, 308, 314
被災者 …… 25, 29-30, 153, 158, 164-167,
　　　　　　　309, 311
被災地 …… 14, 17, 29-31, 33, 155-156, 160,
　　　　　　　275, 309-310, 314
避難 …… 17, 90, 154, 164-167, 169, 171-
　　　　　　　173, 175-176, 192-193, 234, 292-293,
　　　　　　　295
漂海民 …… 14-16, 18-19, 27, 34-47, 72, 80,
　　　　　　　90, 158
フアトーン船 …… 220-222, 228-229, 251,
　　　　　　　262, 283-284
フカのヒレ ……………………… 97, 138
噴火 …………………………… 26, 29, 32, 59
鼈甲 …… 97, 138, 140-141, 143, 145-146,
　　　　　　　148
防災 …… 25-26, 28, 30, 176, 234-235, 313
ポタオ …… 88, 163, 178, 184-186, 191, 216,
　　　　　　　239-241, 245, 256

ま

マイノリティ ……………………… 52, 260
マングローブ …… 46, 53, 59, 101, 124, 126
マンタ ……………… 137-140, 146-147, 269
ミーカガン ………………… 93, 118, 216
モンスーン …… 58, 60, 62, 88-89, 98, 100-
　　　　　　　103, 126, 128, 130, 132, 135-138, 142-
　　　　　　　143, 146, 148, 153, 187, 195, 203, 205,
　　　　　　　224, 269, 283, 287

や

焼畑 ………………………………………… 260
夜光貝 …… 97, 100, 104, 110, 116, 137-138,
　　　　　　　140-141, 143-144, 146-148, 210-211,
　　　　　　　213, 216, 219, 225-226, 255, 260-261,
　　　　　　　266, 300

ら

ラジオ …… 13, 154, 167-171, 173-176, 292-
　　　　　　　293, 313
ラブーン …… 154, 158, 161-163, 165, 167,

　　　　　174-175, 234, 292
ラホープ･･････････････････････ 167-168
ランロンリエン遺跡 ･･･････････････ 60
陸上がり ････ 16, 36, 40, 42, 85, 110, 120, 295
陸地定住 ･･････････････ 35, 119, 121, 148
陸地定着化 ･･････････････ 126, 128-129, 241
ロブスター ････ 127, 132-133, 145, 247, 261-262
ロボング ････ 20, 239-243, 245, 247, 256-257,
　　　　　265, 277, 282

鈴木佑記（すずき・ゆうき）

1978年千葉県生まれ。
2012年上智大学大学院外国語学研究科（現グローバル・スタディーズ研究科）地域研究専攻修了。博士（地域研究）。現在、東洋大学社会学部助教。
【専攻】文化人類学、東南アジア地域研究。
【著書】『自然災害と復興支援』（共著、明石書店、2010年）、『資源化される海——先住民族モーケンと特殊海産物をめぐる生態史』（単著、上智大学アジア文化研究所、2011年）、『タイを知るための72章（第2版）』（共著、明石書店、2014年）、『小さな民のグローバル学——共生の思想と実践をもとめて』（共著、上智大学出版、2016年）。
【論文】「区切られる空間、見出される場所——タイ海洋国立公園におけるモーケンの潜水漁に注目して」（『文化人類学研究』14、2013年）、Sea Cucumbers, Green Turban Shells, and "Sea Nomads": An Ethnographic Study of Moken's Dive Fishing before and after the 2004 Indian Ocean Tsunami (*The Journal of Sophia Asian Studies* 33、2015年）など。

現代の〈漂海民〉
津波後を生きる海民モーケンの民族誌

初版第1刷発行　2016年2月25日

定価5500円＋税

著者　　鈴木佑記 ©

装丁　　臼井新太郎
発行者　桑原　晨
発行　　株式会社めこん
　　　　〒113-0033 東京都文京区本郷 3-7-1
　　　　電話 03-3815-1688　FAX 03-3815-1810
　　　　ホームページ http://www.mekong-publishing.com
組版　　面川ユカ
印刷　　株式会社太平印刷社
製本　　株式会社三水舎

ISBN978-4-8396-0295-6　C3039　¥5500E
3039-1604295-8347

JPCA 日本出版著作権協会
http://www.e-jpca.com
本書は日本出版著作権協会（JPCA）が委託管理する著作物です。本書の無断複写などは著作権法上での例外を除き禁じられています。複写（コピー）・複製、その他著作物の利用については事前に日本出版著作権協会（http://www.jpca.jp.net　e-mail：data@jpca.jp.net）の許諾を得てください。

オリエンタリストの憂鬱
◆植民地主義時代のフランス東洋学者とアンコール遺跡の考古学
藤原貞朗
★サントリー学芸賞受賞　★渋沢・クローデル賞受賞。　　　　【 定価 4500 円+税 】
19世紀後半にフランス人研究者がインドシナで成し遂げた学問的業績と、植民地主義の政治的な負の遺産が織り成す研究史。

国境と少数民族
落合雪野＝編著　　　　　　　　　　　　　　　　　　　　　【 定価 2500 円+税 】
中国雲南省とミャンマー、ラオス、ベトナムの国境域に生きる少数民族は、それぞれの国家から政治・経済・文化的影響を受けながら、いかにして自らの生業と生活を能動的に変化させてきたのか。国境の両側からの最新研究です。

ラオス農山村地域研究
横山　智・落合雪野＝編　　　　　　　　　　　　　　　　　【 定価 3500 円+税 】
社会、森林、水田、生業という切り口で15名の研究者がラオスの農山村の実態を探った初めての本格的研究書。焼畑、商品作物、水牛、中国の進出……今のラオスを理解する上で欠かせないテーマばかりです。

ディアスポラの民 モン ◆時空を超える絆
吉川太惠子　　　　　　　　　　　　　　　　　　　　　　　【 定価 3500 円+税 】
ベトナム戦争でCIAに軍事訓練を受けて「特殊部隊」として組織された山岳民族モンは、戦争終結後、国を追われて四散。現在はラオスに残ったモン以外に、約30万人が海外に暮らしています。この「流浪の民」をアメリカ・フランス・オーストラリアに追って6年。徹底した面接調査をもとに彼らの特性をまとめあげた文化人類学の力作です。

フェアトレードの人類学
◆ラオス南部ボーラヴェーン高原におけるコーヒー栽培農村の生活と協同組合
箕曲在弘　　　　　　　　　　　　　　　　　　　　　　　　【 定価 2800 円+税 】
フェアトレードは本当に生産者に恩恵をもたらすのか？　コーヒー生産現場での長期に及ぶ精緻な文化人類学的調査に基づく民族誌。第5回地域研究コンソーシアム賞（登竜賞）、2015年度国際開発学会賞、第42回澁澤賞をトリプル受賞。

ムエタイの世界 ◆ギャンブル化変容の体験的考察
菱田慶文　　　　　　　　　　　　　　　　　　　　　　　　【 定価 2500 円+税 】
かつてはタイの国技と言われた最強の格闘技「ムエタイ」がなぜギャンブル・スポーツになったのか？現役プロ格闘家が国立カセサート大学に留学し、ムエタイ修行をしながらたどりついた結論は「ムエタイはタイ社会を映す鏡である」。

めこん